西北工业大学研究生高水平课程体系建设丛书

XUESHU DAODE GUIFAN YU ZHISHI CHANQUAN GAILUN
学术道德规范与知识产权概论

主　　编　杨云霞　高宝营
参编人员（按章节排序）
　　　　　孙大玲　张清源　王　琼
　　　　　李晨鑫　苏　静

西北工业大学出版社

【内容简介】 本书以培养研究生的学术道德为主要目标,同时满足研究生关于专利申请、著作权保护、商标权保护等知识的需要,以此进行章节安排和内容设计。本书共分五章,分别为学术道德规范、知识产权、著作权法、专利法和商标法。此外,每章均设案例分析,以提升可读性、生动性和实用性。本书附录涉及教育部《关于加强学术道德建设的若干意见》《学位论文作假行为处理办法》以及《中华人民共和国著作权法》《中华人民共和国专利法》《中华人民共和国商标法》的法律条文,同时,列举了知识产权法学习参考网站,以供查阅。

图书在版编目(CIP)数据

学术道德规范与知识产权概论/杨云霞,高宝营主编. —西安:西北工业大学出版社,2016.5
ISBN 978-7-5612-4812-6

Ⅰ.①学… Ⅱ.①杨… ②高… Ⅲ.①科学研究工作—道德规范—研究 ②知识产权—研究 Ⅳ.①G644②D913.04

中国版本图书馆 CIP 数据核字(2016)第 078534 号

出版发行:西北工业大学出版社
通信地址:西安市友谊西路 127 号　　邮编:710072
电　　话:(029)88493844　88491757
网　　址:www.nwpup.com
印 刷 者:陕西向阳印务有限公司
开　　本:727 mm×960 mm　　1/16
印　　张:13.5
字　　数:241 千字
版　　次:2016 年 5 月第 1 版　2016 年 5 月第 1 次印刷
定　　价:28.00 元

前　言

研究生既是当前科学研究的生力军,也是科教事业发展的未来和希望。求真务实、为真理献身的精神与品格,既是科学研究的内在需求,也是自主创新的核心动力。研究生学术道德与知识产权意识的培养,既是公民道德建设的基本需求,也是法治校园建设的基本要求。随着中共中央《公民道德建设实施纲要》(2001年)、教育部《关于加强学术道德建设的若干意见》(2002年)、教育部社会科学委员会《高等学校哲学社会科学研究学术规范(试行)》(2004年)、中国科学技术协会《科技工作者科学道德规范(试行)》(2007年)以及教育部《关于严肃处理高等学校学术不端行为的通知》(2009年)、《学位论文作假行为处理办法》(2012年)和《关于进一步规范高校科研行为的意见》(2012年)等文件的发布,知识产权法治建设要求的提出,高校在研究生教育中,如何开展使其树立遵守学术道德、尊重知识产权的意识,已成为高等教育机构面临的一个理论和现实问题。

对此,有些高校对硕士和博士研究生开设了"学术道德规范与知识产权概论"这门学术道德与法律素养类课程,有些高校设置了专题讲座,并成为研究生阶段的必修课程。但是这门课程的教材建设却相对滞后,目前,仅有北京大学出版社引进出版了一套"21世纪引进版精品教材:学术道德与学术规范系列",而包含我国学术道德规范与知识产权法律两部分内容的全面而系统的教材尚未面世。基于此,笔者从满足研究生系统学习学术道德规范及知识产权法律知识的角度出发,编写了本教材。

本教材以培养研究生的学术道德为主要目标,同时满足研究生关于专利申请、著作权保护、商标权保护等知识的需求,以此进行章节安排和内容设计。本教材共分五章,第一章是学术道德规范,第二章是知识产权,第三章是著作权法,第四章是专利法,第五章是商标法。此外,还加入了最新典型案例评析,以提升教材的可读性、生动性及实用性。本书附录涉及教育部《关于加强学术道德建设的若干意见》《学位论文作假行为处理办法》以及《中华人民共和国著作权法》《中华人民共和国专利法》《中华人民共和国商标法》的法律条文,同时,列举了知识产权法学习参考网站,以供查阅。

通过对上述内容的学习,逐步培养学生尊崇学术道德、尊重知识产权的意识,帮助研究生确立严谨治学的品格,坚守学术诚信、完善学术人格、维护学术尊严,自觉抵制学术不端行为;培养在科研工作中弘扬求真务实、严谨自律的精神;学习和掌握知识产权法的基本概念、基本知识、基本理论,提高知识产权权利意识和法治观念。

编写本教材曾参阅了相关文献资料,在此,谨向其作者深表谢忱。

本教材在编写过程中投入了大量的时间与精力,但由于水平所限,教材中的不妥之处在所难免,敬请广大读者批评指正。

编 者

2016 年 1 月

目 录

第一章 学术道德规范 …… 1
第一节 学术道德的本质、作用与发展规律 …… 1
第二节 学术道德的基本原则 …… 10
第三节 学术道德的规范 …… 13
第四节 学术选择行为与学术道德选择行为 …… 16
第五节 学术人员的公共道德与家庭美德 …… 22
第六节 学术道德失范的种类与矫正 …… 26
本章案例 …… 32

第二章 知识产权 …… 34
第一节 知识产权的概念 …… 34
第二节 知识产权体系 …… 35
第三节 世界知识产权组织 …… 52
第四节 世界知识产权公约 …… 55

第三章 著作权法 …… 70
第一节 著作权保护对象 …… 70
第二节 著作权主体 …… 74
第三节 著作权人的权利 …… 82
第四节 著作权的取得及保护期限 …… 89
第五节 著作权的限制 …… 92
第六节 著作权侵权行为与著作权的法律保护 …… 98
本章案例 …… 103

第四章 专利法 …… 105
第一节 专利权的客体 …… 105
第二节 专利权的主体 …… 110

第三节　专利权的取得…………………………………………………114
　　第四节　专利权人的权利与义务………………………………………123
　　第五节　专利权的保护期限、终止和无效……………………………132
　　第六节　专利侵权行为与专利权的法律保护…………………………134
　　本章案例……………………………………………………………………136

第五章　商标法………………………………………………………………139
　　第一节　商标及其分类…………………………………………………139
　　第二节　商标的构成条件………………………………………………142
　　第三节　商标权的取得及保护期限……………………………………143
　　第四节　商标权的内容…………………………………………………151
　　第五节　商标权的限制…………………………………………………152
　　第六节　商标侵权行为与商标权的法律保护…………………………155
　　本章案例……………………………………………………………………162

附录……………………………………………………………………………165
　　附录一　教育部《关于加强学术道德建设的若干意见》……………165
　　附录二　教育部《学位论文作假行为处理办法》……………………169
　　附录三　《中华人民共和国著作权法》………………………………171
　　附录四　《中华人民共和国专利法》…………………………………182
　　附录五　《中华人民共和国商标法》…………………………………193
　　附录六　知识产权法学习参考网站……………………………………206

参考文献………………………………………………………………………207

第一章　学术道德规范

第一节　学术道德的本质、作用与发展规律

道德是人类社会所特有的社会现象,它贯穿于人类历史的整个过程。在科学技术和学术研究蓬勃发展的今天,伦理道德对于人类社会和人的全面发展具有重要的、不可替代的意义和作用。党的十八大报告浓墨重彩地突出了道德建设的重要地位——"要坚持依法治国和以德治国相结合,加强社会公德、职业道德、家庭美德、个人品德教育,弘扬中华传统美德,弘扬时代新风",为提升公民道德修养指明了方向。

一、道德的概念及历史发展规律

(一)道德的概念

在中国古代典籍中,"道德"一词的含义较为广泛,早在先秦时期,"道"被誉为一种普遍的最高原则,也可以理解为万物变化发展的规律,引申为人们必须遵守的行为规范。内得于己,外施于人,则称之为"德"。如果说,"道"是主宰万物外部客观性的规范,那么"德"更偏向于人们内心主观精神境界的修养。在西方世界,道德一词也曾有过风尚、习惯、内在本性、规律、规定、规则、规范、品质、品格、善恶评价等多种含义。由于不同的历史时期和时代背景,人们对道德的理解也各不相同,那么身处于现代社会的人们又赋予道德哪些含义呢?本书将其归纳为三点:

首先,道德属于社会意识形态的范畴,基于一定的社会物质条件产生,是上层建筑的重要组成部分。恩格斯曾指出:"人们自觉地或不自觉地,归根到底总是从他们阶级地位所依据的实际关系中——从他们进行生产和交换的经济关系中,吸取自己的道德观念"。道德之所以作为一种特殊的社会意识形态,是因为它的职能具有特殊的社会价值。一定的社会都有与其相适应的道德准则,因为这种道德具有能帮助其政治制度、经济制度以及其他社会制度巩固和发展的价值。

其次,道德是调节人与自然、人与他人、人与自身关系的行为原则与规范体系。人类在社会生活中,形成了人与自然、人与他人、人与自身的道德关系,并依靠道德关系调节人们的活动。道德关系往往带有感情色彩,同时还具有功利性质,即道德

可以折射出在一定社会关系中人与人之间错综复杂的利益关系。人与自然的关系是人类社会的基本关系,人本身属于自然的一部分并依赖自然获取自身生存发展的条件。人与自然的道德关系主要表现在,人要以道德来制约对自然的索取,不破坏生态环境而危害自身。人们在社会的物质生产方式中结成了各种关系,以经济关系为基础形成了政治关系、文化关系、思想关系和道德关系等等。人与人的道德关系反映了人们的物质利益和精神文化需求,其特点是以善恶作为评价标准的。此外,在现实生活的每个人,都有一个对待自身态度的问题。面对复杂的社会生活,是积极还是消沉,是自我完善还是停滞不前等。这些不仅表现出个人的世界观,也反映了个人的道德水平与境界。

最后,道德是人类的一种实践精神,是人类把握世界、完善自身发展的社会活动。道德主体是道德实践者,这种实践的特性决定了道德的目的不是再现世界,而是对世界进行价值评价,也决定了道德主体选择的自主性,即道德把握世界不是让人随波逐流而是让人增强主体意识,"择其善者而从之"。

(二)道德的历史发展规律

道德的起源与发展是由经济关系的发展决定的。但是,道德在发展过程中又具有相对独立性。因此,道德发展的基本规律在社会变革与道德进步的相互作用中,得到了更加充分的体现。

1. 社会经济形态的演进对道德发展的决定作用

道德在社会生活中,是属于上层建筑的社会意识范畴,从根本上说,它依赖于一定的经济基础。社会经济形态的演进对道德发展的决定作用,其核心内容是指生产关系的变革所起的推动作用。生产力的发展推动着生产关系的变化,而生产关系的变化决定着整个社会关系(包括伦理关系)性质的变化。这样,社会关系(主要是伦理关系)反映的道德意识,必然发生相应的变化。因此,社会经济形态的历史演进,是人类道德发展的最深刻的原因。

2. 道德发展过程中的历史继承性

社会经济形态的演进,决定了道德发展的历史趋势,从而体现了道德进步的客观规律性。但是,如前所说,道德一经形成,又有它自身发展的相对独立性,这种相对独立性使道德发展的规律显示出自身的特点。历史继承性,这是道德历史发展的一个基本规律。在任何时代,无论什么样的新道德都不会凭空出现,也就是说,虽然人们的道德观念根源于经济关系,但并不是简单地由经济关系直接产生出来的。新旧道德之间的这种批判继承的历史联系,其实质是一种辩证否定的发展过程。这个规律启示我们,在进行新道德的教育中,一定要重视正确运用历史上积累下来的道德遗产,使我们的道德教育工作更富有历史内容,更生动有效。

3. 社会变革与道德进步

社会发展和道德进步的历史表明,社会变革是道德进步的直接动力,而先进的道德又成为推动社会变革的重要精神条件。社会变革对道德发展的直接推动作用主要表现在,它是摧毁旧道德、肃清旧道德影响的最强有力的方式和手段。而先进的道德作为一种积极的精神力量,它又能成为社会革命胜利发展和最终完成的重要条件之一。因此,道德总是伴随社会变革而不断向前发展,这是道德进步的一个基本历史规律。

二、道德的分类

人类社会的生活丰富多彩,大体可划分为公共生活,职业生活和家庭生活三大领域。在这三大领域中又相应地产生了社会公德、职业道德和婚姻家庭美德。在社会主义道德体系中,这三大领域的道德既相互区别又紧密联系,共同形成了人类社会生活应该自觉遵守的行为规范。

(一)社会公德

我们通常意义上的社会公德是人类在繁衍发展的过程中逐渐形成的且得到普遍认同的公共道德。具体来讲,即在社会生活领域中,为保证人们一般性正常交往所应当遵循的最基本的道德要求。基础性、全民性、相对稳定性是其基本特征。社会公德主要包括文明礼貌、助人为乐、爱护公物、保护环境、遵纪守法、履行社会义务、维护公共安全等。

(二)职业道德

职业道德通常与行业操守紧密相连,它以职业行为的要求和特点为依据,在各行业中长期形成的职业关系、职业态度、职业作风来约束处于不同职位的人。不同的职业有不同的职业规范与行业操守。例如,商人的职业道德是"诚实守信",医生的职业道德是"救死扶伤"等。职业道德作为职业行为准则之一,也具有自身的鲜明特征,例如:适用范围的专一性、有限性,相对的稳定性与连续性并在行业内具有一定的强制性等。党的十四届六中全会在《中共中央关于加强社会主义精神文明建设若干重要问题的决议》中指出,要"大力倡导爱岗敬业、诚实守信、办事公道、服务群众、奉献社会的职业道德"。这既为我国职业道德建设指明了方向,也揭示了我国现阶段职业道德的基本内容。

(三)婚姻家庭美德

男女通过婚姻而建立家庭。家庭是社会的细胞,是人类繁衍生息、生活交流的基本组织,也是联结人与人之间产生特殊、亲密关系的纽带,其本质上也是一种人类基本的群居形式和生活现象。因而,婚姻家庭中必然产生一定的伦理关系,需要运用婚姻家庭美德来调节和制约。

家庭是以男女双方平等自愿的婚姻为基础、以血缘关系为纽带的社会基本组织形式,家庭作为社会的基本组织形式与社会各个方面发生千丝万缕的联系,受到一定时代的政治、法律、宗教、道德和风俗等的影响。家庭道德规范主要包括平等互爱、忠诚专一、男女平等、夫妻和睦、勤俭持家、尊老爱幼、邻里团结等。

三、学术道德

科学技术、学术研究与社会发展、道德进步是密切联系的。它在带动整个社会生产力与人类文明进步的同时,也极为深刻地影响着人类社会生活的各个领域。当然,也会产生伦理道德等一系列新问题,对学者以及大众的职业观念、态度、技能以及操守都有深远的影响,而知识分子往往扮演着其所处时代道德模范的角色。因此,加强学术科研人员的职业道德就显得尤为重要。学术道德是治学、科研最基本的要求,也代表一个社会发展进步的良心,其发扬、维系、传承主要依靠学者的良心及学术共同体内的道德舆论。学术道德的缺失意味着学术失德现象的产生和蔓延,这一点毋庸置疑。

(一)学术道德的特点

学术道德是人类社会道德体系的组成部分,具有一般社会道德所共有的基本特征。同时,学术道德作为学术研究这一人类特殊的认识活动的道德规范和要求,又具有其特殊性。

1.学术道德具有鲜明的职业性

学术道德作为学术共同体形成的从事学术活动所应遵循的道德规范和准则,属于职业道德体系,其职业道德以及行业操守是由学术活动的职业要求决定的,同时反映了学术活动自身的特征。

首先,从学术道德的主体出发,可以发现学术道德以学术研究者为主体,主要调节他们在学术活动、科学研究的出版成果以及研发成果等方面所涉及的人与人、人与社会之间的关系。其次,从学术道德的内容上看,学术道德要求科研工作者应始终秉承献身科学、繁荣学术、传承文明、服务社会的宗旨;在学术研究活动中应该尊重他人的研究成果,客观公正地进行学术评价,并杜绝抄袭剽窃现象,营造良好的学界秩序。这些道德要求都是学术研究这一特殊职业的内在需要,体现了该职业的鲜明特征。

2.学术道德具有较强的自律性

相对于一般社会群体而言,学术研究者有更加深厚的专业素养和认知水平,因此他们具有更高的明辨是非、区分善恶的能力,也更容易抵制诱惑并将外在的道德规范内化为个体的德性,即化他律为自律。学术科研活动是一种相对独立的活动,同时也是一项以产品间接服务社会的精神性活动,而学者从事学术研究,一般的社会群体是无法参与其中的,那么学者在科研活动中如何处理各种关系,以怎样的态度对待科研活动,如何行为自律等,在很大程度上取决于学者自身的道德修养。

(二)学术道德的作用

学术道德观是学者在学习与科研过程中表现出来的一种精神风貌,是一种内化的学术道德品质,是一种无形的精神力量,它对学术、高校和社会的发展都具有重要的作用。

1. 支配学术道德行为

精神的力量是不可估量的,它无时无刻不在影响着人们的实践行为,一个人的行为往往由其内心的精神动力所推动。学术道德观就是学术道德实践行为的强大精神动力,它是学者学术品德、品格和品质的内在体现,它使学者明白在学术过程中应该做什么、不应该做什么,从而引导并决定学者的学术道德行为。所以,有什么样的学术道德观就产生什么样的学术道德行为。

2. 净化学术道德行为

受社会各方面的影响,一些学者的学术道德行为掺杂了太多的功利性。功利色彩浓厚,导致学者的学术责任感减弱、学术诚信意识缺失。从事学术研究时,必须要有超越功利的道德观念、强烈的学术责任感和学术诚信意识,这样才能把我国几千年来的道德精髓薪火相传。学术道德观是我国传统道德观在学术领域里的具体体现,其中,传统的超功利主义思想、强烈的学术责任感和学术诚信意识就是我国学术道德观的重要组成部分。学者一旦怀有强烈的学术责任感,他们就会以践行学术道德为荣,以尽学术道德义务为责,努力剔除自身学术道德修养中有违道德的方面,使学术道德由内而外成为一种自然而然的习惯。

3. 规范研究生学术道德行为

近年来,学者学术不端行为层出不穷,学术腐败问题呈现愈演愈烈之势。要端正学术风气,规范学术道德行为,杜绝学术不端行为的发生,有赖于营造良好学术道德观念的氛围。在规范学术道德行为过程中,仅仅依靠外部强制力来约束他人,即道德他律的作用是远远不够的,没有内在驱动力的道德自律作用也不可能使学术道德行为规范得到切实实施。只有使外在的道德他律转化为内在的道德自律,才能在学术研究中控制自己的欲望,而不至于出现越轨行为。

学术道德观包括学者对学术道德行为规范的认知,它可以引领学者准确把握学术道德的善恶标准,正确对待功名利禄,使其自觉建立起良好的学术道德观,从而起到规范学者学术道德行为的作用。

4.弘扬社会学术道德价值

学者的学术道德行为对于他人和社会所具有的道德上的意义构成了学术道德价值,体现在观念上就是学者的学术道德观。学术道德观是社会学术道德价值的重要组成部分,包含学术责任、学术独立、学术诚信、科学创新和学术公正等思想意识,都体现了人类社会的基本学术道德价值。所以,学者树立起良好学术道德观对弘扬社会学术道德价值起到了极大的推动作用。

随着市场经济的高速发展,社会物质文明突飞猛进,而人类精神世界的发展则相对滞后,一些唯利是图、见利忘义等重物质轻道德的价值观念大行其道,横冲直撞地侵入学术界,腐蚀了社会学术道德价值,影响着学术道德观。因此,良好学术道德观的树立和发展势在必行,它可以利用它巨大的辐射力和影响力对不良社会学术道德价值导向进行纠偏,并秉承良好的社会学术道德价值导向,不断弘扬社会学术道德价值。

(三)学术道德的发展规律

学术道德早期的形成与发展就是职业道德发展。职业发展与职业道德发展总是相伴而行的。职业发展反映了历史进步的过程,职业道德也不例外,它是从事职业活动必不可少的条件,离开它的支撑,即使我们找到自己喜欢并适合自身特点的职业,最终未必能够在职业道路上走得更远。因此,从历史的角度去考察职业道德的产生、发展、丰富和完善过程,有助于我们认识和把握职业道德发展的历史必然性以及发展规律,自觉加强职业道德修养,以提高职业素养和职业竞争力。

1.职业道德的萌芽时期——原始社会后期

职业、职业活动以及职业道德的产生都是以社会分工为基础的。在漫长的原始社会,由于生产力水平处于欠发达状态,社会不可能出现明确的社会分工,也不可能出现相对固定的职业划分,更不可能出现以职业分工为前提条件的职业道德。但随着人类社会进入原始社会后期,社会的三次大分工,特别是农业和手工业的分工之后,农业和手工业者在自己的劳动岗位上生产着特定的产品,为对方提供所需的物品时,就自然而然地形成了两类从事不同职业的劳动者。他们分别过着不同方式的劳作生活,进行着不同性质的职业实践活动,承担着不同的职业责任,因而也就形成各自不同的职业特征和职业利益,形成了不同的职业活动关系,规范各自实践活动的职业道德要求逐渐萌芽,产生了能够调节职业活动和职业关系的行为规范。这样,职业道德就应运而生了。

在这一时期,由于生产力水平低下,气候和地理条件非常恶劣,客观上迫使人们必须团结协作、共同奋斗才可能与猛兽做斗争,与自然灾害做斗争。这些客观现实使人们逐渐形成了团结协作、勇敢顽强、勤劳节俭、舍生忘死等朴素的集体观念和公平分配等美德。交换的法则是"等价"交换。离开了这一法则,交换无法进行,也就无法在市场上把自己的产品卖出去以换回自己所需要的物品。这就迫使人们不断提高手工技艺,增加产品的品种,提高产品的质量,最大限度地满足更多人的需求。由此,真诚无欺、精雕细琢、精益求精就成为原始手工业者必须具备的职业道德。

在原始社会后期,无论是农业生产者的职业道德还是手工业生产者的职业道德,虽然对引导和促进生产力的发展起到了积极的推动作用,但它们更多的只是一种约定俗成的朴素观念和风俗习惯,随着人类进入奴隶社会,这些观念才逐步明确并规范起来。

2.职业道德的形成时期——奴隶社会

随着社会生产力的发展,特别是铁制工具在生产活动中的广泛使用,大大提高了劳动生产能力,使社会不仅出现了生产的剩余产品,并且逐渐增多。这为社会进一步分工提供了物质保障,社会因此而有能力承担并养活一些专门从事国家和社会管理,从事宗教、艺术、教育和军事等职业的人。这样,社会便出现了体力劳动和脑力劳动之间的分工。这种分工使阶级的产生成为现实,占有生产资料和剩余产品的人成为统治阶级,没有生产资料和剩余产品的人沦为被统治阶级。统治阶级为了维护自己的统治,利用军队和法庭等国家机器强制镇压被统治阶级的反抗,还通过统治阶级确立和认可的道德来调整社会的生活秩序。与此同时,统治阶级制定了许多与社会生活紧密相关的职业道德规范,从职业外部到职业内部,调节职业之间的关系,以维护奴隶主阶级在经济、政治和文化方面的利益以及整个社会的生活秩序。

奴隶社会在职业道德的内容、要求、具体规范上与过去相比有了较大的进步,并在一定程度上把职业道德发展成为相对独立的意识形态,这种相对独立的意识形态作为阶级社会中人类职业道德的第一个历史形态,在原始社会的职业道德与阶级社会的职业道德之间,起到了承上启下的作用。特别是被压迫被剥削的奴隶阶级,在长期劳动中形成的诚实、敬业、正义、勤劳、坚韧、顽强、创新等职业品质,在人类的职业道德历史发展进程中,具有十分重要的地位和作用。它既是对原始社会传统道德的继承和发扬,又为后世职业道德的发展提供了可以借鉴的宝贵财富。但这一时期的职业道德被深深地打上了阶级社会的烙印,带有明显的阶级局限性和历史局限性。

3.职业道德的发展时期——封建社会

在奴隶社会职业道德形成的基础上,封建社会使职业道德进一步发展,把人类的职业道德推向了一个新的发展阶段,对新行业提出了更加明确而具体的行业要求。在封建社会中期,屠宰、酿酒等行业大都建立了行会,制定了各种不同的职业规则和规章制度。同时,在一些传统行业,如官吏、军人、教师和医生等职业中产生了许多进步的思想。例如从医者应该有生命无价、众生平等的高度的职业道德观,无论贵贱一视同仁,诊治要专心、仁爱、文雅、谦恭、清廉、可信等;教师则应"传道、授业、解惑"(韩愈《师说》),这些教育思想至今仍然为人们所推崇;手工业者和商业者应该公平买卖、童叟无欺、遵守行业保密规则等。

总之,封建社会的职业道德规范与奴隶社会相比,内容更丰富、行业性特征更突出、表现形式更加多样,是职业道德发展过程中的一个重要阶段。但是,封建社会的职业道德由于其阶级和历史的局限性,存在许多不足和缺陷。一是,它把安于本分的职业道德看成是保护现有职业分工和封建统治长治久安的良方,认为只要百姓"安分守己"社会自然就会太平,从而抑制了创新和发展等职业精神的培养。二是,职业道德的最终目的多是为了维护封建家长制的需要而形成的。在封建社会中,许多职业以世袭的方式保存下来,技术和工艺多为父子秘密相传,职业道德也多以"子受父训"的方式传承下来,从而形成了职业道德的家长制特征。即使没有血缘关系的师徒也深受"天、地、君、亲、师"的封建伦理思想影响,形成了"师徒如父子"的职业关系和职业道德规范。这样,职业道德中不符合时代发展的内容无法随着历史的进步和发展而得到及时的改进与更新。三是,社会职业被分为三六九等,做官是人们追求的最高价值目标,各种手工业者、医生、乐师等社会地位十分低下,特别是手工业者和商人受到社会的广泛轻视,这些思想观念成为抑制我国商业发展的最主要的思想根源。

4. 职业道德的成熟时期——资本主义社会

从18世纪中叶开始,欧美资本主义国家出现了以机器大生产代替手工劳动、以机器大工业代替工场手工业的重大变革,各种新机器的广泛应用、化学理论成果的转化与实际应用、汽车轮船的行驶、铁路的开通、电灯的发明、电报的出现等,使职业活动空前频繁,传统职业和职业道德得到空前发展,新的职业也空前增多,律师、新闻、科技、工程、场主、职业经理等新的职业大量出现。这些重大的变革使生产过程的专业化和社会化程度越来越高,并反过来促进了社会分工和生产内部的职业分工向更宽、更深、更细、更高的方向发展,推动着社会生产以从未有过的速度向前发展。

为了适应社会化大生产的客观要求,迫切需要更加丰富和完善的职业道德对所发生的新的职业关系和职业活动加以规范和调节。为此,在19世纪初,欧洲出现了大量地方性的职业行会,这些行会的主要任务在于制定行业规范并监督行业活动,其中,所制定的行业规范中大都包含职业道德规章、守则和基本要求的内容。到20世纪中叶,世界性的职业行会与协会逐渐产生,这些行会和协会是在区域性行会基础上的延伸和发展,对职业行为的规约范围更宽、更广,甚至更加专业化、具体化、明确化。一些企业和学者从应用伦理的角度开始对职业道德进行深入而广泛的研究,由此出现了以职业道德为专门研究对象的职业伦理学。特别是在20世纪中后期,随着职业道德不断向深度和广度发展,以具体职业为研究对象的行业性职业伦理学也如雨后春笋般发展起来,职业道德的种类更多、内容也更加丰富、与经济利益和法律规范的结合更加紧密,更加注重职业道德规范的明确化、具体化和可操作性。职业道德逐渐发展为一种以职业道德基本理论为基础,多类别、多体系、相对独立的道德体系。

总之,资本主义的职业道德无论是在职业道德规范的种类,还是在职业道德的理论研究方面,都比过去任何一个社会形态的职业道德有了长足的进步,特别是在职业道德内容的深度上。它首先从管理伦理的角度关注到了人的价值,将"自由、平等、博爱"等思想嫁接到职业道德之中。它肯定人生而平等,否定社会独裁和特权;肯定博爱,发扬人道主义精神,否定非人道的管理和待遇。这些思想和精神对人们摆脱封建的枷锁起到了巨大的推动作用,是职业道德里程碑式的进步。但由于资本主义社会阶级对立特性的存在,资本主义国家无论在法律、新闻还是商业等方面的职业道德,大多是为维护资产阶级的政治统治而服务的。实践证明,在阶级对立的情况下,很难真正体现自由、平等、博爱等职业道德关系,在提倡诚实守信、货真价实、顾客至上的背后,仍然隐藏着唯利是图、尔虞我诈、投机取巧、哄抬物价、以次充好等非道德现象,甚至出现发达国家向发展中国家进行劣质产品倾销和资源的掠夺性交易。这些非道德现象是我们在建设社会主义市场经济的过程中需要加以批判和抵制的。

5.职业道德的丰富和完善时期——社会主义社会

社会主义社会的建立为人类的职业提供了更加广阔的发展空间,职业道德进入了新的发展阶段。社会主义制度的建立也使职业更多地向平等就业、人格尊严以及劳动价值等方面靠拢。虽然各行业的分工还受到生产力发展水平的限制,但各种行业的利益从根本上说与社会整体利益是一致的,因此服务者与被服务者之间不存在根本性的利益矛盾。职业和岗位的不同仅仅限于分工的差别,而地位高低与职业歧视对从业者的影响已微乎其微。社会主义的职业道德继承了传统职业道德优秀的方面,体现了社会主义制度下职业道德的基本特征与新内涵。社会主义道德建设以为人民服务为宗旨,以集体主义为原则,以爱国主义为基本要求,深入开展全社会的公德教育以及公民职业道德、家庭美德的培养,以期在社会形成团结友爱、平等互助、共同进步的人际关系。

总之,职业道德在社会主义社会得到极大的丰富和完善,是一个历史性的飞跃,它还将随着历史的进一步发展而不断向前发展。然而,当阶级消亡以后,即人类进入共产主义社会之时,道德包括职业道德不仅不会消亡,反而会更加丰富、完善,对人类的社会生活起到更加重要的调节作用。当我们从历史角度了解了职业道德发展的全过程和历史必然性后,也应该从更加理性的角度来认识职业道德对社会发展产生的作用,深刻领会它对从业人员形成正确的职业观、促进其成功所具有的重要价值。

第二节 学术道德的基本原则

原则对于一座大厦来说,就是它的支柱;没有支柱,整个大厦就没有支撑。学术道德的基本原则正是学术道德大厦的中流砥柱。一方面,它为我们解决学术研究的伦理问题提供导向和指南;另一方面,也为我们解决学术研究的伦理问题提供战略和方法,对各种学术活动起规范指导作用,从而促进学术健康可持续发展。

一、公平正义原则

美国学者罗尔斯指出:"正义是社会制度的首要价值,正像真理是思想体系的首要价值一样。"[①]"如果制度所体现的道德精神与社会基本道德原则不完全一致,那么正确的道德规范体系在现实生活中就难免是苍白无力的。所以解决制度的道德合理性问题,是制度建设的核心问题之一。"从这点来说,公平正义原则是学术道德建设的重要原则和基本内容。

从对制度的道德评价和对个人的道德评价来看,制度伦理学主要倡导制度优先和道德法制化。人类社会要成为一个道德的、公正的社会,单靠个体道德的完善是实现不了的,最根本的是要靠制度的公正和道德。由人组成的社会是需要规范来对人的欲望、需要和绝对自由进行约束的。制度是否适度,是其他所有社会规则是否适度的前提,制度是否道德决定了社会中的人是否道德。

二、正当性原则

正当是指行为主体在选择实现目标的手段时必须考虑行为的合理性,行为本身具有价值和"好"的性质,行为准则是"正当"的,而不仅仅是行为会产生"好"的结

---

① 罗尔斯:《正义论》,何怀宏等译,中国社会科学出版社,1988年,第1版,第96页。

果。现代伦理学在界定"正当"概念时更强调道德的判断和行为准则的确立。现代技术的应用,使许多伦理问题变得越来越尖锐和复杂。例如:1986年,美国一家收养代理机构准备安置一个两个月大的女婴,女婴的母亲患有亨廷顿病(一种无法逆转的遗传性精神疾病),收养者提出,如果女婴也患此病或在将来她可能患有此病,就不愿收养。为此,代理机构工作人员请基因专家检查女婴的基因,以检测她将来患上此病的概率。此时,基因专家就陷入两难的伦理困境之中:一方面,收养者的确有权知道真相,其要求似乎是合理的;另一方面,若女婴确有此病或者将来患此病的概率极大,那么从伦理角度讲,基因专家貌似不应该在她无法自我决定是否揭示其基因信息之前,剥夺她的隐私权,她也许正如其他患者一样,不愿在注定要患的病出现之前就被告知此事。那么,基因专家如何选择自己的行为才是正当的呢?在类似的两难选择中,"正当"原则的意义是最高的选择标准。

三、无害原则

现代科学技术使人类处于一个开放性和世界性或全球性的社会中,无害原则为科学技术实践主体和实践对象之间的交往提供了行为准则,使他们在科技活动中的关系和谐、平等、互动。

现代科学技术,尤其是网络技术、基因工程技术等使个人隐私呈现公开化的趋势,同时使人与人之间的关系更加密切。无害原则要求科学技术活动主体在行为过程中彼此相互尊重个人隐私,尊重他人自主选择权及人格尊严,注意保证自己的科技行为不会给其他行为主体以及行为对象造成直接或者间接的伤害。

与此同时,现代科学技术使得人与自然之间的关系也更加密切。一方面,自然为人类打开更多的奥秘、提供更多的资源;另一方面,人类的科技行为也对自然产生广泛而深远的影响。无害原则要求科技行为主体对自然抱有敬畏之心,尊重自然界各类生命存在的价值和权利,不以人类利益为名损害自然生态的平衡。即使处于人类生存需要而要开发利用自然,也应该以无害于自然的持续发展为准则。

四、为人类造福的原则

从价值论的角度来讲,科学技术由人类创造,它理应为人类服务,为人类造福。因此,为人类造福、服务大众也成为科学发展的根本宗旨。这就要求科技人员在科研活动中涉及个人与人民群众的关系时,应以最广大人民群众的根本利益为出发点和落脚点,并且将是否为人类造福作为评价自己科技实践善恶、是非的最高道德准则。一个科技人员在科学技术面前做出何种选择的标准,即看它能不能服务全人类、造福全人类。这个标准要求科学研究须融入人文精神,以人为本,即科技成果应以关怀、关心、爱护、尊重人类为出发点。人文精神虽不能直接改变世界,但却可以为那些可能改变世界的人提供驱动力。科技一旦与人文分离,就会造就出那些只懂科学而灵魂苍白的"空心人"。因此人类必须把人文精神融入21世纪的科技之中,对于背离人性、有损人类尊严的一切科技活动应严格禁止,防止科技变为异化人类的工具。现代科技伦理原则要在现实中发挥作用,首先必须内化于科技工作者的意识中,成为科技工作者的"良心",并进一步巩固为一种道德自律力量。这种道德自律与科学家的精神气质结合起来,形成以社会责任为核心的科技工作者的伦理规范。同时,现代科技伦理原则的实施还有赖于强有力的伦理规范的建构。

五、道德自律原则

"虽然伦理制度、制度伦理十分重要,为任何道德建设所不可或缺,但道德建设又不能局限于制度伦理或伦理制度建设。道德建设更为根本的任务是在制度伦理、伦理制度的基础上,塑造出具有完全道德意义的德性伦理。"[①]

德性的本质在于理性的自觉,突出道德主体的主动性、能动性,从而自觉地履行道德义务。因为在规范制度的强制下,可能产生某些合乎道德却又并非出于道德的行为。"假使将道德分门别类进行制度化,为道德立法,便忽视了道德的主体性特征,仅以外显的行为来评价道德,实际上是消解了道德。"[②]梁治平指出:"因为过分地强调道德的重要性,而把它变得如同法律一样威严,不可侵犯,其结果是泯灭了道德,磨灭了人们的道德意识,把所谓德性变得徒有虚名。"

道德具有高度的自觉性,它诉诸自觉而不是强制。在现实生活中,道德规范若得不到每个个体的共识,就不会成为人们自发奉行的行为准则。康德说,道德是人的自我立法,道德信仰就是对人的自我立法的尊重。因此,就大学的学术道德建设而言,由于大学面对着越来越复杂的外部生长环境、越来越庞大的内部组织结构,由原来主要依赖内部规则来规范学术行为发展到更多地依赖外部规则。由于大学所拥有的悠久的自治传统和学术自由的精神,实施外部约束将潜在地威胁大学基本职能的发挥。为此,需要实施一种学术道德建设方式的回归,积极地继承传统优秀的学术道德与学术规范,利用内在的自我约束的方法,营造一个"建立在同意而不是命令基础上的制度",为学术道德建设提供较为优良的制度化空间。

---

① 吕耀怀,刘爱龙:《制度伦理与德性伦理》,《道德与文明》,1999(2)。
② 张钦:《道德制度化和伦理制度化质疑》,《社会科学论坛》,2001(10)。

第三节 学术道德的规范

学术道德规范能调节学术工作者在学术活动中的利益与人际关系,同时也是判断学术科研活动正邪善恶的准则。学术道德规范是学术道德建设的中心环节,也是衡量学者学术道德修养、开展学术道德评价的标准。其主要内容有献身科学、服务社会;实事求是、坚持真理;尊重前辈、提携后学;尊重他人的劳动和权益;客观公正地进行学术评价。

一、献身科学、服务社会

献身科学、服务社会是学术道德的基本规范,贯穿学术活动的全部和始终。古往今来,凡是在科学发展史上留下印记的科研工作者,都无不热爱自己所从事的学术研究,他们倾注自身所有的智慧与力量于科学上,甚至献出自己的生命。学术研究的目的以及真谛在于服务社会、造福人类。秉承献身科学,服务社会的宗旨则要求学者树立祖国利益高于个人利益的崇高思想,正确对待学术中的名、利是衡量学术工作者学术动机的一个重要方面。

当然,科学工作者在完成一项科研并取得成绩之时,应获得相应的物质利益和精神鼓励,但是作为一名合格的学术工作者必须克服功利心理,以繁荣学术、发扬真理为己任,坚持社会利益高于个人利益,提倡牺牲小我成全大我的精神。居里夫人曾教导我们:"荣誉就像玩具,玩玩可以,绝不能永远守着,否则将一事无成。"

随着学术研究领域的不断深入以及科学技术的广泛应用,学术研究从单纯的个人兴趣爱好成为社会化大生产的重要组成部分。可以说,学术活动已深深地打上了社会性的烙印。同时,科学成果的两面性也给科学成果的运用带来复杂的社会后果。由于学术科研活动的特殊性,一般公众根本无法参与其中或者进行监督,那么如何才能做到公众所期望的——学术界为保护公众利益抵制明显危害公众利益的研究。1949年9月,国际学术年会提出的《科学家宪章》中明确规定:科学家要严格检查自己所从事工作的意义和目的,用最有益于全人类的方法促进科学的发展,并尽可能防止其误用。

二、实事求是、坚持真理

实事求是、坚持真理的道德规范要求科研工作者树立勇于探索科学真理的大无畏精神。进行科学研究的过程就是实事求是发现真理的过程。马克思主义科技伦理学认为,探索科学真理是一种极其艰苦复杂的劳动,在探索过程中以怎样的态度自处可以充分表现出学术研究者有无学术道德以及学术道德修养的高低。

首先,要求学者在学术活动中尊重事实,诚实地进行科研活动。科学研究需要每个科研人员要有严格的科学态度,大胆假设、小心求证,在每一次科研过程中,都必须保证每个实验数据的精准性,力求每个结论的可靠性。然而客观事物复杂多变,要正确认识它并非易事,在现实中存在某些科研人员急功近利而弄虚作假,或捏造实验成果或篡改实验数据。完全无视实事求是的态度,是学术失德的表现。

其次,做真理的忠实维护者。"真理往往掌握在少数人的手里。"勇于坚持真理、捍卫真理可以展现作为一名合格的科研工作者应具备的胆识和气节。科学史不仅记载着优秀科学家的辛勤劳动和卓越贡献,同时也为后人留下了他们不畏强暴的献身科学精神以及服从真理、修正错误的科学态度和道德品格。在真理受到怀疑、反对、攻击的时候,坚定地站在真理一边,用科学战胜愚昧、用事实反击流言,甚至用生命维护真理不被玷污。

三、尊重前辈、提携后学

在学术研究过程中,前辈和后辈之间的关系是极其重要的道德关系。对于后辈来说,应该尊重前辈,虚心接受前辈教诲;对于前辈来讲,应关心帮助后辈。遵循正确调节前后辈关系的道德规范,有助于科学技术世代延续,蓬勃发展。尊敬前辈,千里求师,聆听教诲,是我们中华民族的传统美德。社会主义学术道德继承了尊敬师长的精华,也舍弃了其中的糟粕,增添了崭新的内容。如今,学术人员尊重前辈不再是个人的报恩行为,不以个人利益的得失为转移,而是以国家与人民的需要为根本依据。这一规范肯定了前辈在学术活动的主导地位,同时又强调师生之间人格上和学术上的平等地位,以及在传授和学习过程中教学相长。这也体现了社会主义社会中人人平等、团结、友爱、互助的新型关系。

对于前辈来说,应该对后辈给予教诲、提携与鼓励。这是一名年长的科技人员,特别是那些在学术上有造诣、有建树的专家所必须遵循的一项道德规范。所谓提携后学,就是前辈对自己的后辈加以关心、帮助、教育、指导与扶植,使他们早日成才,挑起重担,成为骨干。学术道德品质高尚的科学家不仅积极荐才,还善于让贤,让科学之光世代传承下去。

四、尊重他人的劳动和权益

学术活动是一种继承性、团体性的活动。所谓继承性即任何学术活动都必须在原有的基础上进行,以人类已有认识的终点为起点。若失去原有的理论知识与科学规律的铺垫,任何探索与创新都无法持续有效进行。可以说,任何一项人类的新发现、新理论、新成果都是站在前人的肩膀上才能完成的。随着科学技术的日渐发展,科学活动也越来越复杂、科学工程越来越浩大。一项学术创作的开展,往往需要几十人甚至成百上千人的团结协作,像以前靠单打独斗从事学术研究已无法满足学术发展的新要求。学术活动的这种团体性特点,也要求学术工作者具有良好的协作意识和合作精神。

首先,要尊重他人的劳动和权益。不承认他人的劳动和权益,社会就不会存在。学者只有对他人的劳动和权益表现出应有的信任和尊重,他才能期望别人对其劳动和权益也信任和尊重,才能与他人愉快合作,共同推进学术进步。

其次,要正确使用他人的劳动成果。不抄袭剽窃他人的作品,当然在撰写论文或者著书立说时,不可避免地会参考他人的观点,此时应注明出处以此来表明该观点是前人的;尊重他人的优先权,在发表科研成果时,本人应对前人的帮助给予充分的感谢与肯定。同时应做到批判继承、合理怀疑。怀疑是科学的生命力所在,也是科学发展进步的动力。事实上,一个伟大的科学家,也一定是一个胸怀博大的人,任何建设性的意见以及利于科学研究的批评性建议都是宝贵的资源,科学的发展过程本身就是需要科研工作者无止境地去伪存真、辨误识伪。

五、客观公正地进行学术评价

由于认识水平和客观条件的限制,人们对某一个问题的认识往往很难达到绝对真理。因此,任何一项科研成果的问世或者新理论的提出,尽管它经过了学术工作者艰辛的努力,也无法真正确保其准确无误,万无一失。再加上学术本身的延续性和科学技术对人类社会生活的巨大影响,每一项学术成果的真实性程度都会对今后的研究和社会生活产生重大影响。现今,世界各国对每一项科研成果的问世或者新理论的提出都采取慎重的态度。一般都必须组织相关领域的专家学者进行鉴定、论证。这就是国际上流行的"同行评议"制度。同行评议是对学术成果的学术性、创新性、合理性做出科学的评判,以确定其学术价值。这就要求学者进行学术评价时应坚持以下原则。

1. 实事求是,以学术性作为评价的唯一标准

对学术成果的理论性、创新性做出客观公正的评判,既不对研究成果的价值夸大其词,也不故意缩小其本来的意义;同时,在进行学术评价时,严格遵循学术标准,尽量避免个人利益、集体利益与人情、关系、政治等外界因素的干扰。

2. 开展严肃的学术批评

现今学术界不正之气盛行,从某种意义上来讲,造成这种不正之气的主要原因在于学术批评失去了应有的锐气与批判力,从而导致学术批评异化。一些学者把

学术评价作为送人情、拉关系甚至壮大自己势力范围的手段,你吹我捧,盲目争锋。其结果使得学术评价成为学术表彰,任何人的理论成果都可以被评价为选题前沿、观点新颖、材料翔实等等。这种千篇一律的评价,除了有利于受评者升职、获得奖金之外,对学术研究毫无推进之功,甚至贻误学术事业的发展进步,败坏学术风气,扭曲了学术评价本身的目的及意义。

3. 保守学术秘密,不得泄露和侵占学术秘密

学术评价有时是对尚未公开的学术成果进行评审判别。众所周知,所谓的优先权原则,即在学术界某一领域中一般学者只承认在某个领域最先发表学术成果的人的理论作品或者科研成果。为保证公平公正地评审,学术评价通常都要求评审者是该领域德高望重的专家,希望他们能遵守学术道德,保守学术秘密,在成果尚未公开前,不泄露或侵占他人的学术成果。

第四节 学术选择行为与学术道德选择行为

人类在进行科研活动过程中所缔结的社会关系是复杂多样的,反映这种社会关系的道德体系也是多层次的。在不同的主客观条件下创建的科学理论,必然是有差别的,这就需要学术选择。当学术研究的理论成果转化为实际生产力时,由于各种复杂的原因,也存在优劣、适用与否之分。这些活动都涉及学术选择、道德评价、道德教育、道德修养等一系列问题。它们交织在一起形成学术道德研究中非常重要的课题。

一、学术行为

(一)学术行为的概念

学术行为是学术或科研人员自觉地有目的地探索、研究社会现象和自然现象的本质以及发展规律的过程。学术行为与经济、政治行为的不同之处在于:首先,学术行为具有全民性、全民族性。学术活动是研究人与自然、人与社会关系的活动,其本身没有阶级性;积极科学的学术研究成果可以造福全人类,可以促进人类社会的发展进步。反之,则会给全人类带来灾难。其次,学术行为具有严密性、准确性的特点。科学理论要求有严密的逻辑,经得起推敲,差之毫厘失之千里,无论是试验、计算还是最后的结论都要求其具有严密的逻辑与精准的分析。

(二)学术行为发展的六个阶段

1. 确定理论研究的课题

无论是理论研究还是科技探索,最初都是以确立研究课题开始的。确定研

课题是进行学术活动的第一步学术行为,它既要有科学的依据,又要求科研工作者富有社会责任感和科技道德义务感。接受或者自选学术课题的动机与目的,同学术科研人员的道德修养有着十分密切的联系。

2.制订学术理论研究计划

完整的研究计划包括研究经费、仪器设备、科技人员、完成时间等。计划必须具有客观现实性以及科学性。在周密调查研究的基础上制订切实可行的计划是学术科研人员的职责。

3.收集第一手感性材料

科研工作者的耐心、毅力等优秀品质与冒险精神、牺牲精神,经常在收集资料的过程中表现出来。这些活动包括观察、实验和调研。就观察而言,有用肉眼直接观察,也有借助相关设备仪器间接观察。而观察活动通常不是一蹴而就的,需要日积月累地坚持。有时科研工作者要得到某些数据需花几年甚至十几年的时间才能完成。在实验阶段,根据实验的目的和在研究中所起作用的不同,可以分为定性实验、定量实验、结构分析实验、析因实验、对照试验等等。这些实验也许会带来重大的科技成果,但有时也会使科研工作者付出巨大的代价,实验失败可能使科研工作者十几年的心血付之东流,而实验的附带伤害也可能给科研工作者造成身体上的创伤。这一系列的科学行为都需要科研工作者具有超人般的毅力、耐心以及奉献、冒险精神。

4.对收集到的感性资料加工处理使其成为能够揭示自然现象及规律的理性资料

在此过程中,学术人员须专心致志、反复思考,运用各种研究方法,比如比较分类、归纳演绎、分析综合、抽象具体、逻辑历史等各种逻辑思维方法,对感性资料进行加工处理,形成明确的概念,做出正确判断,提出假设,建立理论模型、公式,形成理论。可以看出,理性思维是学术科研行为的中心环节。只有进行理性的思考判断,才能真正达到科学研究的最终目的。

5.检验和评价理论或假设

假设或者理论是否具有科学性不是主观臆断的,而必须是经得起社会实践检验的,即实践是检验真理的唯一标准。检验假说、理论的科学性和评价科学理论的价值大小是科学行为过程的重要环节。这个行为的正确行使必须以科研工作者公正、求实等一系列的道德水准为前提。

6.交流学术成果

学术交流是学术行为的继续,它能促进学术活动的再发展。各国专家学者通过学术交流会、私人研讨会等形式针对某些科学信息进行研讨,通过交流学术成果可以更大范围地得到检验、评价。这也是科学界形成自由交流、平等讨论等优秀道德风尚的良好途径。

二、学术道德行为

学术道德行为也是科技道德行为,是学术工作者从事学术科研活动时,在学术道德的支配下,调整学术人员之间以及学术人员与社会整体之间的利益关系,并可以做出善恶评价的行为。学术道德行为与学术行为既有联系又有区别,具有以下四个特征。

1. 利他性

即把国家社会人民的利益放在第一位。学术科研人员通过自己艰苦富有创造性的科研行为,探索新的自然现象并揭示其发展规律,把科学发展转化为新的生产力应用于社会实践中造福人类,这样的科学行为才是科技道德行为。反之,若仅仅将科学技术运用于改善自身的生活条件,而不与他人分享科学技术所带来的利益,也不损害他人的利益,那么这种行为属于非道德的科技行为。若利用科学技术损害他人或集体的利益,败坏社会风气,则属于不道德行为甚至是违法行为。因此,科技道德行为、非科技道德行为是可以用善恶来评判的,而违法行为,已经超出了道德的范畴,不仅仅是善恶的评判,是违法甚至犯罪行为。

2. 自知性

即学术人员进行的学术活动是有意识有目的的活动。尽管科学技术的不确定性与失败的可能性比较大,但是学术科研人员的意图是明确的。若科技人员既知道自己工作的业务要求,又懂得自身工作的意义以及对国家集体的重要性,并能自觉克服困难,完成任务。那么,这种行为就是学术道德行为。也就是说,科技道德行为是科研人员清楚地了解自己的动机和目的都符合科技道德的原则和规范。当然,不是所有的有利于他人或社会的行为都是道德行为。如果某科研人员无意识地为他人或者社会做了件有益的事情,就不能认为这是科技道德行为,因为此时该科研人员不是自知的,他的行为很难用善恶进行评判。

3. 自愿性

我们都知道,道德不同于法律,不具有强制性。科技道德行为也是一种自愿的行为,不具有强制力,它是出于科研工作者内心自觉自愿主动的行为。科研人员了解自身工作的社会意义与价值,并因此付诸行动、克服困难、坚持不懈完成任务,这种科研行为即科技道德行为。倘若某科技人员并不是出于自觉自愿而是慑于法律的制裁,被迫做出有利于他人和集体的事情,这种行为只能是守法行为而非科技道德行为。只有既按照法律行事,又自觉履行科技道德的原则和规范,才是真正意义上的科技道德行为。

4. 自择性

学术人员从事学术工作时不仅是出于内心的自觉自愿行为，同时也是经过自己深思熟虑做出的选择。自愿的行为不一定是自己选择的行为，如果完全赞同别人的做法却没有经过自己的深入思考分析而为之的行为，虽然不具有强迫性，但是不能排除其盲目性。科技道德行为的可敬之处就在于科学家有时为了造福人民，不惜奉献自己的生命去诠释、证明真理，并努力进行创造性的研究。为了社会长远利益，不惜放弃优越的生活环境和工作条件，主动在最需要自己的领域建功立业。也正是科技道德行为的自主选择特征，科研人员可以拒恶而行，择善为之，对待诱惑不卑不亢，不受他人威胁利诱，从事有益于国家、社会的科研工作。

三、学术选择行为(技术选择行为)

学术行为是一项复杂的社会活动，它要与周围的社会环境和自然环境发生各种联系。而学术选择对学术研究的发展影响巨大。之前我们讲过学术行为也可以称作科技行为，而科技行为包括理论方面的研究，也包括技术事务方面的研究即技术行为。因为技术选择与社会发展的联系更为密切，这里，我们主要介绍技术选择行为。所谓技术选择行为指根据技术应用的指导方针、原则和评价标准，在多种现存的技术和可能产生的技术中，选择符合客观条件和主观意图的技术加以应用或进行研究。其目的是使选择的产品、工具、机器、仪器设备和工艺、方法等，能收取最大的经济效益、社会效益和环境效益。技术选择的主要内容包括以下几方面。

1. 选择适合的技术类型

技术类型与经济类型交织在一起，当前，世界上有三种经济类型，即劳动密集型、资本密集型与知识密集型。劳动密集型、资本密集型和知识密集型这三种经济类型与技术类型在18世纪以来依次出现，反映了经济与技术由低级到高级、由简单到复杂的发展过程。技术选择类型必须结合本国当前的经济发展水平与技术发展状况，而不能脱离本国的客观历史条件盲目选择。我国人口众多、资源丰富，但人均占有量少，在经济、技术、教育方面与西方发达国家还有一定的差距。目前，我国还是以劳动密集型技术为主，在选择资本密集型技术和知识密集型技术上受到很大的限制。改革开放之后，我国在工农业生产技术方面已有长足的发展，同时又大量引进国外的先进技术，在一定条件下可以适当地选择知识密集型技术。也就是说，我们在合理利用劳动力、优化产业结构同时选择多元化的技术选择类型，使得国民经济各部门都逐步从劳动密集型技术过渡到资本密集型与知识密集型技术。

2.选择合理的技术结构

在功能水平参差不齐的技术中选择恰当的技术组合。就技术水平而言,技术有先进与落后之分。先进的技术是在一定时期内,能对社会生活的发展有重大积极意义的技术。它的实现也需要必要的条件,比如必要的自然资源、工业基础、市场密度、科技文教水平、相应的成套技术设施仪器等。如果不具备这些条件,国家先进技术的优越性就会丧失。当代最先进的技术不一定是普遍选择的适用技术。适用技术是指在现实条件下,一般能给使用者带来实际利益的技术。它可以适应适用者的现有技术水平、生产现状、市场需求等社会条件,因而能充分发挥作用,取得最满意的效益。适用技术包括从传统技术到现代高科技的整个技术系列。其中,某项技术只要符合社会发展规律,适应社会需要并能给使用者带来既得利益,无论是先进的技术还是一般的技术甚至落后的技术,都属于适用技术。但是,技术选择的重点在于如果既是先进的又是适用的技术。那些脱离我国现有的生产水平与技术条件,盲目追求高精尖技术,必然造成不合理的技术结构。这既不符合技术选择的要求,也违背科技道德选择的要求。

3.选择比例适当的技术体系

在一定历史时期,存在各种不同类型和不同层次的技术体系并存的格局。如今,既存在工具时代的技术体系格局,又存在起主导作用的机器时代的技术体系和信息时代的技术体系。技术选择的根本任务在于从实际情况出发,将各种技术体系与该体系中的技术群进行合理配置,组成新型的比例适当的技术体系,从总体上确定技术进步的发展战略。简而言之,即立足国内实际,放眼世界,选准发展方向和发展重点,积极推广普遍适用的科技成果,加速企业技术改造,适当引进国外先进技术,完善我国技术体系。技术的综合选择也反映了技术人员和科技管理人员德、智、才、学各方面的素质与修养,它通过利益的中介,与科技道德选择联系在一起。

四、学术道德选择行为

在与人们生活息息相关并且关系人类发展的科技活动中,科技人员常常面临各种可供其选择的技术方案或者学术理论。所谓学术道德选择行为,即处在一定的科技环境中的科技人员,在科技行为出现多种可能性时,根据自己的道德意识判断,选取其中某一行为作为未来的行动方向。科技人员是自由意志的人,他们可以发挥科技意识的能动作用,决定从事某一科技活动而舍弃其他的科技活动。

学术道德选择行为不是一蹴而就的,必须经历一个复杂的过程。

第一章　学术道德规范

1. 选择需要

我国学术科研人员从事学术科研活动的根本目的在于满足社会发展的需要,即人们对物质与精神方面的需求。这种需求能引起人们的愿望、志向、兴趣,成为包括科技道德行为在内的一切行为的直接动因。马克思主义科学伦理学并不否认科技人员有各种个人的需求,认为一定范围内集体与社会应该满足他们的需求,以此来激励他们的创造热情,投身于促进科技发展的科研活动中。而作为处于我国社会主义初级阶段的科研工作者,应该把个人需要同社会集体需要结合起来,把人民幸福、国家富强、民族振兴放在第一位。我国科研工作者应该自觉将自己的科技研究工作建立在为国家与人民利益奋斗的基础上,按照科学技术现代化的需要选择自己的科研工作目标。

2. 形成学术道德动机

学术道德动机是在学术人员自身需要的基础上产生的。符合学术道德原则和规范的行为动机,是学术人员行为所趋向的一定道德目的的主观愿望或意向。这是学术道德行为的开端,是推动学术人员以实际行动来实现学术道德目的的内在力量。学术道德动机必须经过一番矛盾冲突方能最后决定。由于社会实践的多样性以及科学技术的多元化,学术人员的需要是多方面、多层次且不断变化的。多种多样的需求造就了多种多样的动机。在同一历史条件下,多种行为动机往往很难同时兼顾,可能发生对立冲突。比如劳动阶级与剥削阶级的冲突,这是最根本的冲突,并且具有不可调和性;学术人员个人所希望的研究课题与应尽的道德义务之间的矛盾冲突,利于个人发展与利于国家集体社会发展的冲突等。每一个道德动机在道德动机体系中都有着不同的地位与作用,此时,有利于国家的动机是具有更大道德价值的动机,属于主导动机,对行为起主导决定性的作用。辅助动机与主导动机发生矛盾时,思想斗争可以使主导动机成为当前行为的直接动机。当然,主导动机与辅助动机是可以相互转化的。总之,由于学术道德动机的存在是多元的,要形成道德动机,除了必须排除对抗的道德动机之外,还要依照道德价值大小采取以小顺大、以辅从主的方法做出道德决定。

3. 确立学术道德目的

任何学术研究活动都包含一定的研究意图,它是学术人员在做行为选择时所预期达到的道德目标或力求实现的道德行为结果。它与道德动机的区别在于,前者是行为要达到的客观结果,后者是发生此行为的主观动因。比如,科技人员为了研究出一种新设备用于企业生产,这便是做此项研究所要达到的客观目的,至于推动他做此项研究的动机,可能是金钱、荣誉的驱使,也可能是履行学术道德,造福社会。学术道德目的也存在选择的问题。因为行为要达到的客观结果反映着未来的现实,但现实发展的多样性更加成就未来的不确定性,既有好的可能又有坏的可能。这就要求学术人员对具有不同性质、不同价值的道德目的,进行利弊权衡,做出统筹考虑,选择道德价值最大的,既体现长远目的,又能在近期实现的道德目的,作为当前学术道德行为的主要目标。

4. 选择学术道德行为手段

学术道德目的的实现离不开必要的手段,是学术人员为了实现学术道德目的而采取的方式与方法。行为目的的道德性质与行为手段的道德性质既有联系又有区别。同一个学术行为的目的符合学术道德原则或者规则,但其手段不一定就是道德的。而且,手段的行使也具有多样性。因此,学术人员需要在多元化的行为手段中慎重细致地选择。首先,要坚决排除不道德的手段,使得学术道德的目的与手段相一致。其次,在各种学术道德手段中,要选择有利于在近期实现道德价值最大化的手段。也就是说在实行某一技术方案时,应充分考虑人财物的花费,注重经济效益的同时将人民生活利益放在首要位置上。当然,道德手段与不道德手段在一定条件下可以相互转化。在诸道德手段中应选择最佳的道德手段,但有人出于私利,主张不采用最佳手段而改用次佳手段,这实际上也会给国家与人民带来利益损失,从而也使道德手段丧失了道德性。

学术人员根据需要形成动机,从多样的动机中选出主导的学术道德动机,从而确立学术道德的目的,并选择与道德目的相适应的道德手段,进而把动机、目的、手段综合起来,就可以制订出道德行为方案,并做出具体实施计划。就选择过程来说,学术道德选择行为是一个永不停止的循环过程,因为人类的道德实践是一个不断发展的过程,原有的学术道德选择行为完成之后,又会出现新的学术道德选择行为,如此循环往复,推动着学术道德活动健康发展。

第五节　学术人员的公共道德与家庭美德

社会公德是一个社会文明进步的标志之一,是每个社会成员在公共生活中应当遵守的最起码、最基本的道德准则和规范。随着改革开放的深入,当今社会更加丰富多彩的同时也充满诱惑,极少数学术人员空有渊博的学术知识却抛弃了作为一位公民最基本的社会公德,从而走上违法犯罪的道路。当然,家庭是社会的细胞,是人类社会生活、抚育后代的组织形式。家庭美德的建立对维护社会稳定,促进个人发展起着重要的作用。一般情况下,学术人员都受过高等教育,拥有较高的素质,在社会公德与家庭美德方面对自己应有更高的要求,并发挥模范带头作用。

一、公民公共道德的基本要求

2001年9月,中共中央发布了《公民道德建设实施纲要》(以下简称《纲要》)。《纲要》明确指出:社会公德"涵盖了人与人、人与社会、人与自然之间的关系"。社会公德的主要内容是"文明礼貌、助人为乐、爱护公物、保护环境、遵纪守法"。如何正确理解《纲要》的内容,从而落实于行动中,我们从以下三个层面进行分析。

(一)文明礼貌、助人为乐——人与人关系层面

随着市场经济日益繁荣,公共领域无论从广度抑或宽度上讲都不断扩张,生活在公共领域的我们,交往的方式与范围也更为广泛。公共交往也成为人际交往的重要组成部分。那么在公共领域交往中如何保证人们自由交往的有效和谐,便是公共交往规则的价值所在。首先,文明礼貌、诚实信用是社会交往中必然的道德要求,是调整和规范人际关系的行为准则,与我们每个人的日常生活密切相关;诚实信用是现代法制社会的要求,也是公德的基本规范。在我国民法中,诚实信用是基本的原则之一。其次,尊重他人、助人为乐是维护人际交往持久进行的法宝。当他人需要关心和帮助时,要伸出援助之手,把帮助别人当成一件快乐的事情。

(二)爱护公物、遵纪守法——人与社会关系层面

社会主义市场经济要持续、稳定、健康地发展,就必须有良好的公共秩序作为保证。所谓秩序不单单指促进社会主义市场经济发展的经济秩序,同时也包括利于经济发展的社会公共秩序。比如,爱护公物是每个公民应尽的义务与责任,也是对集体劳动成果的尊重与爱护。它不但体现个人的道德修养同时也是整个社会文明进步的体现。在现代社会,良好公共秩序的实现主要靠法律的强制作用,而真正使公民发自内心地遵守社会公德、落实社会公德的不是法规,而是个人的自觉性,即人的公德观念,公民公德观念的强弱也反映了一个社会文明化进程的高低。当然,公共生活的正常秩序需要用法律和纪律来维护。实践证明,公德缺失必然会影响公共秩序,进而影响市场经济秩序的有效运行。因此,市场经济要持续、稳定、健康、有效的运行,就必须有与之相适应的社会公德规范以保证其外部环境的秩序性。

(三)热爱自然、保护环境——人与自然关系层面

公共环境主要是指人们生存和发展不可缺少的生活环境,包括自然环境和人文环境。公共环境是人类繁衍发展的最基本场所。虽然我们生活在现代化的社会中,但是我们与自然依旧保持着无法分割的联系。人类的生活不能单从物质层面理解,衣食住行的满足并不意味着我们的生活就此完美。人类发展至今,疾病、灾

害从未远离过我们的生活。而疾病与灾害并非都是自然形成的,其中大部分都是人类肆意破坏自然、过度开发、过度污染的结果。因此,将自然与人类发展对立起来是完全错误的观念。那么如何在保证发展的同时兼顾自然呢?这便是把热爱自然、保护环境纳入公德范围的意义所在。环境具有整体影响力,人们在公共环境中的活动会影响整个地区乃至全球。总而言之,对待环境的行为是一种公共行为,行为的道德与否关乎人类的公共利益、整体利益和长远利益。公共环境所需要的公德原则应是热爱自然、保护环境、利益兼顾、造福后代。

二、学术人员社会公德的基本要求

学术人员的社会公德要求理应比一般公民高,这是由学术人员的职业特殊性决定的。如果说遵守社会公德是公民素质修养的一种体现,那么学术人员遵守社会道德则是一种社会责任。相比一般公民,学术科研人员所承担的社会责任从某种意义上已经演变成一项使命、一份职责、一种义务。学术人员应以建设有中国特色的社会主义为己任,努力通过科研成果提高科技活动的经济效益,促进工农业生产发展,同时要兼顾环境,防止生态恶化,提高环境质量。当然,科技工作者也需放眼世界,面向未来,了解当代世界,把握其发展趋势,迎头赶上新技术革命潮流,使现代科学技术更好地为社会主义事业服务。

随着现代科技对伦理道德呼唤的加强,科技越来越具有道德性质和伦理意义,科技工作者更应该加强社会公德与社会责任感的培养。学术人员作为科技活动的主角,应对自己承担的责任有清醒的认识,在从事科学研究活动时,不能再简单地以"为科学进步而仅仅使科学进步",而应充分考虑科学研究活动后果,严格遵守社会公德,树立起真、善的普遍信念,从纯粹的求真转向传统儒家伦理中求真、求善,把科技发展与人类长远利益紧密结合起来。

三、公民家庭美德的基本要求

家庭美德,是指人们在家庭生活中调整家庭成员间关系、处理家庭问题时所遵循的道德规范。家庭美德的内容渗透在家庭生活的各个方面,主要包括尊老爱幼、男女平等、夫妻和睦、邻里团结等。

(一)尊老爱幼

尊老爱幼是衡量一个民族文明程度的重要方面。而我国自古更是被称为礼仪之邦。"老吾老以及人之老,幼吾幼以及人之幼"是每一个公民做人的基本准则。尊老爱幼的核心是仁爱之心。尊老的基本要求即赡养老人,不但从物质层面上保证老人日常生活可以得到悉心照顾,而且在精神方面也需要给予老人关心和爱护,使他们可以尽享天伦之乐。爱幼,则为孩子们创造健康温馨的家庭环境以及社会环境,使他们可以全面发展。尊老爱幼这种传承了五千年的美德不仅保证了家庭和睦、社会稳定,也为中华民族的繁衍发展提供了坚实的社会基础。

(二)男女平等

夫妻地位平等,互敬互爱。这是每一个公民以及学术工作人员所必须遵守的一项极为重要的道德规范。夫妻是家庭中的基本成员,夫妻关系是父母、子女及其他家庭关系的基础和核心。夫妻地位平等是正确处理好夫妻关系,保证夫妻间爱情健康发展的前提。男女双方一旦结为夫妻,就应该是事业上的支持者,生活中的伴侣,思想上的密友,做到互敬、互爱、互信、互勉、互帮、互让、互谅、互慰,这是他们生活恩爱幸福、白头到老的道德保证。无论对方文化程度、社会地位如何,都要尊重其人格、劳动、工作,关心对方的生活。

(三)夫妻和睦

在我国现阶段,家庭结构日趋小型化,这对避免与长辈产生矛盾有一定的好处,但是夫妻双方一起生活,不可避免地会引起摩擦、发生争吵。夫妻和睦也是维护一个家庭和谐稳定的重要因素,同时也对子女的心理健康有着深远的影响。因此,夫妻共同维护家庭稳定和谐就变得极为重要。首先,互相尊重、信任是必不可少的。其次,双方的经济收入可以合理支配,民主协商,共同赡养父母,教育子女。当然共同承担家务也是一个重要的方面。在这里我们既要反对"大男子主义",也要抵制"妻管严",这两种做法都是违背夫妻间平等相待的道德准则的。

(四)邻里团结

邻里团结是公民家庭美德的重要组成部分,也是家庭和谐与社会稳定的纽带。每一位公民都有义务为建立和谐安宁社会尽一份力。俗话说"远亲不如近邻"。这句话表现出一种价值取向,不仅有利于社会稳定、个人心理健康,更有利于邻居之间拉近关系,守望相助。特别随着经济不断发展,城镇化脚步加快,越来越多的人步入了宽敞明亮的高楼,邻里之间的真诚和热情被冷冰冰的钢筋水泥隔开,取而代之的是麻木和冷漠。因此,我们应"真诚"地敲开邻居的门,用真心的问候拉近邻里间的关系,以坦荡的胸襟接纳邻居,做到相互礼让,宽容大度,邻里和睦。

四、学术人员家庭美德的基本要求

正如上文所提到的,家庭美德不仅有助于社会的稳定,更有助于个人的发展。当然,学术人员也不例外。随着经济不断发展,家庭关系以及家庭生活方式日益与世界的现代潮流接轨,家庭生活领域也出现了一些新情况、新问题,为社会所关注。

比如，由于西方性观念影响，包二奶、试婚、婚外恋、情人潮等现象出现且有发展的趋势，离婚率一直呈上升趋势，婚姻家庭稳定率下降，侵蚀着家庭美德的培养与普及。同时这也对子女的教育有着较大的负面影响。

那么作为学术人员以及科技工作者，首先应当将遵守家庭美德作为一种责任，并能为一般公民做好模范、榜样。男女科技工作人员婚姻自由，一夫一妻，这是科技工作人员必须遵循的最主要的婚姻家庭道德规范。同时也应坚持夫妻地位平等，互敬互爱。其次，有些学术人员婚后难免因学术研究，忽略了家庭责任以及对家人的关心。因此，夫妻之间在家庭生活中应该做到权利、地位和责任的平等，共同赡养老人，抚养教育子女。学术人员或者科学家从事的科研工作不仅影响当代人类的思维方式、生活方式甚至影响着人类后代的发展轨迹。作为公众人物的学术人员以及科技工作者，自己的一言一行都容易被人模仿学习。在从事科研活动过程中，学术工作者除了要遵守所处领域的职业道德，还应该在家庭和生活领域遵守社会公德与家庭美德。发扬尊老爱幼、男女平等、夫妻和睦、邻里团结等美德，逐步肃清腐朽消极的道德影响，同时加强对社会风气的正确引导，驱邪扶正，树立正气。

第六节　学术道德失范的种类与矫正

随着科教兴国战略的提出并逐步实施，我国的各大高等学校以及各科研院所的学术研究成果丰硕，学术创新层出不穷，为我国科技进步创造了良好的学术环境与科研氛围，同时也为培养学术型人才做出了重要贡献。学术科研活动的进步离不开广大学者献身科学、无私奉献的精神，不但取得了可喜成绩，更为学术后辈树立了榜样。然而，科学技术蓬勃发展的同时，学术界也存在一些不良风气以及违背学术道德的现象。近年来，学术道德失范行为的大量曝光引起了社会各界的关注。这种不良现象不仅败坏学术风气，污染学术环境，严重冲击社会良知、道德底线，而且降低了学术公信力，损害了学术形象与学术声誉。同时，造成学术不公平，科研资源配置失调，学术资源浪费，挫伤学者的科研积极性，严重阻碍科教兴国的落实与发展。

(一)学术道德失范的概念

"失范"这一概念最早由法国社会学领域学者杜尔克姆提出。杜尔克姆之所以引入该概念，原因有二："首先，就强调社会整合的理论传统来说，失范既代表了社会秩序紊乱和道德规范失衡的反动倾向，又是这一理论无法逃避的社会基本事实；其次，对正常的社会秩序而言，失范现象实际上是一种可以治愈的反常现象或病态现象,它对整个理论的基础并不构成多大的威胁。"①

综合前面对"失范"概念的解读可以得出,学术道德失范包含两方面内容:其一,学术行为不符合学术道德规范,是学术行为越轨;其二,学者内在精神世界系统被破坏、动摇、否定。学术行为越轨是其内在精神世界的这种状态的外部表征。不难看出,学术道德失范以学术人心灵意义系统的危机为基本内容,并表现为行为层面的越轨现象;行为中的越轨,可能源于内在良知的缺失,也可能源于存有良知但意志力薄弱。对于内在良知的缺失者,关键在于为其建立一种具有合理性的意义系统;对于存有良知但意志力薄弱者,关键则在于通过一系列有效手段增强其意志力。因此,在学术研究活动中,学术共同体成员和社会为保障学术活动(包括学术研究、评价、奖励等活动)的有序进行和各自目标的实现而约定俗成或明确制定道德律令。凡是与这些道德律令相悖的行为即为学术道德上的失范行为。

(二)学术道德失范的表现

学术道德失范表现为种种学术腐败行为,体现于科研活动的诸环节、诸方面。

例如,在学术论文、专著写作过程中抄袭、剽窃他人的观点;在学术研究过程中的弄虚作假、捏造事实、伪造实验数据;在申报课题和学术评审时,以权谋私,垄断学术资源等,这些行为都是学术道德失范行为的外在表现。

1. 抄袭剽窃,弄虚作假

我国著作权法将抄袭、剽窃并列规定为同一性质的侵权行为。抄袭,即将他人的学术成果,包括理论创新、科研成果、实验数据等一切学术作品整体或者部分地据为己有,并且以自己的名义公布于世。抄袭的方式可以是全部照搬,也可以未经过自己创作仅对他人的成果改头换面。南京大学校长蒋树声教授曾在九届全国人大一次小组会上指出:"现在高教界和科技界存在着种种不正之风。其一是剽窃抄袭他人成果,包括有系统地与局部地剽窃、抄袭,明目张胆与改头换面地剽窃、抄袭;其二是伪造数据,发表假论文,哗众取宠,欺世盗名;其三是将同样的内容,通过不同的'组装',多次发表等。"

就现在的情况来看,高校中学生的抄袭现象比较严重,甚至有些学生将抄袭视为一种常态。比如,考试作弊中的抄袭,论文写作中的抄袭,毕业论文和毕业设计中的抄袭。有些学生面对就业压力,无心毕业设计;而部分学校和老师也迫于高校就业工作压力,对毕业论文往往睁只眼闭只眼。这种双向迎合的不良现象,正好助长了学界不良之风,影响学术道德建设。

---

① 张宇燕:《经济发展与制度选择》,人民大学出版社,1993年,第190-191页。

2. 粗制滥造,学术泡沫

在学术科研人员眼中,著书立说是一件艰辛而又十分重要的工作,每一项科研成果和理论观点都需要通过论文或著作等形式表现出来。当然,著书立说并非易事,学者需要搜集资料、研读资料、提出课题、撰写提纲、完成写作直到最后的修改发表,可谓"十年磨一剑"。

然而现今,我国学术界著书立说的数量与日俱增,不但书越出越厚,论文发表的数量也比以往翻倍增长,就连一些学术刊物也不断更新,有的甚至出现增刊。表面上看来,我国近几年学术界"蓬勃发展",但是在这"繁荣"的背后隐藏着潜在的问题——学术泡沫。学术论文数量的极度增长,并不代表学术质量与学术水平的正相关提升。放眼学术界,有些青年学者在从事学术研究短短几年,就能发表几十篇甚至上百篇论文,而以前的学者穷尽一生也仅仅发表一两篇论文或者出版两三本专著。不禁要问,难道现今学者的学术功底如此深厚,理论造诣登峰造极?回答当然是否定的,究其原因:学术泡沫——学术成果出得太容易、太轻松。这些学术成果表面呈现大跃进式膨胀的同时,学术质量、学术水平非但没有呈正比例提升,反倒有的还在下滑。

3. 学术霸权,宗派林立

保证学术科研理论不断向前发展的灵魂所在是"百家争鸣,畅所欲言",这也是学术界可以传承下去的可贵之处。然而,现今学术界出现"学术霸权"与"宗派林立"的现象。即一些学术专家在学术上垄断学术资源,在理论上以真理的唯一拥有者自居。对其他与自己意见相左的同僚极力反对,甚至抨击。同时利用自己的权威地位以及行政领导的优势地位垄断学术资源,分配学术职务和学术经费。理论界中分各个学派是正常现象,学派是围绕某一领域的学术理论问题形成的一家之言而具有相对稳定、持续的学术共同体。其原则符合学术的一切标准,包括学术价值、信念、研究方法、研究假设等。而宗派则大为不同,宗派说到底就是为了维护小团体共同利益而产生存在的,其摒弃了学派以学术真理为原则的理念,转而以团体利益为宗旨,是学派异化和堕落的表现。宗派现象会造成学术垄断,导致学术失真和禁锢新思想的传播。

4. 官学一体,以权助学

在学术研究活动中,会出现这样一种现象,权力和学术是相辅相成的。比如,某位学者在某个领域做出了学术成果,往往被评为学术权威并且成为这个领域的领导者。这是对其贡献的肯定和鼓励,本毋庸置疑。但该学者成为领导之后,随之而来的就是不断扩张的权力。权力等于优先,申报课题优先,成果评审优先,职称评选优先。他们在各种申报、评审活动中,既是申报者,又是评审者。这种既是运动员又是裁判员的评审模式,无疑助长了学术界官学一体,以权助学之风,严重扭曲了学术科研活动的真正意义,从而在学术研究活动中形成了官位越高、学问越大的超常规现象。这就是学术界的马太效应,在未成名之时,是你的成果也不是你的;成名之后,不是你的成果也列在你的名下。在未成名之时,再有价值的课题也申请不到经费;成名之后,根本无须费神,研究经费源源不断。

(三)学术道德失范的矫正

任何一套学术伦理价值观不管多么合理、多么完善,最终的落脚点必须内化到作为学术人的"血液"和"灵魂"中,进而落实到具体的学术实践中,否则这套学术伦理价值观只能是一堆抽象的价值符号,而无任何实际意义。学术伦理内化于心,才能成为学术工作者在学术活动中的自觉力量,学术伦理规制也才能由此达到目的。

1.加强学者道德自律,营造健康的学术氛围

学术道德失范现象之所以普遍存在,主要是学者的自律不够造成的。要把学术规范落到实处,单靠他律是解决不了学术失范行为的,它离不开广大学者的自觉遵守。为此,必须强化学者自律,营造学术共同体内在健康向上的学术氛围。

(1)提高高校教师的道德修养,加强教师的学术自律。高校教师作为学术研究的主体,是学术道德的维护者、建设者、领导者,应该自觉融入"以德治学"的实践中。就个人来讲,学术道德规范的遵守即做到"慎独",学术研究是个性化的事情,这就要求学者在独处的时候,有良好的自控能力。学术研究的个性化特征要求每一位学界知识分子自觉遵守学术道德规范的重要性要远远超过学术道德规范本身的制订。

(2)抓好学生道德教育,培养学生的学术自律。要抓好学生的道德自律,培养学生具有较高的学术道德,就必须抓好与道德自律相关的教育。道德是经济基础的反映,它反映着社会关系中的特殊关系,即伦理关系。正如良心是每一位公民内在的有关是非善恶的一种理性判断能力和评价能力,也是人们自身行为在同他人和社会的关系上所负道德责任的自觉意识,是道德伦理的重要组成部分。在高校,开展伦理道德教育,尤其是良心教育,对大学生的道德自律精神的培养有着积极意义。它能提升大学生的自控能力,净化心灵,陶冶情操,增强他们的判断力和对社会不良风气的抵抗力。

2.塑造道德的学术主体

不可否认,现今学术界种种不正之风背后潜藏着社会上各种腐败现象对学术界的侵蚀,当然学术体制不健全、学术资源配置不合理等问题也从一个侧面影响着学术界整体的发展。但是,学者自身学术道德修养的缺失,不能不说是其中最根本的原因。因此,净化学术环境,铲除不正之风是纠正学术不良风气的当务之急。

(1)树立正确的学术动机。动机是一种趋向于一定目的的主观意向或愿望。其来源于人类自身的需要与欲求,形成积极的道德动机就必须要有积极的道德欲求与之相配合。在现实生活中,道德主体都会有一些功利、私利的动机,比如有人希望通过自己的行为为他人带来福祉同时快乐自己,有人则期望自己的行为得到社会的肯定与奖赏等。这些本无可厚非。但是作为学者,社会文明进步的引领者,虽然也有七情六欲,也会面临人情世故,但其特殊的社会责任,要求其必须在功利诱惑面前守住自己,为他人树立榜样,不将动机庸俗化,拒绝将学术作为追名逐利的工具。学者的角色天生地就被赋予专注学术研究,摒弃庸俗的功利思想,以追求真理、奉献社会、造福人类为己任。这是学术研究最根本的意义所在。

(2)强化学者的道德责任。学者的责任是随着学术的发展而不断深化的。我们知道,在学术产生之初,由于学术仅是个人的兴趣和爱好,对社会的影响甚微,人们较少讨论学者的责任。随着学术的迅速发展,学术对社会的影响迅速增大,学者的责任也显得日益重大。特别是在科学技术高度发达与迅速发展的今天,科学技术成果的作用与影响越来越强大、越广阔、越深远、越严重,这个责任也就越为重大。学者的责任首先表现为学术责任,即对自己的每一项研究和每件作品负责,并承担因过失而造成的后果。学者的责任还表现为社会责任,即对自己的社会地位和社会影响力负责。学者从事学术研究,应以造福社会为追求,学术研究应以追求社会利益最大化为目标,以为人类谋福祉为最终目的,健康有序开发利用学术资源与正确利用科研成果。同时,不断开拓创新,促进人性的解放。当学者有了高度的责任感,才能真正获得强大的动力,以满腔热情全身心地投入科研活动,从而迸发出不可思议的创造力,进而改变世界,创造奇迹。

3. 健全法律规章制度,惩戒学术不端行为

"如果说在以求知为主要目标的时代,依靠科学的社会规范内化于科学家的意识中的'科学良心'和'超我'可以起到有效的规范作用,那么,在功利和求知双重目标并举的大科学时代,除了诉诸科学家个体的道德自律,还必须强调外在的有力的规范结构。"[1]

(1)健全法律和规章制度。道德可以真正地深入人心,并变成一种习惯才是人类文明真正的进步。但现如今,学术道德建设必须与法治相结合,方能最大限度发挥其效能。当前的首要任务是积极完善惩治学术道德失范的法律规范,增强法律对学者的约束,依法治理学术道德失范现象。2005年,全国政协委员韩忠朝对学

---

[1] 刘大椿:《现代科技的伦理反思》,《光明日报》,2001年1月2日。

术抄袭剽窃现象深恶痛绝,他曾向两会提交提案,建议在《中华人民共和国著作权法》(以下简称《著作权法》)和《中华人民共和国刑法》(以下简称《刑法》)中设立"剽窃罪"以打击学术腐败,纠正学术不良之风。他认为,剽窃、抄袭行为比起盗版要更加恶劣,因为不但要金钱,更要地位和荣誉。某些学者依靠抄袭、剽窃别人的科研成果获得职称、学位、课题费等一系列学术资源与福利。甚至利用这些违法成果愚弄学生、欺骗社会。同时,要特别加强关于知识产权立法工作,重新修订学术科研人员职称评定授予制度,确保学术活动有法可依。并对论文著作引文标注、稿件评审、课题立项、成果鉴定的组织实施等方面做出具体规定,制定切实可行的处罚措施。

(2)追究法律责任制度。国外的学术科研活动中若发现弄虚作假,抄袭、剽窃等违反学术道德的行为,一定会受到学术界相应的制裁,比如若干年不准从事学术活动或者被逐出学界。美国的公共卫生服务部就设立了"研究诚实办公室"专门调查和处理某些学术越轨行为并随时公布违规者的姓名、单位、违规情况以及处理决定。《著作权法》《中华人民共和国专利法》《中华人民共和国科学技术进步法》都对侵犯知识产权的行为有所规范。《著作权法》规定"没有参加创作为谋取个人名利,在他人作品上署名的"或"歪曲、篡改他人作品的"侵权行为,应当承担停止侵害、消除影响、公开赔礼道歉、赔偿损失等民事责任。剽窃、抄袭他人作品的,除了承担上述四种民事责任外,还可由著作权行政主管部门给予没收非法所得、罚款等行政处罚。《刑法》也专门设立了"假冒专利罪""侵犯著作权罪"等罪名,如果搞学术腐败者触犯了这些罪名,就可被判处三年甚至七年有期徒刑。但是从我国的实际情况来看,对于制裁学术不端行为的力度太小、太弱。现实中,依然存在某些已被学术界公开揭露的违规者官照任、职称照提、教授照做、博导照当。① 因此,我国有必要设定具有操作性的法律规范,加大学术越轨行为的惩罚力度。各个高校应制订严格的学术纪律或管理条例,严厉制裁学术造假事件。比如,取消一切学术荣誉和职务、职称,收回各种物质奖励并给予罚款,或者在一定期限内禁止进行学术活动,甚至逐出学术界等。若我们都能依法办事,秉公处理,才能从根本上遏止学术不良之风。

4. 形成有效的舆论监督环境

加强社会各界对学术研究的舆论监督,在一些有影响力的学术刊物或媒体上定期公布学术违规行为;出版社之间可以联手打击学术失范现象,例如2000年,《历史研究》等7家史学界权威的学术期刊,共同发表了《关于遵守学术规范的联合

---

① 杨玉圣:《学术打假与学风建设》,《河北经贸大学学报》,1998,第4页。

声明》。声明内容之一是"严禁抄袭剽窃。凡投稿而有抄袭剽窃行为者,7家刊物编辑部在5年之内均不受理该作者的任何稿件",以这样方式在学术界形成巨大的舆论威慑力。同时建立揭露学术违规行为的全国性网站,对违规行为定期曝光,对违规者进行备案,并随时通报协查,使其无处可藏,无机可乘。加大学术批评的力度,积极营造学术批评的良好氛围,建立健全学术监察制度。

方舟子在《美国怎样反学术腐败》中讲到,美国公共卫生服务部的"研究诚实办公室"专门调查、处理政府资助研究项目中的不诚实行为,并随时公布违规者的姓名、单位、违规情节和处置决定,被认定为不正当行为者将与服务部签订一项"自愿排除"协议,即规定若干年内不得参与政府资助的研究项目,不能在相关委员会中任职,期限视情节轻重而定。① 如今,在国际上有不少国家的权威学术刊物与协会也采取这种做法。我国也可以借鉴这种做法,建议教育行政部门设立类似于美国"研究诚实办公室"的学术打假专门机构,负责监督检查各高校及研究机构学术腐败防治情况,受理并调查学术违规举报,秉承公开、公平、公正的原则处理学术违规人员。

本章案例

案例一

李某某,46岁。1985年3月调入某师范学院任教,1991年2月调入中国某大学任教。李某某在某师范学院工作期间,为骗取荣誉,明目张胆地抄袭外国学者的研究论文,重新以自己署名"发表"在外国学术刊物上。此种行为在国际、国内科技界造成极其恶劣的影响,严重损害了我国科技界的信誉。不仅如此,其在中国某大学任教期间,在该校于1991年3月25日收到土耳其某大学Z教授、U博士揭发李某某剽窃行为的信件后,学校领导委派系主任同他谈话。李某某不仅不承认所犯错误,反而故伎重演。为掩人耳目,他竟用该两位作者的另一篇科学论文剪贴在被他抄袭的科学论文上,再进行复印,移花接木、以假乱真,并谎称这是向某大学索要来的"原文"复印件,借以"证明"自己没有抄袭。他还写信给校长,"理直气壮"地指出自己"发表"的论文与土耳其作者的原文从文字内容、公式推导、文字表述、文章长短到文献引用等均"截然不同",蒙骗了该校领导。当将其假造的土耳其作者的论文"原文"摆在他面前时,他不得不供认:"这是我伪造的。"

李某某的这种抄袭剽窃、弄虚作假的学术道德失范行为严重违反了学术道德

---

① 方舟子:《美国怎样反学术腐败》,新华网,2001年9月21日。

实事求是、尊重他人劳动成果等基本规范,已在国际学术界造成极为恶劣的影响,不仅损害了中国科学界的信誉,而且也是一种犯罪行为。国家自然科学基金委员会根据有关管理规定,决定撤销其基金项目,并无限期停止其申请基金的资格。此外,还与相关公司、报纸杂志单位组成联合调查组,对李某某事件进行了调查。

案例二

2007年8月14日,某网站出现举报某大学信息学院Y、G的两篇论文涉嫌抄袭的帖子;不久,某大学又收到信息学院退休教师发来的实名举报信件,称Y的两篇论文(A和B)的内容基本相同。同时,论文A、B部分内容涉嫌抄袭论文C。

接到举报后,某大学学术规范委员会责成信息学院组成学术规范小组,负责调查此事。学院学术规范小组经过对论文A、B与论文C的内容进行细致比对,认为举报情况属实,论文A和B具有严重抄袭行为。

经调查,Y是G的博士生,他承认这两篇论文是本人独立向ISPCA国际会议和通讯学报投稿的论文,G知道其投稿并表示同意,但Y在投稿时忘记将投稿论文同时传给G。当论文涉嫌抄袭一事被举报后,论文作者均意识到自己错误的严重性,立即用电子邮件向论文C的作者进行道歉,向登载论文B和C的刊物做了说明和道歉,并在校内多次做了书面检查。

2007年9月30日、10月31日和12月3日,某大学学术规范委员会先后举行了三次全体会议,就Y、G的两篇论文涉嫌抄袭一事进行审议。委员会认为举报情况属实,Y、G的两篇论文具有严重抄袭行为。Y作为主要责任人,对其做出开除研究生学籍的处理,建议研究生院暂停G教授两年内招收研究生的资格,并建议学校同意G教授辞去信息学院副院长职务的请求。

第二章 知识产权

第一节 知识产权的概念

知识产权是人们对于自己的智力活动创造的成果和经营管理活动中的标记、信誉依法享有的权利。将一切来自知识活动领域的权利概括为"知识产权",最早见之于17世纪中叶的法国学者卡普佐夫的著作。后来,这一概念被比利时著名的法学家皮卡第所发展。皮卡第认为,知识产权是一种特殊的权利范畴,它根本不同于对物的所有权。"所有权原则上是永恒的,随着物的产生与毁灭而发生与终止;但知识产权却有时间限制。一定对象的产权在每一瞬息时间内只能属于一个,使用知识产品的权利则不限人数,因为它可以无限地再生。"知识产权学说后来在国际上广泛传播,得到世界上多数国家和众多国际组织的承认。在我国,法学界曾长期采用"智力成果权"的说法。1986年《中华人民共和国民法通则》(以下简称《民法通则》)颁布后,开始正式使用"知识产权"的称谓。我国台湾地区则把知识产权称为"智慧财产权"。

知识产权有狭义和广义之分。

狭义的知识产权包括著作权、专利权和商标权。广义的知识产权包括著作权、邻接权、商标权、商号权、商业秘密权、产地标记权、专利权、集成电路布图设计权等各种权利。广义的知识产权范围,目前已为两个主要的知识产权国际公约所认可。1967年签订的《成立世界知识产权组织公约》将知识产权的范围界定为以下类别:关于文学、艺术和科学作品的权利(即著作权);关于表演艺术家的演出、录音和广播的权利(即邻接权);关于人类的一切领域的发明的权利(即发明专利权及科技奖励意义上的发明权);关于科学发现的权利(即发现权);关于工业品外观设计的权利(即外观设计专利权或外观设计权);关于商标、服务标志、厂商名称和标记的权利(即商标权、商号权);关于制止不正当竞争的权利(即反不正当竞争权);一切在工业、科学、文学或艺术领域由于智力活动产生的其他权利。1994年关贸总协定缔约方签订的《与贸易有关的知识产权协定》,划定的知识产权范围包括著作权及其相关权利;商标权;地理标记权;工业品外观设计权;专利权;集成电路布图设计权;未公开信息专有权(即商业秘密权)。

第二节　知识产权体系

一、知识产权体系的概念与特征

知识产权是由法律确认并保障的一项权利,所谓知识产权体系是指由法律确认的各类型知识产权组成的科学体系。知识产权体系这一概念涵盖了知识产权的各种类型,侧重的是各类知识产权之间的关系及其形成的一个整体。知识产权体系具有以下两方面的特征:

(1)从宏观结构上讲,知识产权体系是由各类知识产权构成的一个有机整体。知识产权体系不是各类知识产权的简单相加,而是一个逻辑体系,是由各类知识产权组成的一个有序系统。

(2)从微观结构上讲,体系之内的知识产权彼此联系,相互依存。

二、知识产权体系的内容

如上文所述,知识产权体系除了包括传统的著作权、专利权和商标权等知识产权之外,还包括其他知识产权。鉴于传统知识产权的内容在本教材第三、四、五章将系统介绍,在此不再赘述。

(一)反不正当竞争

1. 不正当竞争行为的含义

世界知识产权组织(World Intellectual Property Organization,以下简称 WIPO)认为,"不正当竞争"一词是1850年首先在法国出现的,但法国并不是反不正当竞争立法最早的国家。1896年德国颁布的《反不正当竞争法》被公认是世界上第一个专门禁止不正当竞争的法律,《保护工业产权巴黎公约》则是第一个对不正当竞争行为进行规定的国际条约,公约最初并未出现反不正当竞争的专门条款,直到1990年布鲁塞尔修订文本才将公约内容拓展到反不正当竞争领域。

对于什么是不正当竞争行为,有关国际组织和各国国内立法通常都将违反"诚实信用""善良风俗"等基本伦理准则作为评判标准。《保护工业产权巴黎公约》第10条之二的第2项规定,"凡在工商业事物中违反诚实的习惯做法的竞争行为构成不正当竞争行为。"[1] WIPO 于1996年发布的《关于反不正当竞争保护的示范规定》第1条第1款第(a)项规定:"除第2~6条提及的行为和做法之外,凡在工商

---

[1] [奥]博登浩森:《保护工业产权巴黎公约指南》,中国人民大学出版社,2003年,第95页。

业活动中违反诚实的习惯做法的行为或做法亦应构成不正当竞争行为。"① 不同的国家采取了诸如"违反交易习惯"（比利时、卢森堡）、"诚信原则"（西班牙、瑞士）、"职业道德"（意大利）、"善良风俗"（德国）等作为评判标准。②

我国1993年制定的《中华人民共和反不正当竞争法》（以下简称《反不正当竞争法》）第2条第2款规定："本法所称的不正当竞争，是指经营者违反本法规定，损害其他经营者的合法权益，扰乱社会经济秩序的行为。"揭示了不正当竞争行为具有民事侵权性。

2. 与知识产权有关的不正当竞争

WIPO 于1996 年发布的《关于反不正当竞争保护的示范规定》第2～6 条列举了与知识产权有关的五种不正当竞争行为，分别是对他人企业或活动造成混淆、损害他人的商誉或名声、误导公众、损害他人企业或其活动的信用、关于秘密信息的不正当竞争。③《反不正当竞争法》则规定了以下行为是与知识产权有关的不正当竞争行为。

（1）商业混同行为。商业混同行为是指行为人在市场交易中采用与他人相同或者近似的商业标志的手段，从而产生与他人特定商品（包括服务）或营业活动相混淆，造成或足以造成购买者误认、误购的不正当竞争行为。商业混同行为实质上是一种盗用商业标志行为。在现实生活中混同一般有两种方式：一是未经权利人允许，擅自在相同或类似商品上使用他人特有的、众所周知的商品名称、商标或企业名称等，即假冒行为；二是未经权利人允许，使用与其相似并足以导致混淆的商业名称、商标或企业名称等，即仿冒行为。

《反不正当竞争法》第5 条规定："经营者不得采用下列不正当手段从事市场交易，损害竞争对手：①假冒他人的注册商标；②擅自使用知名商品特有的名称、包装、装潢，或者使用与知名商品近似的名称、包装、装潢，造成和他人的知名商品相混淆，使购买者误认为是该知名商品；③擅自使用他人的企业名称或者姓名，引人误认为是他人的商品。"

（2）虚假宣传行为。虚假宣传是指经营者利用广告或其他方法，对商品或服务做与事实情况不符的表示，并引起或足以引起消费者误认的行为。依据《反不正当竞争法》第5 条的规定，虚假表示行为是指在商品上伪造或者冒用认证标志、名优标志等质量标志，伪造产地，对商品质量作引人误解的虚假表示。第9 条规定："经

---

① 郑成思：《知识产权研究》，中国方正出版社1998 年，第276 页。
② 谢晓尧：《竞争秩序的道德解读》，法律出版社，2005 年，第10 页。
③ 郑成思：《知识产权研究（第6 卷）》，中国方正出版社会,1998 年，第277 - 280 页。

营者不得利用广告或者其他方法,对商品的质量、制作成分、性能、用途、生产者、有效期限、产地等作引人误解的虚假宣传。"

(3)商业诋毁行为。商业诋毁又称商业诽谤,是指经营者自己或利用他人,通过捏造、散布虚伪事实等不正当手段,对竞争对手的商业信誉、商品声誉进行恶意的诋毁、贬低,以削弱其市场竞争能力,并为自己谋取不正当利益的行为。目前,世界多数国家和地区反不正当竞争立法都规定了商业诋毁。WIPO《反不正当竞争示范法》第5条规定,在工业或商业活动中,对他人企业或其活动,特别是对该企业提供的产品或服务诋毁或可能诋毁的任何虚假或不合理陈述,构成不正当竞争行为。诋毁的对象包括产品的制造方法;产品或服务对特定目的的适用性;产品或服务的质量、数量或其他特性;产品或服务的地理来源;产品或服务的提供或供给条件以及产品或服务的价格或其计算方法等。依据《保护工业产权巴黎公约》第10条之二第3款第2项规定,在经营活动中损害竞争者的营业所、商品或者工商业活动的信誉的虚假陈述属于三项特别予以禁止的不正当竞争行为之一。《德国反不正当竞争法》第4条规定:"贬低或者诋毁其他竞争者的标志、商品、服务、活动或个人关系或商业关系的是不正当竞争行为。"《反不正当竞争法》第14条规定:"经营者不得捏造、散布虚伪事实,损害竞争对手的商业信誉、商品声誉。"

商业诋毁损害了竞争对手的合法权益,欺骗了广大消费者群体,使其无法了解事实真相。《反不正当竞争法》第14条明确规定禁止商业诽谤行为,违反该条规定,给经营者造成损害的,应当承担停止侵害和赔偿损失的民事责任。

(4)虚假质量标示行为。虚假质量标示行为是指经营者在商品、包装、装潢或其他附着物上,对商品的质量标志、产地或其他反映商品质量状况的要素作不真实的标注,从而欺骗购买者的不正当竞争行为。根据《反不正当竞争法》第5条第1款第4项规定,虚假质量标示行为主要有以下表现形式:在商品上伪造或者冒用认证标志、名优标志等质量标志;伪造产地;对商品质量作引人误解的虚假表示。

3.不正当竞争行为的法律责任

不正当竞争行为的法律责任是多元的,包括民事责任、行政责任和刑事责任。

(1)民事责任。《反不正当竞争法》第20条第1款规定:"经营者违反本法规定,给被侵害的经营者造成损害的,应当承担损害赔偿责任,被侵害的经营者的损失难以计算的,赔偿额为侵权人在侵权期间因侵权所获得的利润;并应当承担被侵害的经营者因调查该经营者侵害其合法权益的不正当竞争行为所支付的合理费用。"按照该规定,请求损害赔偿的人必须是被侵害的经营者,在赔偿额的确定上,首先要按照实际损失赔偿;实际损失难以计算的,将侵权人侵权期间因侵权所获得的利润作为赔偿额。此外,被侵害的经营者因调查该经营者侵害其合法权益的不正当竞争行为所支付的合理费用,也属于赔偿范围。

《反不正当竞争法》第 20 条第 2 款规定:"被侵害的经营者的合法权益受到不正当竞争行为损害的,可以向人民法院提起诉讼。"由于该法没有赋予行政执法机关对民事赔偿的处理权,受害人只能向法院提起民事诉讼。

(2)行政责任。行政责任是指由行政执法机关对不正当竞争行为进行的行政处罚,包括罚款、没收违法所得等。根据《反不正当竞争法》第 21 条规定,经营者假冒他人的注册商标,擅自使用他人的企业名称或者姓名,伪造或者冒用认证标志、名优标志等质量标志,伪造产地,对商品质量作引人误解的虚假表示的,依照《中华人民共和国商标法》《中华人民共和国产品质量法》的规定处罚。经营者擅自使用知名商品特有的名称、包装、装潢,或者使用与知名商品近似的名称、包装、装潢,造成和他人的知名商品相混淆,使购买者误认为是该知名商品的,监督检查部门应当责令停止违法行为,没收违法所得,可以根据情节处以违法所得一倍以上三倍以下的罚款;情节严重的,可以吊销营业执照。

根据《反不正当竞争法》第 24 条规定,经营者利用广告或者其他方法,对商品作引人误解的虚假宣传的,监督检查部门应当责令停止违法行为,消除影响,可以根据情节处以 1 万元以上 20 万元以下的罚款。广告的经营者,在明知或者应知的情况下,代理、设计、制作、发布虚假广告的,监督检查部门应当责令停止违法行为,没收违法所得,并依法处以罚款。

(3)刑事责任。《反不正当竞争法》第 21 条第 2 款规定:"销售伪劣商品,构成犯罪的,依法追究刑事责任"这只是原则性规定,《刑法》对于许多不正当竞争行为的刑事责任做出了具体规定。《刑法》的第二编第三章第一节规定了"生产、销售伪劣商品罪",仿冒知名商品特有的名称、包装和装潢的行为,如果涉及"销售伪劣商品,构成犯罪的",可以依照该罪的相应规定,追究刑事责任。此外,《刑法》还规定了侵犯商业秘密罪等与不正当竞争行为有关的其他罪名。

(二)商业秘密权

1.商业秘密的概念

商业秘密是国际上通用的法律术语,有的国家将它称之为工商秘密,《与贸易有关的知识产权协定》将商业秘密称作"未公开的信息"。《反不正当竞争法》第 10 条第 3 款规定,商业秘密是指不为公众所知悉、能为权利人带来经济利益、具有实用性并经权利人采取保密措施的技术信息和经营信息。

商业秘密包括经营秘密和技术秘密两方面内容。经营秘密即未公开的经营信息,是指与生产经营、销售活动有关的专有知识或信息。技术秘密即未公开的技术信息,是指与产品生产和制造有关的生产方案、工艺流程、产品配方等专有知识。

2. 商业秘密的构成要件

根据我国有关法律、法规，构成商业秘密需符合下列条件：

（1）秘密性。《反不正当竞争法》的表述是商业秘密须"不为公众所知悉"。国家工商行政管理总局在《关于禁止侵犯商业秘密行为的若干规定》中对"不为公众所知悉"的界定是"该信息是不能从公开渠道直接获取的"。商业秘密之所以能够为其合法拥有人带来特殊的经济利益或者竞争优势，一个重要原因就是它不为公众所知悉，未公开性是商业秘密的本质特征，是商业秘密受保护的重要前提。

（2）价值性。价值性也称有用性，是指作为商业秘密的技术信息或者经营信息能够用于解决生产经营过程中的现实问题，且能够给拥有者带来现实的或者潜在的竞争优势，或者其他特殊利益。商业秘密的价值性是其受法律保护的根本原因，价值性最本质的体现是，所有人因掌握了该商业秘密而保持着竞争优势或特殊经济利益。

（3）保密性。保密性是指作为商业秘密的技术信息或者经营信息经权利人采取了一定的保密措施，从而使一般人不易通过正当途径和方法获知或探明。《反不正当竞争法》规定，商业秘密须"经权利人采取保密措施"。采取保密措施是权利人将其商业信息作为商业秘密的重要凭证。[①]

3. 商业秘密的保护

目前我国关于商业秘密的保护主要规定在《反不正当竞争法》第10条、第25条和《刑法》第219条中。此外，《中华人民共和国合同法》（以下简称《合同法》）《中华人民共和国律师法》《中华人民共和国注册会计师法》《中华人民共和国商业银行法》《中华人民共和国促进科技成果转化法》《中华人民共和国国家赔偿法》等法律中也有关于商业秘密保护的规定。以下对商业秘密的侵权行为、商业秘密权的限制以及商业秘密法律保护措施作一介绍。

（1）侵犯商业秘密的具体表现。《反不正当竞争法》以及国家工商行政管理总局《关于禁止侵犯商业秘密行为的若干规定》进行了列举，主要有以下两类：

第一类是来源非法的侵害行为，具体包括以下几种：

1）以盗窃、利诱、胁迫或者其他不正当手段获取权利人的商业秘密。

所谓盗窃商业秘密是指行为人采取不易被权利人发觉的方法，秘密地将权利人的商业秘密据为己有。如将载有商业秘密的文件等偷偷地据为己有，或者在复制后还回原件，保留复制件。

所谓以利诱手段获取商业秘密，通常是指行为人向掌握商业秘密的单位职员

[①] 张秀玲：《知识产权法》，北京大学出版社，2010年。

提供财物或其他优惠条件,诱使其向行为人提供商业秘密。在这种情形下,行为人和受诱使提供商业秘密的人均构成侵犯商业秘密。

所谓以胁迫手段获取商业秘密是指行为人采取威胁、强迫等手段,使他人在受强制的情况下不情愿地提供商业秘密。在这种情形下,行为人和受胁迫提供商业秘密的人均构成侵犯商业秘密。

所谓以其他不正当手段获取商业秘密是指利用除上述行为以外的其他非法手段套取他人的商业秘密等。

2)披露、使用或允许他人使用以不正当手段获得的商业秘密。

所谓披露以不正当手段获取的商业秘密,是指将不正当获取的商业秘密向他人扩散,包括在要求对方保密的条件下向特定人、少部分人透露商业秘密,以及向社会(不特定的人)公开商业秘密。

所谓使用以不正当手段获取的商业秘密,是指以不正当手段获取商业秘密后多用于自己的生产经营。

所谓允许他人使用以不正当手段获取的商业秘密,是指将不正当获取的商业秘密以有偿或者无偿的方式提供给他人使用。需要指出的是,以不正当手段获取商业秘密的行为人,若再行将该商业秘密披露或者自行使用或者允许他人使用,该行为人即构成双重侵权;若行为人以不正当手段获取商业秘密后,由第三人披露、使用或者允许他人使用,第三人同样构成侵权。

第二类是第三人的过失侵害行为。第三人在明知或者应知前述违法行为的情况下,仍然从侵权人那里获取、使用或者披露他人的商业秘密,是一种间接的侵权行为。行为人知悉其为他人的商业秘密,并明知或应知系侵犯商业秘密的情形,依然获取、使用、披露该种秘密,应视为侵犯商业秘密。实践中,这类侵权行为最常见的表现形式是诱使掌握商业秘密的职员跳槽到该"第三人"所在的单位,从该职员那里获取并使用权利人的商业秘密。

(2)商业秘密权的限制。商业秘密保有人虽然享有法律赋予的各种权利,但在某些特殊情况下,其权利受到法律的限制和制约,即他人的有些行为并不作为侵权行为对待。

1)善意取得、使用、披露不视为侵权。

第三人如果不知道或者不应当知道来源非法的侵害行为或者来源合法的侵害行为,获取、使用或者披露他人的商业秘密的,不视为侵犯商业秘密。

2)反向工程行为不视为侵权。

反向工程是指通过技术手段对从公开渠道取得的产品进行拆卸、测绘、分析等而获得该产品的有关技术信息。通过反向工程,行为人完全可以获得和商业秘密保有者保有的同样的技术信息并加以使用,从而构成和商业秘密保有者竞争的局面。美国、日本及欧洲一些国家都已在立法或司法判决中承认了反向工程的合法性。我国目前立法没有明确规定反向工程的合法性问题,但是一般认为,反向工程不构成对技术秘密的侵犯。因为反向工程虽然利用了商业秘密保有者的产品,但行为人并没有非法突破商业秘密保有者的秘密管理机制,并且付出了独立的劳动和投资,因此不应当视为侵权行为。

3)执行公务获取商业秘密不视为侵权。

国家行政机关或司法机关可以根据法律规定在执行公务过程中强制获取当事人包括商业秘密在内的信息,有关单位不得以保护商业秘密为由拒绝。

(三)厂商名称权

1．厂商名称权的概念

厂商名称权,是指商事主体对其在产业活动中使用的姓名或名称依法在一定地域范围内享有的独占权。授予特定经营者对其厂商名称的独占使用权,禁止他人假冒或仿冒,是保护经营者和消费者利益的需要,也是制止不正当竞争、维护社会正常经济秩序的需要。

2．厂商名称权的取得

厂商名称权的取得方式通常有以下几种:

(1)使用取得主义。使用取得主义是指厂商名称一经使用,使用者即可取得厂商名称权,无须履行法定申请手续。

(2)登记对抗主义。登记对抗主义是指厂商名称权的取得不须经过登记,但不经登记不足以产生对抗第三人的效力。

(3)登记生效主义。所谓登记生效主义,是指厂商名称只有经过登记才可使用,才具有排他性专用权。[①]

我国目前在有关厂商名称权的法律中均采取登记生效主义。例如,《民法通则》第33条规定:"个人合伙可以起字号,依法经核准登记,在核准登记的经营范围内从事经营。"《企业名称登记管理规定》第3条规定:"企业名称经核准登记注册后方可使用,在规定的范围内享有专有权。"第26条规定:"使用未经核准登记注册的企业名称从事生产经营活动的,责令停止经营活动,没收非法所得或者处以2000元以上、2万元以下罚款,情节严重的,可以并处。"在厂商名称权的取得上,我国一般实行先申请原则。所谓先申请原则是指两个以上的企业向同一登记主管机关申请相同的符合规定的厂商名称,登记主管机关依照申请在先的原则核定。根据这

---

① 胡良荣:《知识产权法新论》,中国检察出版社,2006年。

一原则,企业一般应在进行开业登记的同时进行厂商名称登记,但有特殊原因的可在开业登记以前预先单独申请企业厂商名称登记,如股份公司、保险公司、证券公司及外商投资企业等。在我国,厂商名称登记主管机关是国家工商行政管理总局和地方各级工商行政管理局。我国实行分级登记管理制度,全国性公司、国家级大型进出口公司和企业集团及全国性企业、外商投资企业由国家工商行政管理总局专属核定管辖。除上述企业外的其他企业由所在地省、市、县工商行政管理局核准登记。

3. 厂商名称权的内容

厂商名称权的内容是指商事主体对其厂商名称依法享有的各种具体权利。根据《企业名称登记管理规定》等法规的规定,厂商名称权主要包括以下内容:

(1)厂商名称设定权。厂商名称设定权是指厂商名称主体享有决定其厂商名称的权利。厂商名称是经营主体人格的外在表现,厂商名称主体可以按照自己的意志,在法律允许的范围内进行自主选择,经审查登记后使用。

(2)厂商名称使用权。厂商名称使用权是指经营主体对于其厂商名称享有独占使用的权利,其他任何人不得干涉和非法使用。厂商名称权人在核准登记的地域范围内有权禁止他人使用与自己的厂商名称相同或相近似的名称。

(3)厂商名称转让权。厂商名称权具有一定的财产属性,可以成为转让的对象。在厂商名称权的转让上,各国立法一般存在不同的立法方式:一是绝对转让主义,即厂商名称权应与企业一并转让,或在企业终止时转让,厂商名称权转让后,转让人不再享有厂商名称权,受让人成为新的权利主体。二是相对转让主义,即厂商名称权可与企业分离而单独转让,转让后,转让人和受让人都享有厂商名称权,并且多个企业可使用同一厂商名称。我国《企业名称登记管理规定》第23条规定:"企业名称可以随企业或者企业的一部分一并转让。企业名称只能转让给一户企业。企业名称的转让方与受让方应当签订书面合同或者协议,报原登记主管机关核准。企业名称转让后,转让方不得继续使用已转让的企业名称。"

4. 侵犯厂商名称权的行为

在我国侵犯厂商名称权的行为主要如下:擅自使用他人已登记注册的厂商名称,以他人名义从事经营活动,造成引人误解的行为;最常见的是盗用、假冒他人的厂商名称,将自己的商品或服务谎称为他人的商品或服务,在同一行政区域内以与同行企业登记注册厂商名称相同或近似的名称为自己命名,并使用这一名称的行为;将他人的厂商名称用于自己商品的包装、装潢,给消费者造成混淆的行为等。

5. 侵犯厂商名称权的法律责任

《保护工业产权巴黎公约》规定,非法标有厂商名称的商品在输入时应予以扣押,包括一切非法标有商标或厂商名称的商品,在输入到该项厂商名称有权受到法律保护的本联盟国家时,应予以扣押;在发生非法黏附上述标记的国家或在该商品已输入进去的国家,扣押应同样予以执行;扣押应依检察官或其他主管机关或有关当事人(无论自然人或法人)的请求,按照各国本国法进行。

我国法律规定了侵犯厂商名称权的民事责任、行政责任和刑事责任。

(1)民事责任。《民法通则》规定,法人的名称权受到侵害的,有权要求停止侵害,恢复名誉,消除影响,赔礼道歉,并可以要求赔偿损失。此外,盗用、假冒他人名称造成损害的,应当认定为侵犯名称权的行为。法人的名称权受到侵害,法人要求赔偿损失的,人民法院可以根据侵权人的过错程度、侵权行为的具体情节、后果和影响确定其赔偿责任。侵害他人的名称权而获利的,侵权人除依法赔偿受害人的损失外,其非法所得应当予以收缴。国家机关工作人员在执行职务中,给公民、法人的合法名称权益造成损害的,国家机关应当承担民事责任。《反不正当竞争法》规定,经营者擅自使用他人的企业名称,对商品质量作引人误解的虚假表示的,依照《中华人民共和国商标法》(以下简称《商标法》)、《中华人民共和国产品质量法》的规定处罚。

(2)行政责任。各级工商行政管理机关对在本机关管辖地域内从事活动的企业使用企业名称的行为,依法进行监督管理,并对违法使用企业名称和侵犯企业名称权的行为依法进行处罚。

1)对违法使用企业名称的处理。使用未经核准登记注册的企业名称从事生产经营活动的,责令停止经营活动,没收非法所得或者处以2000元以上、2万元以下罚款,情节严重的,可以并处;擅自改变企业名称的,予以警告或者处以1000元以上、1万元以下罚款,并限期办理变更登记;擅自转让或者出租自己的企业名称的,没收非法所得并处以1000元以上、1万元以下罚款;使用保留期内的企业名称从事生产经营活动或者保留期届满不按期将"企业名称登记证书"交回登记主管机关的,予以警告或者处以500元以上、5000元以下罚款。企业许可他人使用自己的企业名称从事经营活动以及使用未经核准登记的企业名称从事经营活动的行为,均按照《企业名称登记管理规定》相关条款处罚。企业和个体工商户未按自己营业执照上的名称使用的,登记机关依照关于擅自改变登记事项有关规定予以处罚。企业的产品或者其包装等使用的企业名称与其营业执照上的企业名称不相同的,按使用未经核准登记注册的企业名称从事生产经营活动论处,其他未按登记注册企业名称使用,对公众造成欺骗或者误解,并侵犯他人合法权益的,视情况分别予以论处。

2)对侵犯他人企业名称权的处理。擅自使用他人已经登记注册的企业名称或者有其他侵犯他人企业名称专用权行为的,被侵权人可以向侵权人所在地登记主管机关要求处理。登记主管机关有权责令侵权人停止侵权行为,赔偿被侵权人因该侵权行为所遭受的损失,没收非法所得并处 5000 元以上、5 万元以下罚款。对侵犯他人企业名称专用权的,被侵权人也可以直接向人民法院起诉。

3)对企业名称权属纠纷的处理。企业因名称与他人发生争议,可以向工商行政管理机关申请处理,也可以向人民法院起诉。企业请求工商行政管理机关处理名称争议时,应当向核准他人名称的工商行政管理机关提交申请书,说明争议的事实和理由以及请求事项等内容;工商行政管理机关应当在 6 个月内,依据保护工业产权的原则和企业名称登记管理的有关规定做出处理。

4)对商标与企业名称混淆纠纷的处理。所谓商标与企业名称混淆的案件,是指已注册的商标与已登记的企业名称产生混淆,损害他人的在先权利,商标注册人或企业名称权人提出请求,要求保护自己合法权益的案件。商标注册人或者企业名称所有人认为自己的权益受到损害的,可以自商标注册之日或者企业名称登记之日起 5 年内(但恶意注册或者恶意登记的不受此限),以书面形式向国家工商行政管理局或者省级工商行政管理局投诉,并附送其权益被损害的相关证据材料。发生商标与企业名称混淆的案件,对要求保护商标专用权的案件,由省级以上工商行政管理局的企业登记部门承办。其中对应当变更企业名称的,承办部门会同商标管理部门核准执行,并报国家商标局和企业注册局备案;对要求保护企业名称权的案件,由省级以上工商行政管理局的商标管理部门承办,对应当撤销注册商标的,由承办部门提出意见后报请国家商标局决定。违反商标管理和企业名称登记有关规定使用商标或者企业名称产生混淆的,由有管辖权的工商行政管理机关依法予以查处。

(3)刑事责任。根据《刑法》规定,捏造并散布虚伪事实,损害他人的商业信誉、商品声誉,给他人造成重大损失或者有其他严重情节的,处 2 年以下有期徒刑或者拘役,并处或者单处罚金。广告主、广告经营者、广告发布者违反国家规定,利用广告对商品或者服务作虚假宣传,情节严重的,处 2 年以下有期徒刑或者拘役,并处或者单处罚金。①

(四)集成电路布图设计权

1.集成电路布图设计的概念

集成电路布图设计(以下简称布图设计),是指集成电路中至少有一个是有源元件的两个以上元件和部分或者全部互联线路的三维配置,或者为制造集成电路而准备的上述三维配置。布图设计又称掩模作品或拓扑图。布图设计或是以掩模

---

① 葛立朝,邢造宇:《知识产权法》,浙江大学出版社,2008 年,第 9 页。

图形的方式存在于掩模板上,或是以图形的方式存在于芯片表面和表面下的不同深度处,或是以编码方式存在于磁盘、磁带等介质中。①

布图设计要受到保护必须具备独创性。我国《集成电路布图设计保护条例》第4条第1款规定:"受保护的布图设计应当具有独创性,即该布图设计是创作者自己的智力劳动成果,并且在其创作时该布图设计在布图设计创作者和集成电路制造者中不是公认的常规设计。"这表明,我国集成电路布图设计的独创性表现在两个方面:①布图设计是创作者自己的智力劳动成果,不是简单复制他人的布图设计,或是只对他人的布图设计作简单的修改。②该布图设计应体现出一定的先进性,即布图设计在创作完成时,其在集成电路行业内不能是常用的、显而易见的或为人所知的布图设计。对于那些含有常用的、显而易见的成分的布图设计,只有当其作为一个整体有独创性时才能受到保护。本条例对布图设计的保护,不延及思想、处理过程、操作方法或者数学概念等。

2.集成电路布图设计的保护方式

随着集成电路产业的蓬勃发展及其对国民经济的巨大影响,有关布图设计的保护及其保护方式成为人们探求的重要课题。

在探寻对布图设计法律保护形式的过程中,人们逐渐意识到,布图设计是一种新生的智力成果,现有的知识产权法律保护形式均无法满足保护布图设计的需要,因此,必须突破已有的知识产权法的界限,采取专门立法予以保护。美国是世界集成电路的生产和出口大国,为了保持其半导体工业的优势和领先地位,1984年由美国国会通过了《半导体芯片保护法》,从而确立了一种新型的半导体芯片法律保护制度。在美国的影响下,日本、英国、欧洲其他一些国家,也都先后做出了保护布图设计的法律规定。与此同时,国际组织也着手研究布图设计的法律保护问题,并通过了《关于集成电路的知识产权条约》。《与贸易有关的知识产权协定》亦专节规定了对布图设计的保护问题。2001年,我国先后颁布《集成电路布图设计保护条例》(以下简称《保护条例》)和《集成电路布图设计保护条例实施细则》,均自2001年10月1日起施行。该法的颁布实施,旨在保护布图设计专有权,鼓励集成电路技术的创新,促进科学技术的发展。

3.集成电路布图设计专有权

集成电路布图设计专有权,是指权利人依法对布图设计享有的复制和进行商业利用的专有权利。布图设计是兼具著作权和专利权特征的一种新型独立知识产

---

① 张秀玲:《知识产权法》,北京大学出版社,2010年,第12页。

权,有学者将其归入"特殊工业版权"或"工业版权"的范畴。①

(1)集成电路布图设计专有权的主体。

集成电路布图设计专有权的主体,是指依法取得布图设计专有权的人,通常称为专有权人或者权利持有人。《保护条例》第9条第1款规定:"布图设计专有权属于布图设计创作者,本条例另有规定的除外。"本条确立了"谁创作谁享有专有权"的一般原则。布图设计的主体通常有以下几种情况:

1)自然人创作。创作由自然人完成,该自然人是创作者。

2)法人或其他组织创作的,则该法人或者其他组织是创作者。

3)合作创作。《保护条例》第10条规定,两个以上自然人、法人或者其他组织合作创作的布图设计,其专有权的归属由合作者约定;未作约定或者约定不明的,其专有权由合作者共同享有。

4)委托创作。《保护条例》第11条规定,受委托创作的布图设计,其专有权的归属由委托人和受托人双方约定;未作约定或者约定不明的,其专有权由受托人享有。

(2)集成电路布图设计专有权的内容。

《保护条例》第7条规定,布图设计权利人享有下列专有权:

1)对受保护的布图设计的全部或者其中任何具有独创性的部分进行复制。

2)将受保护的布图设计、含有该布图设计的集成电路或者含有该集成电路的物品投入商业利用。

此外,布图设计权利人可以将其专有权转让或者许可他人使用其布图设计。转让布图设计专有权的当事人应当订立书面合同,并向国务院知识产权行政部门登记,转让自登记之日起生效。许可他人使用其布图设计的,当事人应当订立书面合同。

(3)集成电路布图设计专有权的期限。

布图设计专有权的保护期为10年,自布图设计登记申请之日或者在世界任何地方首次投入商业利用之日起计算,以较前日期为准。但是,无论是否登记或者投入商业利用,布图设计自创作完成之日起15年后,不再受保护。

(4)集成电路布图设计专有权的限制。

1)合理使用。《保护条例》第23条规定,下列行为可以不经布图设计权利人许可,不向其支付报酬:为个人目的或者单纯为评价、分析、研究、教学等目的而复制受保护的布图设计的;在依据前项评价、分析受保护的布图设计的基础上,创作出具有独创性的布图设计的;对自己独立创作的与他人相同的布图设计进行复制或者将其投入商业利用的。该规定旨在保护独立创作的第三人的利益。

---

① 郑成思:《知识产权》,法律出版社,1997年,第41页。

2)权利用尽。《保护条例》第24条规定,受保护的布图设计、含有该布图设计的集成电路或者含有该集成电路的物品,由布图设计权利人或者经其许可投放市场后,他人再次商业利用的,可以不经布图设计权利人许可,并不向其支付报酬。

3)非自愿许可。《保护条例》第25条规定,在国家出现紧急状态或者非常情况时,或者为了公共利益的目的,或者经人民法院、不正当竞争行为监督检查部门依法认定布图设计权利人有不正当竞争行为而需要给予补救时,国务院知识产权行政部门可以给予使用其布图设计的非自愿许可。

4)善意买主的使用。《保护条例》第33条规定,在获得含有受保护的布图设计的集成电路或者含有该集成电路的物品时,不知道也没有合理的理由应当知道其中含有非法复制的布图设计,而将其投入商业利用的,不视为侵权。上述行为人得到其中含有非法复制的布图设计的明确通知后,可以继续将现有的存货或者此前的订货投入商业利用,但应当向布图设计权利人支付合理的报酬。该条规定与《与贸易有关的知识产权协定》第37条的规定相一致。

(5)集成电路布图设计权的登记。

《保护条例》第8条规定:"布图设计专有权经国务院知识产权行政部门登记产生。未经登记的布图设计不受本条例保护。"登记是取得布图设计专有权的必要条件,国务院知识产权行政部门负责布图设计登记工作,受理布图设计登记申请。布图设计自其在世界任何地方首次商业利用之日起两年内,未向国务院知识产权行政部门提出登记申请的,国务院知识产权行政部门不再予以登记。布图设计登记申请经初步审查,未发现驳回理由的,由国务院知识产权行政部门予以登记,发给登记证明文件,并予以公告。

4.集成电路布图设计专有权的保护

(1)侵害集成电路布图设计专有权的行为。

《保护条例》第30条规定,下列行为属于侵犯布图设计专有权的行为:

1)复制受保护的布图设计的全部或者其中任何具有独创性的部分的行为。

2)为商业目的进口、销售或者以其他方式提供受保护的布图设计、含该布图设计的集成电路或者含有该集成电路的物品的行为。

(2)侵害集成电路布图设计专有权的救济措施。

对于侵害布图设计专有权的行为,权利人可以采取以下救济措施:

1)当事人协商解决。《保护条例》第31条规定,未经布图设计权利人许可,使用其布图设计,即侵犯其布图设计专有权,引起纠纷的,由当事人协商解决。

2)请求国务院知识产权行政部门处理。不愿协商或者协商不成的,布图设计权利人或者利害关系人可以请求国务院知识产权行政部门处理。国务院知识产权行政部门处理时,认定侵权行为成立的,可以责令侵权人立即停止侵权行为,没收、销毁侵权产品或者物品。当事人不服的,可以自收到处理通知之日起15日内依照《中华人民共和国行政诉讼法》(以下简称《行政诉讼法》)向人民法院起诉;侵权人期满不起诉又不停止侵权行为的,国务院知识产权行政管理部门可以请求人民法院强制执行。

3)提起民事诉讼。侵权行为发生后,权利人可以直接提起民事诉讼,请求法院责令侵权行为人立即停止侵权行为并承担赔偿责任,赔偿数额为侵权人所获得的利益或者被侵权人所受到的损失,这种损失中还应当包括被侵权人为制止侵权行为所支付的合理开支。

4)申请诉前禁令和诉前财产保全措施。布图设计权利人或者利害关系人有证据证明他人正在实施或者即将实施侵犯其专有权的行为,如不及时制止将会使其合法权益受到难以弥补的损害的,可以在起诉前依法向人民法院申请采取责令停止有关行为和财产保全的措施。

(五)地理标志权

1.地理标志权的概念

地理标志权是指原产地内符合特定条件的商品生产者对地理标志所享有的权利。地理标志权的主体是原产地内符合特定条件的所有生产者,原产地内不符合特定条件的生产者以及原产地外的任何生产者,均不享有地理标志权,即使原产地外的生产者采用同样的原料或技术能够生产出同样质量的商品也不例外。这里所说的"符合特定条件",是指生产者生产的商品具有特定品质,且该特定品质是由原产地的地理环境或人文因素所决定的。地理标志权的客体是地理标志。地理标志权的内容主要包括使用权与禁止权,即权利人自己使用和禁止他人使用地理标志的权利。

2.地理标志权的特征

(1)地理标志权是一种识别性的知识产权。

《保护工业产权巴黎公约》将地理标志作为工业产权的一种而加以保护,《与贸易有关的知识产权协定》重申了地理标志是知识产权的保护对象。1992年,国际保护工业产权协会东京大会将知识产权分为创造性成果权和识别性标记权两大类,并将地理标志划归后者,进而将地理标志权界定为一种识别性的知识产权。

(2)地理标志权是一种集体共有的权利。

由于地理标志的形成与该地自然和人文环境有直接关系,因此,地理标志所蕴涵的价值应由该产地所有生产者集体共有而不能专属于某个个人或组织。凡是该地域内符合条件的自然人、法人或其他组织均有权使用该地理标志。地理标志权的这一特征有以下几方面含义:其一,在将地理标志申请注册为商标时,任何厂商不得将地理标志作为自有商标申请注册而垄断使用该地理标志。但该特定地区的生产者可以将地理标志申请注册为集体商标或证明商标而使用。其二,在该地理标志的使用上,只要其商品符合真实、稳定的传统条件,质量有保证,产地内的生产者都可以使用该地理标志。其三,在侵权救济上,当发生侵犯地理标志权的情形时,任一权利人均可提起诉讼。根据《保护工业产权巴黎公约》的规定,在虚假产地标记所标示的国家、地区或地方,生产经营该项商品的任何人都应视作"有关当事人"而有权提起诉讼。

(3)地理标志权主体范围的地域性。

虽然地理标志权属于一种集体共有权利,但权利的享有者范围却要受地域范围的限制。也就是说,只有在该特定地区内的生产者才能享有地理标志权。外地的生产者即使可以生产出同样品质的商品,也不可在其商品上标明该地理标志。

3. 地理标志权的法律保护

(1)地理标志的国际保护。

在经济全球化的进程中,国际贸易日益频繁,因此在国际范围内保护地理标志显得非常必要。

1883年的《保护工业产权巴黎公约》提到了对"产地标记"的保护。1891年《制止虚假或欺诈性商品产地标记马德里协定》(以下简称《马德里协定》)也提出了各国可以在进口时扣押带有虚假或欺骗性"产地标记"的商品。1958年通过的《保护原产地名称保护及其国际注册里斯本协定》(以下简称《里斯本协定》),这是一个专门规定原产地名称保护的国际条约。该协定不仅规定了原产地名称保护的实质内容,而且对原产地名称的国际注册也作了规定。其对地理标志的保护程度超过了《保护工业产权巴黎公约》和《马德里协定》。

1994年签署的《与贸易有关的知识产权协定》的第二部分第三节规定了地理标志。与《里斯本协议》相比,该协定对地理标志的定义更为宽泛,不仅地理名称可以成为地理标志,能够指示商品地理来源的其他标志也可以成为地理标志,如"过桥米线""老婆饼"等,还对地理标志的保护救济措施进行了规定,并规定了对葡萄酒和白酒地理标志的补充保护。

(2)地理标志的国内保护。

目前我国对地理标志的保护主要有三种方式。

1)商标法的保护。1993年颁布的《中华人民共和国商标法实施细则》增加了有关集体商标和证明商标的条文。国家工商行政管理局于1994年发布的《集体商标、证明商标注册和管理办法》对集体、证明商标又作了明确的规定。加入WTO后,为适应《与贸易有关的知识产权协定》关于地理标志保护的要求,新《商标法》将地理标志纳入保护范围。2002年《中华人民共和国商标法实施条例》进一步确定了我国地理标志保护制度,依据2001年的《商标法》,2003年4月新修订的《集体商标、证明商标注册和管理办法》对地理标志的管理进一步具体化。这些规定,实际上在我国建立了地理标志不得为一般商标但可注册为证明商标、集体商标,通过《商标法》予以特殊保护的法律制度,类似于英美对地理标志进行商标法保护的立法模式。地理标志的审查和商标的审查是一体的,都由商标审查机关审查,在确定地理标志的商品类别、解决在先权利冲突方面都比较合理。另外,将地理标志注册为证明商标或集体商标还可以通过世界知识产权组织国际局进行国际注册,给予地理标志更广泛的保护。

2)特别法的保护。国务院于1992年颁布了《中华人民共和国出口货物原产地规则》,该规则对出口货物原产地标记中的原产国标记作了规定。1999年8月17日国家质量技术监督局发布《原产地域产品保护规定》从直接的角度保护由地理标志决定质量、特色或声誉的产品,生产者申请经注册登记后,即可以在其产品上使用原产地域产品专用标志,同样也对原产地名称在一定程度上提供了法律保护。2001年3月5日国家出入境检验检疫局发布《原产地标记管理规定》和《原产地标记管理规定实施办法》,对原产地标记的申请、评审注册等原产地标记的认证和管理工作作了规定。这种采用专门法规保护地理标志的方式,是借鉴了法国对地理标志的保护形式。

3)其他法律的保护。除此之外,我国其他一些法律法规也对地理标志提供法律保护,如《反不正当竞争法》第5条规定,禁止经营者伪造产地,对商品质量作引人误解的虚假表示。《中华人民共和国产品质量法》第4条规定,禁止伪造产品的产地。《中华人民共和国消费者权益保护法》《中华人民共和国对外贸易法》等也作了一些间接的规定,因此,地理标志的保护呈现多样化的特征。

(六)植物新品种权

1.植物新品种的概念

《中华人民共和国植物新品种保护条例》(以下简称《植物新品种保护条例》)第2条规定:"本条例所称植物新品种,是指经过人工培育的或者对发现的野生植物加以开发,具备新颖性、特异性、一致性和稳定性并有适当命名的植物品种。"由此可见,植物新品种包括两类:一是人工培育的植物品种;二是从自然界发现并加以开发的野生植物。不过根据该条例第13条的规定,并非所有的植物新品种都可获得品种权的保护,受保护的新品种必须属于国家植物品种保护名录中列举的植物的属或者种。农业方面的植物品种根据《中华人民共和国植物新品种保护条例实施细则(农业部分)》第2条的规定,指粮食、棉花、油料、麻类、糖料、蔬菜(含西甜瓜)、烟草、桑树、茶树、果树(干果除外)、观赏植物(木本除外)、草类、绿肥、草本药材等植物以及橡胶等热带作物的新品种。林业方面的植物新品种,根据《中华人民共和国植物新品种保护条例实施细则(林业部分)》第2条的规定,指符合《植物新品种保护条例》第2条规定的林木、竹、木质藤本、木本观赏植物(包括木本花卉)、果树(干果部分)以及木本油料、饮料、调料、木本药材等植物品种。此外,危害公共利益、生态环境的植物新品种不能获得品种权的保护。

2. 植物新品种权的保护模式

《与贸易有关的知识产权协定》第27条第3款规定:缔约方应以专利方式或者一种专门的制度或两者的结合对植物新品种给予保护。可见,《与贸易有关的知识产权协定》承继了《保护植物新品种国际公约》的保护方式。目前,对植物新品种的保护方式,各国的做法有所不同,大致有三种模式:

(1)双轨制,即以美国为代表的专利法加专门法的全面保护;

(2)采用专利法保护,如意大利、匈牙利、新西兰和乌克兰;

(3)通过制定专门法加以保护。

目前在国际上,多数国家通过制定专门法来保护植物新品种。德、法等国过去是通过专利法来保护植物新品种的,但自《欧洲专利公约》签订之后,这些国家及该公约的所有缔约国的专利法都将植物新品种的保护排除在专利法保护对象之外,而以专门法加以保护。日本目前也通过对《种苗法》的修改来保护植物新品种。我国对于植物新品种和大多数国家一样,并不提供专利保护。1997年3月20日国务院颁布了《植物新品种保护条例》,该条例自1997年10月1日起生效。1999年3月,我国向国际植物新品种保护联盟递交加入书,从而成为《保护植物新品种国际公约》第39个成员国。

3. 植物新品种权的内容

根据《植物新品种保护条例》的规定,品种权具体包括以下几种:

(1)生产权。生产权是指品种权人禁止他人未经其许可为了商业目的生产受保护的植物品种的繁殖材料的权利。

(2)销售权。销售权是指品种权人禁止他人未经其许可为商业目的销售该授权品种的繁殖材料的权利。

(3)使用权。使用权是指品种权人禁止他人未经其许可为商业目的将该授权品种的繁殖材料重复使用于生产另一品种的繁殖材料。

(4)转让权。转让权是指品种权人依法转让其品种的权利。与其他知识产权一样,品种的转让,必须经过一定的行政程序,即由审批机关登记和公告。

(5)许可权。《植物新品种保护条例》没有明确规定品种权人的许可权,但从有关规定上可以推导出品种权人有许可权,即享有许可他人生产、销售和使用该产品的繁殖材料的权利。

4. 植物新品种权的保护

《植物新品种保护条例》第七章"罚则"规定了侵犯植物新品种权应予承担的法律责任。归纳起来,应予承担的法律责任包括民事责任、行政责任和刑事责任,至于承担何种法律责任根据侵权行为具体情形而定。

(1)未经品种权人许可,以商业目的生产或者销售授权品种的繁殖材料的,品种权人或者利害关系人可以请求省级以上人民政府农业、林业行政主管部门依据各自的职权进行处理,也可以直接向人民法院提起诉讼。省级以上人民政府农业、林业行政主管部门依据各自的职权,根据当事人自愿的原则,对侵权所造成的损害赔偿可以进行调解。调解达成协议的,当事人应当履行;调解未达成协议的,品种权人或者利害关系人可以依照民事诉讼程序向人民法院提起诉讼。此外,根据《植物新品种保护条例》第33条的规定,品种权被授予后,在自初步审查合格公告之日起至被授予品种权之日止的期间,对未经申请人许可,为商业目的生产或者销售该授权品种的繁殖材料的单位和个人,品种权人享有追偿的权利。

(2)省级以上人民政府农业、林业行政主管部门依据各自的职权处理品种权侵权案件时,为维护社会公共利益,可以责令侵权人停止侵权行为,没收违法所得,可以并处违法所得5倍以下的罚款。假冒授权品种的,由县级以上人民政府农业、林业行政主管部门依据各自的职权,责令停止假冒行为,没收违法所得和植物品种繁殖材料,并处违法所得1倍以上5倍以下的罚款;情节严重,构成犯罪的,依法追究刑事责任。

省级以上人民政府农业、林业行政主管部门依据各自的职权在查处品种权侵权案件和县级以上人民政府农业、林业行政主管部门依据各自的职权在查处假冒授权品种案件时,根据需要,可以封存或者扣押与案件有关的植物品种的繁殖材料;查阅、复制或者封存与案件有关的合同、账册及有关文件[①]。

第三节 世界知识产权组织

一、世界知识产权组织概述

到2014年4月止,世界知识产权组织(WIPO)有187个成员国。我国于1980年3月正式加入世界知识产权组织,成为其正式成员。

---

① 张秀玲:《知识产权法》,北京大学出版社,2010年。

世界知识产权组织是知识产权国际保护制度发展的产物。早在19世纪80年代,世界上先后诞生了两个保护知识产权的国际公约:1883年的《保护工业产权巴黎公约》和1886年的《保护文学和艺术作品伯尔尼公约》。在两公约之下,分别成立了巴黎联盟和伯尔尼联盟,并设立了各自的国际局或秘书处作为执行机构。最初,这两个公约由瑞士政府代为管理。后来,两公约的国际局于1893年进行了合并,组成了保护知识产权联合国际局。这是世界知识产权组织的前身。

1967年,保护知识产权联合国际局提议建立世界知识产权组织。同年7月,召开了有51个国家的代表参加的斯德哥尔摩会议,通过了《成立世界知识产权组织公约》,世界知识产权组织随即成立。1974年,世界知识产权组织成为联合国的专门机构。

二、世界知识产权组织的宗旨和职能

(一)世界知识产权组织的宗旨

世界知识产权的宗旨是通过国家之间的合作,并在适当情况下,与其他国际组织进行合作,以促进在全世界范围内保护知识产权,并保护知识产权组织各联盟之间的行政合作。

(二)世界知识产权组织的职能

根据《成立世界知识产权组织公约》规定,世界知识产权组织具有以下五项职能:①促进世界各国对知识产权的保护,协调各国的立法,鼓励各国缔结保护知识产权的新的国际协定;②执行巴黎联盟和伯尔尼联盟的行政任务;③担任或参加其他促进保护知识产权的国际协定的行政事务;④对发展中国家的知识产权立法及建立相关机构提供帮助;⑤收集并传播有关保护知识产权方面的情报,从事并促进这方面的研究工作并公布研究成果。

三、世界知识产权组织的机构和成员资格

(一)世界知识产权组织的机构

世界知识产权组织由四个机构组成,分别是大会、成员国会议、协调委员会和国际局。

1. 大会

大会是世界知识产权组织的最高权力机构,由成员中参加巴黎联盟和伯尔尼联盟的国家组成。每个成员国政府派代表一名,行使大会上一票表决权。一个代表只能代表一个国家,以一个国家的名义投票。大会例会每3年举行一次,由总干事召集。大会特别会议应由总干事根据协调委员会或大会1/4成员国的请求召开。大会成员国的半数应构成法定人数,大会应通过自己的议事规则。

2. 成员国会议

成员国会议由全体成员国组成,讨论当前国际保护知识产权领域内所共同关心的问题,并讨论通过制定法律技术计划和计划的三年财政预算。每一国政府应有一名代表,可辅以若干副代表、顾问和专家。每一个成员国在本会议中应有一票表决权。一名代表只能代表一个国家。成员国的1/3构成法定人数。

3. 协调委员会

协调委员会由巴黎联盟和伯尔尼联盟执行委员会的成员组成。该委员会既是解答问题的咨询机构,又是大会和成员国会议的执行机构。协调委员会每年举行例会一次,由总干事召集,在正常情况下应在本组织总部举行。一名代表只能代表一个国家。协调委员会应按投票简单多数发表意见和做出决议。本组织人和成员国,不属于协调委员会成员者,得派观察员参加本委员会的会议,有权参加辩论,但无表决权。协调委员会应制定自己的议事规则。协调委员会委员的半数构成法定人数。

协调委员会的职责:①就一切有关行政财务问题提出意见,拟定大会的议程草案;②提出总干事若干候选人名单。

4. 国际局

国际局是世界知识产权组织的常设办事机构,即秘书处。该局负责人为总干事,是世界知识产权组织的行政首脑,此外尚设有两个以上副总干事。该局全部工作人员的职责是纯国际性的,其工作不应受制或求助于他国政府或组织以外任何机关的意见或指示。

国际局的职责:①负责组织有关会议,准备有关文件和报告;②收集由各国提供的知识产权情报,出版有关刊物,办理国际注册等事项。

(二)世界知识产权组织的成员资格

根据《成立世界知识产权组织公约》的规定,巴黎联盟和伯尔尼联盟的所有成员国都是世界知识产权组织的成员国;非两联盟成员国,但属于联合国会员国、与联合国有关系之任何专门机构成员国、国际原子能机构成员国或国际法院规约的当事国,也可参加世界知识产权组织;基于特别情况受世界知识产权组织及大会之邀请,亦可成为该公约之成员国。

四、世界知识产权组织的法律地位

根据《成立世界知识产权组织公约》第12条的规定,世界知识产权组织在各成员国领土上,在符合该国家法律的条件下,应享有为完成本组织宗旨和行使其职权所必需的权利能力;可与其他成员国缔结双边或者多边协定,使本组织、其官员以及一切成员国的代表享有为完成本组织宗旨和行使其职权所必需的特权与豁免;总干事可以就上述协定进行谈判,并经协调委员会批准后代表本组织缔结和签订这种协定。

第四节 世界知识产权公约

一、《保护工业产权巴黎公约》

(一)概述

《保护工业产权巴黎公约》(以下简称《巴黎公约》)是迄今为止最广泛、最基本的工业产权的国际公约,公约中的基本原则和制度,对工业产权的国际保护产生了深远的影响,被称为工业产权国际保护的母约。

对《巴黎公约》的条款,依其规定的实体内容和在条约中的作用,可分为三类:第一类条款,是有关调整各成员国相互权利义务关系的具有国际公法特征的条款。第二类条款,为规定或许可成员国应当或可以做出关于工业产权保护的国内立法的规定和制度的条款。第三类条款,为关于联盟成员国国民——私权主体在条约项下与工业产权保护有关的权利义务关系的实体内容条款。

从产生和内容上看,《巴黎公约》具有以下明显的特点:

(1)《巴黎公约》是资本主义政治、经济和技术水平发展到一定阶段的产物。以法国、英国为代表的资本主义国家,从17世纪开始经历了近三个世纪的发展,其经济技术的发展和积累已经达到了当时的最高水平。同时,随着经济技术交流不断加深及扩展,矛盾也日益激烈,为了共同的利益,找到了一个大家都可以接受的保护和限制工业产权的平衡点,于是《巴黎公约》应运而生。

(2)《巴黎公约》虽然是以保护专利、商标等工业产权为主要内容的国际公约,但已经开始将智力成果创造者的人身权利纳入自己的保护范畴。

(3)作为保护工业产权的国际公约,《巴黎公约》确立的法律制度既有实体规范又有程序规范。

(4)《巴黎公约》确定的保护范围非常广泛。对工业产权的保护不仅限于商标、专利,还延伸到农业、采掘业以及一切制成品和天然产品。

(二)保护范围

《巴黎公约》的保护范围是指纳入公约保护的工业产权的客体总和。第1条规定:"工业产权的保护对象有发明、实用新型、外观设计、商标、服务标记、厂商名称、货源标志或原产地名称,和制止不正当竞争行为。"[①]可以分为三类:

第一类客体是直接产生于人类创造性劳动的智力成果,即发明专利、实用新型、外观设计。这是工业化国家首先要保护的工业产权,是最为典型的工业产权。

第二类客体是工商业经营活动中营业者长期使用的与其商誉有直接关系的标记性权利。

第三类客体是将制止不正当竞争也作为受保护的一种权利,实际上即是以国际条约的方式,为缔约国设定一项在其境内规范商业行为,以便商人可以在公正的游戏规则之下进行"商业游戏"的权利。

(三)基本原则

1. 国民待遇原则

《巴黎公约》为工业产权提供的国际性保护,是建立在尊重各国工业产权制度的基础上,并以各成员国相互给予国民待遇为核心的。《巴黎公约》第2条规定,缔约国必须把它依法给予本国国民在工业产权方面的保护,也同样给予其他缔约国国民。只要他们遵守对该国国民适用的条件和手续,而不管其在该国境内是否有永久住所和营业所。第3条还规定,非缔约国国民,如果他们在某缔约国境内有住所或真实的具有实际效果的工商营业所,就必须给予相同的国民待遇。国民待遇,是指在工业产权保护方面,每个成员国法律给予本国国民的权利,也同样给予其他成员国国民,并且在他们的权利遭受任何侵害时,得到同样的法律救济。国民待遇原则,一方面体现了工业产权的地域性,即仅依照本国法保护其他成员国国民;另一方面,对其他成员国国民给予国民待遇,又使得外国的知识产品在本国获得工业产权保护成为可能,因而在一定程度上突破了工业产权的地域性。

国民待遇原则在实施中的例外:一是该原则并不妨碍成员国的国内法给予外国国民以高于本国国民或公约最低标准的待遇;二是该原则并不阻止成员国对其本国法律中有关司法和行政程序、管辖权以及代理人资格的规定声明保留,或为本国发明人提供财政金融等方面支持,而不给予外国发明人以同等待遇。

2. 优先权原则

优先权是《巴黎公约》给予成员国国民的一项基本权利。依据《巴黎公约》第4条规定,优先权是指在任何一个成员国首次提出工业产权正规申请后,如果申请人或其权利继受人,在一定期限内又在其他成员国提出相同主题的申请,则其他成员

---

① [奥]博登浩森:《保护工业产权巴黎公约指南》,汤宗舜、段瑞林译,中国人民大学出版社,2003年,第9页。

国必须承认首次申请日为在后申请的申请日。

(1)优先权的取得条件。

1)优先权的主体应当是已经向一个公约成员国正式提交发明专利、实用新型专利、外观设计专利申请和商标注册申请书,并可享受国民待遇的申请人。

2)优先权的基础是在公约的某一成员国第一次正式提出专利、商标注册的申请。正式申请案是指能够确定在有关成员国申请日的申请。

3)申请日即被称为"优先权日"。

(2)优先权的效力。

1)优先权的客体范围效力。优先权只适用于发明、实用新型、外观设计和商标的申请。

2)优先权的时间效力。《巴黎公约》规定:发明专利和实用新型为12个月,工业品外观设计和商标为6个月。超过优先权期限,申请人在其他成员国提出在后申请不再享受优先权,申请日为在该国实际提交申请的日期。

3)优先权的排他效力。在优先权期未满以前,申请人就同一主题技术向其他成员提出申请的,他人所做的任何行为,如提出另一申请、发明的公布以及非法使用、样品的销售或商标的使用等行为,不会导致该申请因失去新颖性而失去效力。

4)优先权受在先权利的限制。优先权的效力也和其他权利一样,不是绝对的,也受在先权利的限制,在作为优先权基础的初次申请的日期以前,第三人所取得的权利,依照每一联盟成员国的国内法予以保留。

3.独立保护原则

独立保护原则是指成员国应依照本国有关工业产权的法律决定其他成员国国民应享受的保护,不受其他成员国所给予的保护状况的影响。《巴黎公约》第4条规定,同一发明在不同国家所获得的专利权彼此无关,即各缔约国独立地按本国的法律规定给予、拒绝、终止或撤销某项专利权,不受该项专利权在其他成员国的影响。《巴黎公约》第6条还规定,申请和注册商标的条件,由每个成员国的本国法决定。对成员国国民所提出的商标注册申请,不能以申请人未在其本国申请、注册或续展为理由而加以拒绝或使其注册失效。在一个成员国正式注册的商标与在其他成员国,包括申请人所属国注册的商标无关,成员国之间对于某一个商标的注册、续展或撤销,独自按其本国法办理,不受其他成员国的影响。

对于商标权的独立性原则,巴黎公约还规定了下述一些限制:

(1)公约第6条之(5)规定,如果一项商标在其本国已经获得了合法的注册,那么,在一般情况下,在其他成员国的注册申请就不应当被拒绝。《巴黎公约》这样规定的目的,是使同一企业的产品在不同国家能够有相同的商标,以便在国际市场上发挥商标的区别功能。

(2)公约第 7 条规定,在任何情况下,都不允许成员国以商品的性质、质量为理由,拒绝给有关商品注册商标。这样可以避免因商品的销售活动而影响商标权的取得。

(3)公约第 6 条专门规定了对驰名商标的限制,规定各成员国的国内立法都必须禁止使用与成员国中的任何驰名商标相同或近似的标记,并拒绝这种标记的商标注册申请,如果已经获得注册,则应当予以撤销。即使是成员国中未注册的驰名商标,也同样应受到保护。

(4)公约第 6 条还规定了禁止当作商标使用的标记有两种:①外国国旗、国徽或其他象征国家的标志;②政府、国际组织的旗帜、徽记、名称及缩略语。

4. 最低限度保护原则

《巴黎公约》所规定的最低限度保护,包括以下几方面:①保护发明人的署名权;②对驳回专利申请和撤销专利的限制,即各成员国不应以国内法的某些不同规定为理由,拒绝对某些发明授予专利权或宣布某项专利无效;③对专利未实施或未充分实施而颁发强制许可或撤销专利必须要符合一定的条件;④对驰名商标应予特别保护;⑤建立主管机关,以保证本国和外国国民得到应有的保护;⑥关于对各成员国限制专利的统一规定。由上可见,最低限度保护原则与国民待遇原则是相辅相成的,共同作为公约所提供的工业产权国际保护的主要途径。

5. 强制许可原则

《巴黎公约》第 5 条规定,每一个成员国有权采取立法措施,规定在一定条件下可以核准强制许可证,以防止专利权人可能对专利权的滥用,例如专利权人不实施或不充分实施专利。但强制许可只能在专利权人自提出专利申请之日起满 4 年,或者自批准专利权之日起满 3 年(取其中较长者)未实施专利时才能采取此措施。在规定的期限届满时,如果专利权人无正当理由而不实施或不充分实施该项专利,任何人都可以向有关主管部门提出申请,要求发给强制许可证,允许该申请人实施。在发出第一个强制许可证后满 2 年,如果专利权人仍无正当理由而不实施或不充分实施,该项专利权便可被撤销。

(四)主要规定

1. 有关专利、实用新型、外观设计保护的最低要求

(1)发明人的姓名表示权。

《巴黎公约》第 4 条规定:"发明人有权要求在专利证书上记载自己是发明人。"这就是通常所说的"精神权利",即发明人有权要求在公约所有成员国就其发明授予的专利上记载自己是发明人。

(2)专利的授权与内容。

1)国内法对产品销售的限制不构成对该产品或者其制造方法授予专利的障碍。

2)缴纳权利维持费的宽限期。《巴黎公约》第5条规定,有关工业产权维持费的缴纳,应给予不少于6个月的宽限期,但如果本国法律有规定,应缴纳附加费。

3)根据产品进口国法律,方法专利的保护可延及依据该方法直接获得的产品。

(3)强制许可。

《巴黎公约》规定了成员国有权在其国内法中规定授予强制许可,以防止由于行使专利所赋予的专有权而可能产生的滥用。授予强制许可应具备一般的条件:①可授予强制许可的对象,主要是发明专利,其次是实用新型专利。②可授予强制许可的原因是为了防止专利权的滥用,具体提及的原因是该专利的"不实施",或者"不充分实施"。

(4)交通工具的临时过境。

为维护公共利益,维护国际交通正常秩序,《巴黎公约》规定:给予过境的国际交通运输工具以临时使用专利权的权利,即在过境的国际交通工具上使用专利产品或方法的,不必负未经许可使用专利产品或方法的侵权责任。

(5)国际展览会上临时保护。

《巴黎公约》第11条规定:本联盟国家应按其本国法律对在本联盟任何国家领土内举办的官方的或经官方承认的国际展览会展出的商品中可以取得专利权的发明、实用新型、工业品外观设计和商标,给予临时保护。

2.有关商标保护的最低要求

(1)商标的申请和注册。

1)《巴黎公约》各成员国对商标的申请注册具有独立性。申请和注册的条件由各成员国的本国法律决定。对某一缔约国国民所提出的商标注册申请,不能以未在所属国申请、注册和续展为由加以拒绝。

2)根据《巴黎公约》第4条规定,公约的任何一个缔约成员国的商标注册申请人向某一缔约成员国正式提出商标注册申请后,又向其他缔约成员国提出同样的申请时享有优先权。

3)商标注册不受商品性质的影响。《巴黎公约》规定,使用商标的商品的性质不应成为该商标注册的障碍。目的在于使工业产权的保护不以所适用的商品在给予保护的国家是否可以出售为转移。

4)未经权利人授权而以代理人或代表人名义注册商标,权利人有权获得救济。《巴黎公约》规定,如果本联盟一个国家的商标权利人的代理人或代表人,未经权利人授权而以自己的名义向本联盟一个或一个以上的国家申请该商标的注册,权利人有权反对申请的注册或要求取消注册;如该国法律允许,所有人可以要求将该项注册转让给自己,除非该代理人或者代表人证明其行为正当。如果商标所有人未授权使用,还有权反对其代理人或代表人使用其商标。

(2)商标标记的禁例及其适用。

各国禁止联盟国的国徽、国旗和其他国家的徽记以及各联盟国采用的可以表明监督和保证官方符号的检验印章等用作商标或商标的组成部分。规定应同样适用于本联盟一个或几个国家参加的政府间国际组织的徽章、旗帜、其他徽记和名称,但是已成为现行国际协定规定的予以保护的徽章、旗帜、其他徽记和名称除外。

(3)对驰名商标的保护。

《巴黎公约》规定,商标注册国或使用国主管机关认为一项商标在该国已经成为驰名商标,并属于有权享受本公约利益的人所有,而另一商标构成对该驰名商标的复制、仿制或翻译,从而易于产生混淆时,联盟成员国应依职权或依利害关系人的请求拒绝或撤销该另一商标的注册,并禁止其使用。驰名商标权利人提出申请的期限为5年或各成员国规定的更长的期限。但对于依恶意取得注册或使用的商标提出取消注册或禁止使用的请求,不应规定时间限制。

二、《保护文学艺术作品伯尔尼公约》

《保护文学艺术作品伯尔尼公约》(以下简称《伯尔尼公约》)是世界上第一部版权公约,也是关于文学艺术作品保护重要的国际公约。《伯尔尼公约》对文学艺术作品保护的基本原则、保护范围及作者专有权利的确立,奠定了版权国际保护的基础。由于WTO各成员在版权保护方面均须遵守《伯尔尼公约》的大部分实质性条款,该公约的影响范围得到了进一步扩大。

(一)基本原则

1. 国民待遇原则

《伯尔尼公约》规定凡成员国国民或在成员国有长期住所的人,或在成员国首次发表其作品的人,其作品在其他各成员国内均享有版权保护,此类保护与保护本国作者相同。

2. 自动保护原则

《伯尔尼公约》规定享受和行使这类权利不需履行任何手续,也不管作品起源国是否存在有关保护的规定。换言之,作品一旦创作出来,自动受到保护,不必登记注册,不必送交样本或履行其他任何手续。

3. 独立保护原则

成员国按照本国版权法保护其他成员国的作品,而不管该作品在其国内是否受保护。但在保护水平有差异时,可适用互惠原则。

4. 最低限度保护原则

《伯尔尼公约》要求对一般作品的经济权利保护期,不少于作者有生之年加死后 50 年;摄影作品及实用艺术作品,不少于作品完成后 25 年;电影作品不少于同观众见面后 50 年或摄制完成后 50 年;匿名或假名作品,不少于出版后 50 年;合作作品不少于最后一个去世的作者死后 50 年。精神权利的保护期至少要与经济权利的保护期相等。该公约确立了最低限度的保护规定,要求各成员国立法给予著作权人的保护水平不得少于公约规定的标准。

(二)保护客体的范围

1. 著作人身权

《伯尔尼公约》要求各成员国至少保护著作权人的精神权利,规定了著作人身权,即为署名权(也称为"表明作者身份权")和保护作品完整权。第 6 条规定了作者可在作品上署名,以表明和主张其为作品的作者的权利。署名权独立于作者的著作财产权,甚至在著作财产权转让之后,作者仍可以主张该项权利,即作者有权请求依据其作品来确定自己的作者身份的权利,并有权反对对其作品的任何有损其声誉的歪曲、割裂、更改或者其他损害行为。

2. 著作财产权

《伯尔尼公约》重点规定的内容之一就是著作财产权。主要有下列十方面的内容:

(1)翻译权。《伯尔尼公约》第 8 条规定:"受本公约保护的文学艺术作品的作者,在对原作享有权利的整个保护期内,享有翻译和授权翻译其作品的专有权。"

(2)复制权。《伯尔尼公约》第 9 条规定:"受本公约保护的文学艺术作品的作者,享有授权以任何方式或采取任何形式复制其作品的排他权利。"复制权是著作权中最初始、最基本的权利,"是著作权的精髓权利",对于"复制"及其方式,公约未作具体的界定,只是将所有的录音和录像也纳入复制的范围,实际上对"复制"作了扩大解释。

(3)公开表演权。《伯尔尼公约》第 11 条第 1 款规定:"戏剧作品、音乐戏剧作品和音乐作品的作者享有下列专有权利:①授权公开表演和演奏其作品,包括用各种手段和方式公开表演和演奏;②授权用各种手段公开播送其作品的表演和演奏。"另外,《伯尔尼公约》的公开表演权还及于译著。

(4)广播权。依照《伯尔尼公约》第 11 条之(2)第 1 款规定,文学艺术作品的作者享有下列专有权:①授权或许可以无线电广播其作品或以任何其他以无线传送符号、声音和图像的方法向公众传输其作品;②授权或许可原广播组织以外的其他机构以有线传送或无线广播的方式向公众传输其作品;③许可通过扩音器或其他传送声音、符号或图像的类似工具向公众传送其作品。

(5)公开朗读权。《伯尔尼公约》第11条之(3)规定了文学作品作者享有公开朗读权:①许可公开朗诵其作品,包括用各种手段或方式公开朗诵其作品;②许可用各种手段公开播送其作品的朗诵。并规定文学作品作者在对其原著享有权利的整个期限内,对其作品的翻译也享有同样权利。

(6)改编权。《伯尔尼公约》规定的改编权,是指文学和艺术作品的作者享有批准对其作品进行改编、整理和其他改变的专有权。

(7)音乐、歌曲作者的录制权。《伯尔尼公约》为音乐及歌曲的词曲作者关于其作品的录制权作了相应的保护性规定。该公约规定,本联盟每一成员国得就乐曲作者及允许歌词与乐曲一道录音的歌词作者对允许录制上述乐曲及乐曲连同歌词(如有歌词时)的专有权的保留及条件为本国做出规定;但这类保留及条件之效力严格限于对此做出规定的国家范围内,而且在任何情况下均不应损害作者获得在没有友好协议情况下由主管当局规定的公正报酬的权利。此外该公约又规定,在本联盟任何一成员国内录制的乐曲录制品,自本条约文本在该国生效之日起两年内,可以不经乐曲作者同意在该国进行复制。但如复制品未经利益关系人批准而输入认定此种录音属于违法行为的国家的,可在该国予以没收。

(8)摄制电影权。《伯尔尼公约》第14条规定了作者的摄制电影权:①许可把这类作品改编或复制成电影以及发行经改编或复制的作品;②许可公开演出演奏以及向公众作有线广播经改编或复制的作品。还规定,根据文学或艺术作品制作的电影作品以任何其他形式进行改编,在不损害其作者批准权的情况下,仍须经原著作者批准。

(9)电影作品的作者权。《伯尔尼公约》设定了电影作品的作者权,即:在不损害可能已经过改编或翻印的所有作品的版权的情况下,电影作品将作为原作品受到保护。电影作品版权所有者享有原作者的权利。但是,电影作品版权的所有者由向之提出保护要求的国家的法律决定,然而,在其法律承认参加电影作品制作的作者应属于版权所有者的本联盟成员国内,这些作者,如果曾承担参加此项工作的义务,除非有相反或特别的规定,无权反对对电影作品的复制、发行、公开演出演奏、向公众有线广播、无线电广播、向公众发表、配制解说和配音。

(10)追续权。《伯尔尼公约》第14条之(3)规定,对于作家和作曲家的艺术原著和原稿,作者或作者死后由国家法律授权人或机构,享有从作者第一次转让作品之后对作品的每次销售中分取盈利的不可剥夺的权利。只有在作者国籍所属国法律允许的情况下，才可对本联盟某一成员国要求上款所规定的保护，而且保护的程度应限于向之提出保护要求的国家的法律所规定的程度。

(三)对作者权利的保护期限

1. 著作权保护期限的确定

要确定著作权的保护期，需综合考虑两个目的：首先，保护作者就其创造性劳动成果所享有的权利；其次，平衡作者利益与社会公共利益。

2. 著作权的保护期限

对于一般作品的保护期限，该公约第 7 条规定："本公约给予保护的期限为作者终生及其死后 50 年。"

对于特殊作品的保护期限，该公约规定：

(1)对于电影作品，联盟成员国有权规定，保护期限自作品在作者同意下公映后 50 年届满，如自作品摄制完成后 50 年内尚未公映，则保护期限自作品摄制完成后 50 年届满。

(2)对于不具名作品和具笔名作品，该公约给予的保护期为自其合法向公众发表之日起 50 年。

(3)对于摄影作品及作为艺术品加以保护的实用美术作品，本联盟成员国有权以法律规定摄影作品及作为艺术品加以保护实用美术作品的保护期限。但这一期限不应少于自该作品完成时起算 25 年。

(4)对于合作作品的保护，有关保护作品保护期的规定同样适用，但作者死后的保护期应从最后死亡的作者死亡之日起算。

3. 保护期的确定

(1)作者死后的保护期和上述所规定的期限应从作者死亡日或上述款项提及事情发生日起算，但这种期限只能从死亡后或所述事件发生后次年的 1 月 1 日开始计算。

(2)本联盟成员国有权规定比前述各款规定期限更长的保护期。

(3)受该公约罗马文本约束并在本文件签署时有效的本国法律中规定了比该公约各款规定期限短的保护期的本联盟成员国，有权在加入或批准本文件时保留这种期限。

(4)一切情况下，期限由向之提出保护要求的国家的法律加以规定；但除该国法律另有规定外，这个期限不得超过作品起源国规定的期限。

(四)对发展中国家的特殊待遇

在发展中国家的强烈要求下，1971 年巴黎修订本附件对发展中国家规定了优惠条款,允许发展中国家基于教学或研究需要,可以对外国作品颁发强制许可证。该附件第2条规定,如果受版权保护的作品自首次出版时算起满3年不以某一发展中国家通用的语言翻译出版,该发展中国家为了教学或研究的需要,有权颁发以本国语言翻译出版该作品的强制许可。该附件第3条规定,如果受版权保护的作品自首次出版时算起经过一定期限(一般作品为5年,数学和自然科学以及技术的作品为3年,小说、诗歌、戏剧和音乐作品以及美术书籍为7年)不以适当的价格在某一发展中国家销售,该发展中国家为了系统教学的需要,可以颁发复制该作品的强制许可。我国在加入《伯尔尼公约》时,声明享有上述附件第2条和第3条规定的权利。

三、《保护表演者、音像制品制作者和广播组织罗马公约》

(一)概述

《保护表演者、音像制品制作者和广播组织罗马公约》(以下简称《罗马公约》),由联合国国际劳工组织、教科文组织和世界知识产权组织共同发起,于1961年10月26日在罗马签订,是世界有关邻接权保护的第一个公约。该公约只对《伯尔尼公约》或《世界版权公约》的缔约国开放。

(二)主要内容

1. 原则

《罗马公约》的原则与《世界版权公约》的原则基本相同,有国民待遇原则、最低保护标准原则、非自动保护原则,但其非自动保护原则要求:公约对表演者、广播组织的保护不要求履行任何手续,但是,受保护的音像制品的一切复制件上或包装物上,必须标有"录制品邻接权保留"或符号P、首次发行年份和主要表演者及权利人姓名。

2. 保护的客体

《罗马公约》保护的客体包括表演者的表演、音像制作者制作的音像制品和广播组织播发的节目。

3. 受保护的权利

《罗马公约》保护的权利包括表演者权、音像制品制作者权和广播组织权。

4. 保护期限

公约规定的最低保护期为20年。

5. 权利限制

公约规定在下列四种情况下使用作品,无须给付费用:一是私人使用;二是在时事报道中的有限使用;三是广播组织为了编排自己的广播节目利用自己的设备暂时录制;四是仅为教学和科研目的使用。

四、《与贸易有关的知识产权协定》

《与贸易有关的知识产权协定》(Agreement on Trade-Related Aspects of Intellectual Property Rights,缩写 TRIPS,以下简称 TRIPS 协定)是当今国际贸易秩序推动的结果,是国际知识产权保护体制发生变化的重要标志。进入 20 世纪 70 年代后期,国际上逐渐兴起贸易保护主义,世界多边贸易体制受到损害,为此《关税及贸易总协定》于 1986 年 9 月在乌拉圭召开部长级会议,发动了第 8 轮多边贸易谈判。以欧美为代表的发达国家因国内经济萧条、国际竞争力衰退,从而提出了知识产权贸易问题,并在谈判中提出知识产权议题。经过 7 年之久的谈判,发达国家与发展中国家于 1993 年 12 月 15 日达成了 TRIPS 协定,并将文件载入《乌拉圭回合多边贸易谈判结果最后文件》。该协议使得知识产权从文化科学领域进入到了国际贸易领域,知识产权问题第一次直接同国际贸易发展挂钩,同时也标志着知识产权制度进入了具有统一标准的新阶段,并在协调各国知识产权立法和司法活动方面起着重要作用。[1]

(一)基本原则

1. 最低保护原则

成员应履行 TRIPS 协定所确立的义务,实施该协定的规定。各成员给予其他成员的国民本协定所规定的待遇。但成员可以,而无义务在其法律中实施比本协定要求的更广泛的保护,只要此种保护不违反本协定的规定。成员有权在其法律制度和实践中确定实施该协定所规定的适当方法。对有关的知识产权,"其他成员的国民"应理解为符合《巴黎公约》《伯尔尼公约》《罗马公约》和《关于集成电路的知识产权条约》保护资格标准的法人或自然人,如同 WTO 全体成员是这些公约的全体成员。TRIPS 协定所指的"国民",对于 WTO 的单独关税区成员,指在该关税区内有住所或真实有效的工商营业机构的自然人或法人。

2. 国民待遇原则

在知识产权保护方面,每一成员给予其他成员国民的待遇,不得低于给予本国国民的待遇。但是,《巴黎公约》《伯尔尼公约》《罗马公约》和《关于集成电路的知识产权条约》规定的例外除外。就表演者、音像制品制作者和广播组织而言,国民待遇义务仅适用于 TRIPS 协定规定的权利。如上所述,"国民"的概念,应根据相关

---

[1] 张晓君:《国际经济法学》,厦门大学出版社,2012 年。

公约或协定的标准确定。

TRIPS协定认可国民待遇的例外。它认为《伯尔尼公约》第6条和《罗马公约》第16条第1款(b)项的规定含有某种程度的互惠国民待遇。另外,成员可以在司法和行政程序方面维持国民待遇例外。但这些例外应为保护遵守与该协议规定不相抵触的法律和法规所必要,且这种做法的实施不会对贸易构成变相限制。可见,知识产权保护方面的国民待遇,与《关税及贸易总协定》的国民待遇明显不同。国民待遇及下面所述最惠国待遇,不适用于世界知识产权组织主持缔结的多边协议中关于获得或维持知识产权的程序。

3. 最惠国待遇原则

对于知识产权保护,一成员给予其他国家国民的利益、优惠、特权或豁免,应立即无条件地给予其他成员的国民。"保护"应包括影响知识产权的效力、取得、范围、维持和实施的事项,以及TRIPS协定专门处理的影响知识产权使用的事项。成员给予的下列情况下的任何利益、优惠、特权或豁免,可以免于最惠国待遇义务:由一般性司法协助或法律实施的、并非专为保护知识产权的国际协定所产生的;《伯尔尼公约》或《罗马公约》允许的另一国不按国民待遇给予的;该协定未规定的表演者、录音制品制作者以及广播组织的权利;WTO协定生效前已生效的知识产权保护国际协定所产生的,该类协定已经通知"与贸易有关的知识产权委员会",且对其他成员的国民不构成任意的或不公平的歧视。

4. 促进经济与社会福利原则

知识产权保护和实施,应有助于促进技术革新和技术转让与传播,有助于技术知识的创造者与使用者利益的实现,促进社会、经济福利以及权利义务的平衡。制定或修改法律、法规时,成员可以采取对保护公共健康和营养、促进对社会、经济和技术的发展至关重要的公共利益所必要的措施,只要该措施与TRIPS协定一致。成员可以采取适当的措施防止知识产权权利人滥用权利,防止不合理地限制贸易或对国际技术转让产生不利影响的行为,只要该措施与TRIPS协定一致。

(二) 主要内容

1. 目标

TRIPS协定在序言中要求缔约方承认知识产权为私权,并指出协定的目标在于"减少国际贸易中的扭曲和障碍,促进有效而充分地保护知识产权,保证知识产权执行不会成为合法贸易的障碍"。

2. 著作权保护

TRIPS协定明确了本协议与《伯尔尼公约》的关系,要求缔约方必须遵守《伯尔尼公约》(1971年文本)第1~21条及附件(即"对发展中国家的优惠")的规定,但将该公约第 6 条关于著作权人身权的规定排除在外。协定规定了具体的保护事项：对计算机软件，包括源码程序和目标码程序均作为文字作品保护；对构成智力创作而编排的数据库作为文字汇编作品给予保护，而不论其以机器阅读形式或其他形式出现；对计算机软件和摄影作品规定了出租权，即作者及其权利继受人有权许可或禁止其享有著作权的原作或者复制件向公众商业出租；在保护期限方面，该协定与《伯尔尼公约》保持一致，但特别规定，除摄影作品与实用美术作品外，对一切不以自然人的生命为基础计算保护期限的作品，其有效期不应少于授权出版之年末起 50 年，或者作品创作完成后 50 年内未授权出版的，则保护期不少于作品创作完成之年末起 50 年。

3. 邻接权保护

TRIPS 协定规定，缔约方对邻接权保护的义务，只限于协定规定本身。关于表演者和唱片制作者的权利，协定的规定与《罗马公约》相同，即表演者有权禁止他人擅自录制其未曾录制的表演和复制该录制品，有权禁止他人擅自传播他们的现场表演；唱片制作者有权许可或禁止对唱片直接或间接复制。关于广播组织的权利，协定与《罗马公约》有所不同，它规定了禁止他人擅自录制其广播节目和复制此种录制品以及转播或以原样传播其广播节目的权利，但未规定许可权，同时协议并无《罗马公约》关于传播或转播节目是在收门票的公共场所进行的限制条件。关于邻接权保护期限，表演者、唱片制作者的权利不少于表演发生、录制发生或被广播之年末起 50 年，广播组织的权利不少于自广播发生之年末起 20 年。

4. 商标权保护

TRIPS 协定明确规定保护商品商标和服务商标，并允许各种标记或标记的组合（包括人名、字母、数字、颜色组合等）作为商标注册；缔约方可以根据使用来决定注册，但商标的实际使用不应构成申请注册的条件；注册商标所有人享有独占权，商标的首次注册以及每次续展注册的期限不得少于 7 年；缔约方可以决定商标许可与转让的条件，可以不允许实施商标的强制许可。

5. 专利权保护

TRIPS 协定规定可获专利的主题，适用于所有技术领域的发明。对于植物新品种，缔约方可采用专利方式、专门制度或两者结合给予保护。考虑到发展中国家的困难，协定允许上述国家推迟 5 年保护有关药品、化学物质、食品的发明创造专利；该协定规定，专利权人享有制造、使用、销售专利产品或使用专利方法独产权，禁止他人擅自为上述目的进口专利产品或由专利方法所直接获得的产品。专利权人有权通过转让或继承方式移转专利权，并有权签订许可使用合同；协定规定了强制许可的严格条件，只有在潜在使用方以合理价格和条件向权利人要求授权许可，并在合理期限内未达到目的,或在国家紧急状态或极度紧急情况下,才能允许强制许可;专利权的保护期限不得短于自申请登记之日起20年。

6. 其他类型知识产权的保护

TRIPS协定要求缔约方对地理标记、工业品外观设计、布图设计、未公开信息(商业秘密)给予保护,但协定未规定具体法律形式。

7. 实施程序

TRIPS协定规定,缔约方应保证有效地实施知识产权的保护。①在民事方面,协定对民事程序的公平性、举证责任、证据保全、假处分、临时措施、损害赔偿责任、防止实施程序滥用的赔偿责任以及其他补救措施均有详细规定;②在刑事方面,协定要求缔约方对具有商业规模且故意侵害知识产权的行为,给予刑事上判刑、罚金及行政处罚的扣押、没收或销毁等制裁;③在海关方面,缔约方应制定程序,使知识产权人得提出有效理由,向行政或司法机关书面申请海关扣押有侵犯知识产权嫌疑的商品。

8. 争议的防止和解决

TRIPS协定规定了"透明度"原则,即①在争端预防方面,缔约方应将其依本协定制定的法律、规则、法院判决以及一般行政法规予以公布。②在争议解决方面,协定规定了特别的争议解决机制,即原则上以协商解决为主,如协商不能解决,则任何一方均可要求缔约方全体与另一方或几方协商。缔约方全体可做出裁决,若确认另一方严重违反关贸总协定,则经半数以上通过后可暂停违约方依该总协定享有的优惠待遇。

五、《世界版权公约》

(一)概述

《世界版权公约》(Universal Copyright Convention),1947年由联合国教育、科学及文化组织主持准备,1952年9月6日在日内瓦缔结,于1955年9月16日生效,并于1971年7月24日在巴黎修订。

该公约所规定的保护水平比较低,反映在它对成员国国内法的最低要求上。它为一些愿意采用较低保护水平的国家,尤其是发展中国家,提供了一种良好的选择。公约由7条实体条文与14条行政管理条文组成。它的实体条文不像《伯尔尼公约》规定得那么具体,而是比较笼统。但是,公约不允许参加它的国家作任何保留。该公约保护的作品版权主要包括文学、艺术和学术三方面,并且根据修正文本第1条设立的政府间委员会,研究有关版权的国际保护与合作。

（二）主要内容

1.《世界版权公约》的原则

（1）国民待遇原则。该公约对国民待遇的规定比《伯尔尼公约》要简单得多。但总的讲，也是兼顾作者国籍与作品国籍。该公约第2条以及1971年的两个议定书中规定的国民待遇原则可归纳如下：成员国国民的已出版作品，不论在何地出版，均在各成员国内享有该国国民已出版的作品的同等保护；凡在成员国中首次出版第一版的作品，不论作者是否系成员国国民，均享有各成员国给予本国国民已出版的作品同样的保护；成员国国民的未出版的作品，在每个成员国中均享有该国给予本国国民未出版的作品同样的保护。这里指的"国民"，也可以包括居住在成员国的外籍居民。

（2）非自动保护原则。该公约规定如果成员国以其国内法要求履行手续作为著作权保护的条件，对于根据公约给予保护并在该国领土外首次出版而作者又非本国国民的一切作品，只要经作者或著作权所有人授权出版的所有名册，自首次出版之日起，标有C标记，并注明著作权所有人的姓名、首次发行年份等，且其标注方式和位置足以使人注意到著作权要求，则视为已经履行了手续。

2.权利主体

公约规定受保护的主体有作者和其他版权所有者。其他版权所有者是指雇主、委托人等没有参加创作，但是进行投资的投资人。

3.受保护的作品范围

公约规定文学、科学及艺术领域的作品，包括文学作品、音乐作品、戏剧作品、电影、电视作品及绘画、雕塑雕刻作品。

4.受保护的权利

公约仅规定了作者的经济权利，包括保证作者的经济利益的各种基本权利，如复制权、表演权、广播权、翻译权和出版权等。

5.版权的保护期限

公约规定一般作品的保护期限不低于作者终身加死后25年，从作者首次出版之日或出版前登记日起计算；对于摄影作品和实用艺术作品的保护期不得少于10年。

第三章 著作权法

著作权法是调整文学、艺术和科学领域因创作作品而产生的人身关系和财产关系的法律规范的总和。它又被称为"文化宪法",是维护文学艺术创造成果的价值,保障文化产业健康有序发展,实现文化市场公平竞争的重要法律。

第一节 著作权保护对象

一、作品的概念

著作权保护对象就是著作权的客体,因著作权是作者或其他著作权人对文学、艺术或科学作品依法享有的各项专有权利,所以,作品是著作权存在的前提和基础。《伯尔尼公约》认为作品应当包括文学、艺术和科学领域内的一切作品,不论其表现形式或方式如何。而《中华人民共和国著作权法实施条例》(以下简称《著作权法实施条例》)第2条规定:"著作权法所称作品,是指文学、艺术和科学领域内,具有独创性并能以某种有形形式复制的智力成果。"对"作品"的理解,可以从以下几方面进行:

(1)作品应当是思想或感情的表现形式,而不是思想、感情本身。作品以语言、文字、符号、图画等形式反映作者的思想感情及对客观世界的认识,是人们的智力劳动成果。因此,作品往往要借助一定的载体表现出来,如载有诗歌的图书、载有小说的杂志等。

(2)作品应当具有独创性。这里的独创性是指作品是作者智力劳动创作出来的,不是抄袭他人的作品,或者将公共领域的作品据为己有,也不是对事实的重复描述。

(3)作品必须是人类的智力成果。自然存在物或自然景观等虽然奇美异常,也具有一定的经济价值,但它不是人类智力创作的结果,也就不是著作权法意义上的作品。但是按一定的定律、公式和会计制度对一系列数据进行处理,所得的运算过程及其总结过程的一整套数据成果,属于智力成果。

二、著作权法保护的作品范围

根据《著作权法》第 3 条的规定,按照作品的表现形式,可以将作品划分为以下几类。

(一) 文字作品

文字作品是指小说、诗词、散文、论文等以文字形式表现的作品。[①] 文字作品范围广泛,不仅包括小说、诗歌、散文、译著、工具书等文字类作品,还包括综合运用数字、文字和符号表现的作品,如统计报表、盲文读物以及用数字、文字、符号与曲线图共同构成的自然科学论文等。《著作权法》虽然将计算机软件单独列为一类作品,但国际上计算机软件也属于文字作品。因文字作品是文学、艺术和科学领域内最普遍的作品类型,各国著作权法都给予其首要的保护。

(二) 口述作品

口述作品,亦称口头作品,是指即兴的演说、授课、法庭辩论等以口头语言形式表现的作品。口述作品不仅要求口头语言形式,还要求必须是即兴创作,诗歌或散文的朗诵不属于口述作品。对口述作品的法律保护,世界各国著作权立法史上存在两种不同的主张:以英美法系为代表的国家认为口述作品必须固定于一定的物质载体上才能得到保护,而以大陆法系为代表的国家不以固定在物质载体上作为保护的前提。我国属于少数保护口述作品的大陆法系国家,但如果未以任何物质媒介加以固定,一旦发生剽窃或被复制,权利人很难举证,司法机关也很难取证来证明作品的存在。

(三) 音乐、戏剧、曲艺、舞蹈、杂技艺术作品

音乐作品,是指歌曲、交响乐等能够演唱或者演奏的带词或者不带词的作品。音乐作品的表现形式为乐谱。《伯尔尼公约》将音乐作品定义为"配词或未配词的乐曲",这意味着,任何伴随乐曲的词句同乐曲本身一样是受音乐作品保护的。音乐作品包括民歌、交响曲、弦乐曲、爵士乐、吹打乐等。

戏剧作品,是指话剧、歌剧、地方戏等供舞台演出的作品,如老舍的《茶馆》、曹禺的《雷雨》等。国内主流观点认为戏剧作品仅指文字作品的戏剧剧本,不包括戏剧演员的表演行为,也不是戏剧剧本和表演行为的综合,但《日本著作权法》明确规定把剧本(日本称为"脚本")归于文字作品,这一点值得注意。

曲艺作品,是指相声、快书、大鼓、评书等以说唱为主要形式表演的作品。它们

---

① 参阅《中华人民共和国著作权法实施条例》第 4 条第 1 款第(2)项。

是我国独有的、广大群众喜闻乐见的一种艺术形式,又称说唱艺术,通常以带有表演动作的说唱来叙述故事、塑造人物、反映社会生活、表达思想感情。

舞蹈作品,是指通过连续的动作、姿势、表情等表现思想情感的作品。舞蹈作品同样不是指演员的舞蹈表演,而是指舞蹈的动作设计。这种设计既可以以书面的形式体现,也可以用其他形式来表达。①

杂技艺术作品,是指杂技、魔术、马戏等通过形体动作和技巧表现的作品。但著作权法主要保护杂技艺术中的艺术成分,而非杂技表演中的技巧成分,对展现人体机能极限的技巧难度一般不予保护。

(四)美术、建筑作品

美术作品,是指绘画、书法、雕塑等以线条、色彩或者其他方式构成的有审美意义的平面或者立体的造型艺术作品。绘画、书法和雕塑是比较常见的美术作品,在东方国家还涉及书法和篆刻艺术等②。与美术作品相关的工艺美术品尽管普遍存在,但许多国家的著作权法并未将其列入保护范围。

建筑作品,是指以建筑物或者构筑物形式表现的有审美意义的作品,如奥运会鸟巢和水立方等建筑物。建筑作品的保护范围应当包括建筑物本身、建筑模型和建筑设计图。因为这些都包含着建筑设计师的美学思想,体现出建筑设计师的独创性构思,都有可能被他人复制并借此营利。③

(五)摄影作品

摄影作品,是指借助器械在感光材料或者其他介质上记录客观物体形象的艺术作品,如人物照片、风景照片等。纯复制性的摄影作品,如简单的翻录、翻拍不能构成摄影作品。因摄影作品对器械的依赖性较大,个人创作空间有限,各国对摄影作品的保护水平比一般作品低。

(六)电影作品和以类似摄制电影的方法创作的作品

电影作品和以类似摄制电影的方法创作的作品,是指摄制在一定介质上,由一系列有伴音或者无伴音的画面组成,并且借助适当装置放映或者以其他方式传播的作品。这里的电影作品范围广泛,不论有声还是无声;不论影片种类、长度、制作方式、工艺方法;也不论其制作者,均可构成著作权法保护的电影作品。以类似摄制电影的方法创作的作品包括影视作品、录像作品、载有音像节目的半导体芯片、激光视频等作品。

---

① 曾文革,张明:《知识产权法》,重庆大学出版社,2011年,第32页。
② 参阅《中国美术词典》,上海辞书出版社,1987年,第1页。
③ 张耕:《知识产权法》,中国政法大学出版社,2011年,第66页。

(七)工程设计图、产品设计图、地图、示意图等图形作品和模型作品

工程设计图是指专门用于施工建设的设计图,包括建筑设计、城市设计、室内设计、管网设计等,其目的在于改善人类的生存环境。比如对高校教学楼和图书馆的设计图、对大型楼盘商品房的设计图等。

产品设计图是新产品的外形和内部结构的符号及数字表现形式。比如新型电脑或智能手机的设计图等。

地图、示意图是指反映地理现象,说明事物原理或结构的图形。

图形作品,是指为施工、生产绘制的工程设计图、产品设计图,以及反映地理现象、说明事物原理或者结构的地图、示意图等作品。

模型作品,是指为展示、试验或者观测等用途,根据物体的形状和结构,按照一定比例制成的立体作品。

(八)计算机软件

计算机软件,指计算机程序及有关文档。计算机程序,是指为了得到某种结果而可以由计算机等具有信息处理能力的装置执行的代码化指令系列,包括源程序和目标程序。文档是指用来描述程序的内容、组成、设计、功能规格、开发情况、测试结果及使用方法的文字资料和图表等。

(九)民间文学艺术作品

民间文学艺术作品,是指在一国国土上,由该国的民族或种族集体创作,经世代相传,不断发展而构成的作品。一般认为,它包括语言形式(如民间故事、民间诗歌等)、音乐形式(如民歌、民乐等)、动作形式(如民间舞蹈及戏剧等)以及用物质材料体现的形式(如绘画、雕塑、工艺品、编织品等)。[①]

三、不适用于著作权法保护的对象

《著作权法》第 5 条明确规定了不适用该法保护的情形,这些虽有合法性,但因欠缺独创性或已进入公有领域而不给予著作权法保护。主要包括以下几种。

(一)官方文件

官方文件是指法律、法规,国家机关的决议、决定、命令和其他具有立法、行政、司法性质的文件及其官方正式译文。我国著作权法将其排除在保护范围之外,是为了使这些文件能够在最大范围内更迅速地传播,使更多人知晓国家的意志。此外,颁布官方文件是国家机关公共职能的内容之一,国家不应享有著作权。

[①] 吴汉东:《知识产权法》,中国政法大学出版社,2012 年。

(二)时事新闻

根据《著作权法实施条例》的规定,时事新闻是指通过报纸、期刊、广播电台、电视台等媒体报道的单纯事实消息。这种新闻是对已经存在的客观事实或者已经发生的客观事件的描述,且时事新闻报道本身的宗旨就是要扩大影响,广泛传播,使更多人得以知晓,若采用《著作权法》保护,将与其宗旨相违背。

(三)历法、通用数表、通用表格和公式

数表、表格如果在设计上符合独创性的要求,可能构成受著作权法保护的作品,但"通用数表"和"通用表格"已经进入社会公有领域,甚至可能成为全社会或某一行业的使用标准,不能再为任何人垄断,故不受《著作权法》保护。

第二节 著作权主体

著作权主体即著作权人,是指依法对文学、艺术和科学作品享有著作权的人。按照著作权主体的存在形态,可以将其分为自然人、法人、非法人组织和国家。

一、著作权主体的分类

著作权主体的确定既是作品商品化的基本条件,又是著作权纠纷解决的根本前提。根据不同的标准,可以将著作权主体分为以下几类。

(一)原始主体与继受主体

原始主体是指作品创作完成后,直接根据法律规定或者合同约定对作品享有著作权的主体。原始主体的主体资格基于创作行为而直接产生,与著作权的取得具有同步性。但"作者"并不等同于"著作权人",作者之外的其他人也可以根据法律的特别规定或合同约定成为著作权的原始主体。继受主体是指通过受让、受赠、继承或法律规定的其他方式取得全部或部分著作权的主体。继受主体的主体资格基于受让、受赠、继承等行为而产生,以著作权的预先存在为前提。

(二)完整的著作权主体与部分的著作权主体

著作权通常包含著作人身权和著作财产权。完整的著作权主体是指拥有作品全部著作财产权及全部著作人身权的主体,如作者。部分的著作权主体相对于前者而言,是指仅拥有作品中部分财产权或人身权的主体,如继受人。在某些情况下,若作者转让了一部分著作财产权给他人,则针对剩下那部分财产权,作者也成为部分的著作权主体。实践中通常所称的"卖绝"即指转让该作品的全部财产性权利,而作品的人身权仍由作者本人保留。

(三)著作权国内主体与著作权国外主体

中国公民、法人及其他组织依法享有著作权的,为著作权国内主体。外国公民、法人、其他组织及无国籍人或组织(以下统称"外国人")根据国际条约和《著作权法》的规定在我国享有著作权的,为著作权国外主体。

国内主体的作品,只要创作完成就自动受著作权法保护;国外主体的作品必须符合一定的条件方可获得保护,根据《著作权法》第 2 条:"外国人、无国籍人的作品根据其作者所属国或者经常居住地国同中国签订的协议或者共同参加的国际条约享有的著作权,受本法保护。外国人、无国籍人的作品首先在中国境内出版的,依照本法享有著作权。未与中国签订协议或者共同参加国际条约的国家的作者以及无国籍人的作品首次在中国参加的国际条约的成员国出版的,或者在成员国和非成员国同时出版的,受本法保护。"

二、著作权的原始主体——作者

(一)自然人作者

作者是著作权的原始主体,是第一著作权人。《著作权法》第 11 条第 2 款规定:"创作作品的公民是作者。"《著作权法实施条例》第 3 条规定:"创作就是直接产生文学、艺术和科学作品的智力活动。为他人创作进行组织工作,提供咨询意见、物质条件,或者进行其他辅助工作,均不视为创作。"作品中应当赋予了创作者的思想和情感,凡抄袭、剽窃他人作品的行为均不是创作。此外,创作是事实行为,不要求创作者具有民事行为能力。

作者具有三个特征:①作者是具有思维能力的自然人。著作权保护的起点是作品的创作,而创作作品的人只能是那些有血有肉的自然人[①]。②作者实际从事了创作活动。③作者的创作活动产生了符合著作权法规定的作品。在作者的认定方式上,通常以署名为准。《著作权法》第 11 条第 4 款规定:"如无相反证明,在作品上署名的公民、法人或者其他组织为作者。"

《著作权法》在著作权的取得上采取创作主义原则。即作品创作完成后,无论是否发表,作者均享有原始的著作权和完整的著作权。

(二)视为作者的法人和其他组织

法人能否成为作者,理论界一直存在争议。持否定意见的认为创作是自然人特有的能力,法人没有思维能力,不能表达自己的情感,也无法创作作品,因而它只

---

① 李明德:《著作权主体略论》,载《法商研究》,2012 年第 4 期。

能是著作权人而不能是作者,持这一观点的多数为大陆法系国家;持肯定意见的认为除自然人外,著作权也可先属于一个有别于自然人的法律实体,它们被看作是在工作中创造出作品的作者,英美法系国家大多持这种观点。

其他组织也就是非法人单位能否成为作者更是一个争议性较大的问题。有学者认为这些组织没有独立的经费,无责任能力,无法承担责任。事实上,法人或其他组织具有独立于其成员的意志,尽管它不直接创作,但其成员所创作的作品反映了单位的意志,且随着现代科学技术的发展和进步,类似软件之类的高科技作品越来越需要单位出面组织、管理和协作,并由单位承担风险责任,因此,吴汉东教授认为在某些情况下,将法人或其他组织视为作者是适宜的。[①]

《著作权法》第11条第3款规定:"由法人或者其他组织主持,代表法人或者其他组织意志创作,并由法人或者其他组织承担责任的作品,法人或者其他组织视为作者。"常见的法人和其他组织视为作者的情况有政府工作报告、大型百科全书和单位工作总结等。

三、著作权的继受主体——其他著作权人

继受著作权人主要是指通过受让、受赠、继承或法律规定的其他方式取得全部或部分著作权的人。根据《著作权法》的规定,继受主体著作权的取得方式主要包括以下几种。

(一)因合同而取得著作权

这里所说的合同包括委托合同和转让合同两种情况。

根据《著作权法》第17条的规定,受委托创作的作品,著作权的归属可以由委托人和受托人通过合同约定。

著作权既然包含财产权,自然可以进入商品流通领域,由受让人支付一定的对价取得部分著作权。《著作权法》第25条规定,著作权人可以将著作权中的财产权转让给他人,转让合同应当采用书面形式。

(二)因继承、遗赠、遗赠扶养协议或法律规定取得著作权

作者去世后,继承人或第三人可根据作者的遗嘱、遗赠抚养协议或法定继承的规定取得著作权,成为著作权主体。一般而言,著作权中可以继承的只限财产权利,人身权利不能继承。

《中华人民共和国继承法》第3条规定,遗产包括"公民的著作权、专利权中的

---

① 吴汉东:《知识产权法》,北京大学出版社,1998年,第30页。

财产权利"。而《著作权法》第19条第1款规定:"著作权属于公民的,公民死亡后,其本法第10条第1款第5~17项规定的权利在本法规定的保护期内,依照继承法的规定转移。"因此,继承人对著作权的继承,仅限于作者死亡后剩余有效期间内的著作财产权。

对著作权的继承,还需注意以下几点:①作者死亡后,其著作权中的署名权、修改权和保护作品完整权由作者的继承人或者受遗赠人保护。著作权无人继承又无人受遗赠的,其署名权、修改权和保护作品完整权由著作权行政管理部门保护。[①]②作者生前未发表的作品,如果作者未明确表示不发表,作者死亡后50年内,其发表权可由继承人或者受遗赠人行使;没有继承人又无人受遗赠的,由作品原件的所有人行使。[②] 作者生前若明确表示不发表,则在该作品的保护期限内不得发表。作者死亡后,他人也不得随意删减、更改其在作品上的署名。未经作者授权,他人亦不得行使作品的修改权、保护作品完整权。

遗赠是指被继承人通过遗嘱的方式,将其遗产的一部分或全部(包括著作财产权)赠予国家、集体或者法定继承人以外的人的一种民事法律行为。国家、集体或法定继承人以外的人可以通过此种方式成为著作权主体。

公民或集体所有制组织根据遗赠扶养协议而取得著作财产权的,也成为著作权主体。

《著作权法》第19条第2款规定:"著作权属于法人或者其他组织的,法人或者其他组织变更、终止后,本法第10条第1款第5~17项规定的权利在本法规定的保护期内,由承受其权利义务的法人或者其他组织享有;没有承受其权利义务的法人或者其他组织的,由国家享有。"这说明在特定条件下,国家也可以成为著作权人。

四、特殊作品的著作权主体

作品完成后,著作权归属于作者是一般原则,正如《著作权法》第11条第1款规定:"著作权属于作者,本法另有规定的除外。"但由于作品种类的多样性和创作过程的复杂性,部分作品的著作权归属仍需法律予以进一步的明确。《著作权法》第二章第二节对特殊作品的著作权归属做了一系列的分类与规定,主要包含以下几种。

[①] 参阅《中华人民共和国著作权法实施条例》第15条。
[②] 参阅《中华人民共和国著作权法实施条例》第17条。

(一)职务作品的权利主体

《著作权法》第16条第1款规定:"公民为完成法人或者其他组织工作任务所创作的作品是职务作品。"这条规定表明要构成"职务作品"必须满足两个条件:一是创作者必须是法人或其他组织(以下简称"单位")的工作人员,与单位有实质意义上的劳动或雇佣关系。二是作品必须是因履行职务而创作,也就是为了完成单位的工作任务而产生。工作任务是指公民在该法人或者该组织中应当履行的职责。① 例如,对广告设计公司的设计人员来说,他在日常工作中的职责就是开发、设计广告。该设计人员为履行这一职责对某一产品设计的广告就是职务作品。

职务作品的著作权归属比较复杂,基本分为以下两种情形:

(1)根据《著作权法》第16条第1款的规定,职务作品的著作权通常由作者享有,这是一般原则,如无例外,均得适用。根据这一原则,作者虽享有著作权,但受劳动关系的制约,法人或者其他组织有权在其业务范围内优先使用。职务作品完成两年内,未经单位同意,作者不得许可第三人以与单位使用的相同方式使用该作品;经单位同意后,作者许可第三人以与单位使用的相同方式使用作品所获报酬,由作者与单位按约定的比例分配。作品完成两年的期限,自作者向单位交付作品之日起计算。②

职务作品在完成两年后,单位仍然有权在其业务范围内无偿使用该作品。属于单位业务范围之外的权利不受劳动关系的支配,著作权仍然属于作者,如果作者单位需要使用这部分权利,应获得作者的许可并支付相应的报酬。

(2)根据《著作权法》第16条第2款的规定,主要利用法人或者其他组织的物质技术条件创作,并由法人或者其他组织承担责任的工程设计图、产品设计图、地图、计算机软件等职务作品,以及法律、行政法规规定或者合同约定著作权由法人或者其他组织享有的职务作品,作者仅享有署名权,其他权利由法人或其他组织享有,法人或者其他组织可以给予作者奖励。这类职务作品通常难以以一己之力完成,必须借助于单位的资金、设备、资料或技术秘密等,如较为复杂的计算机程序、网络游戏软件等。

(二)委托作品的权利主体

委托作品是指委托人向受托人支付约定的报酬,由受托人根据委托人的委托创作的特定作品。委托作品有以下三个特征:第一,委托创作的目的是受托方完成特定的作品供委托方使用;第二,创作活动受委托方支配,作品必须反映委托方的

---

① 参阅《中华人民共和国著作权法实施条例》第11条。
② 参阅《中华人民共和国著作权法实施条例》第12条。

意志,委托方有指导和监督的权利;第三,委托作品一般不是本单位工作人员为完成工作任务而创作的,即受托方通常不是委托方的雇员,或者即使存在雇佣关系,该委托作品也非其职责范围内的任务。

《著作权法》第 17 条规定:"受委托创作的作品,著作权的归属由委托人和受托人通过合同约定。合同未作明确约定或者没有订立合同的,著作权属于受托人,即归创作人。"

如果委托合同著作权归属于受托人,则委托人在约定的使用范围内享有使用作品的权利;双方没有约定使用作品范围的,委托人可以在委托创作的特定目的范围内免费使用该作品。[①] 如某协会委托某书法家设计会徽,如果双方没有对会徽的著作权归属及使用范围做出约定,著作权属于该书法家,但协会可以宣传的目的使用该会徽,且无须经过该书法家的许可,也无须支付额外报酬。

下列两种情形的著作权归属有其特殊性,须特别注意:

(1)由他人执笔本人审阅定稿并以本人名义发表的报告、讲话等作品的著作权归报告人或讲话人。讲话人或者报告人可以依据约定向执笔人给予适当的报酬。[②]

(2)当事人合意以某人的经历为题材完成的自传体作品,当事人对于著作权归属没有约定的,著作权归该被记载的人所有。[③]

(三)合作作品的权利主体

两人以上共同创作的作品是合作作品。要构成合作作品必须具备三个条件:

(1)合作作品的作者至少为两人以上,此处所指的两人可以是自然人也可以是法人或其他组织。

(2)合作作者必须有共同创作的合意。也就是说,无论在创作前还是创作过程中,合作作者能够认识到自己是在和他人共同创作作品,对创作行为、创作意图及创作后果有明确认识,并有将各自的创作整合成一件作品的意思。例如,甲、乙两人合写一部小说,甲根据两人的总体构思完成初稿,乙再进行修改、润色,该小说便是甲、乙两人的合作作品。

(3)合作作者必须参加了共同的创作劳动。参加"创作"是指对作品的思想观点、表达形式、结构安排等做出创造性的劳动,如果仅仅对作品的创作提供咨询意见、理论指导和物质条件,则不能认定为创作行为。

---

① 参阅 2002 年《最高人民法院关于审理著作权民事纠纷案件适用法律若干问题的解释》第 12 条。
② 参阅 2002 年《最高人民法院关于审理著作权民事纠纷案件适用法律若干问题的解释》第 13 条。
③ 参阅 2002 年《最高人民法院关于审理著作权民事纠纷案件适用法律若干问题的解释》第 14 条。

《著作权法》第16条规定:"合作作品的著作权由合作作者共同享有。合作作品可以分割使用的,作者对各自创作的部分可以单独享有著作权,但行使著作权时不得侵犯合作作品整体的著作权。"合作作品不可以分割使用的,其著作权由各合作作者共同享有,通过协商一致行使;不能协商一致,又无正当理由的,任何一方不得阻止他方行使除转让权以外的其他权利,但是所得收益应当合理分配给所有合作作者。①

需要注意的是,《著作权法实施条例》第14条规定,合作作者之一死亡后,其对合作作品享有的著作财产权无人继承又无人受遗赠的,由其他合作作者享有。这一规定与继承法中明显不同,《中华人民共和国继承法》第32条规定:"无人继承又无人受遗赠的遗产,归国家所有;死者生前是集体所有制组织成员的,归所在集体所有制组织所有。"改变后的归属原则更便于其他合作作者有效和便捷地行使著作财产权。另外,合作作品的保护期与普通作品也有所不同,为最后死亡的作者有生之年加50年。

(四)演绎作品的权利主体

演绎作品,又称派生作品,是指在已有作品的基础上,经过改编、翻译、注释、整理等创造性劳动而产生的作品。如将金庸的小说《神雕侠侣》改编成电视剧本,将法文版的《巴黎圣母院》翻译成中文,将希腊神话编成配图本供儿童阅读等。

《著作权法》第12条规定:"改编、翻译、注释、整理已有作品而产生的作品,其著作权由改编、翻译、注释、整理人享有,但行使著作权时不得侵犯原作品的著作权。"演绎作品是在已有作品基础上的再创作,是具有独创性的智力劳动,因此演绎者应当对演绎作品享有独立的著作权。但这样一来,演绎作品的著作权将与原作品的著作权产生重叠,因此,演绎者在以他人作品为基础进行创作时,如该作品尚在保护期内,须取得原作者的授权,并不得侵犯原作品的著作权。如果第三人使用演绎作品,也必须同时征得原作者和演绎者的双重许可。如电影公司希望将已翻译为中文版的外文小说拍摄成电影,需要同时获得作者和翻译者的许可。

(五)汇编作品的权利主体

汇编若干作品、作品的片段或者不构成作品的数据或者其他材料,对其内容的选择或者编排体现独创性的作品,为汇编作品。

汇编作品可以分为两类:一是对作品进行汇编而形成的作品,如各类期刊、学术会议论文集、小说选集、百科全书等。这类作品之所以能够成为汇编作品主要是

---

① 参阅《中华人民共和国著作权法实施条例》第9条。

在选择和编排作品方面体现了独创性。如某出版社出版了一本《三毛文集》,收录了 100 篇三毛的作品,并按照编辑们认为的深度予以排序,该文集就是典型的汇编作品。二是对不构成作品的事实、数据或其他材料进行编排而形成的独创性作品。如某出版社通过自己的判断,在西安市众多餐馆中选择了最美味实惠的 30 家进行排序,同时附上地址及联系电话,编成《西安最值得去的 30 家餐馆》,虽然餐馆、地址及电话号码本身都不是作品,但出版社对其进行选择和排序时付出了智力劳动,由此形成的《西安最值得去的 30 家餐馆》就是汇编作品。

《著作权法》第 14 条规定,汇编作品的著作权由汇编人享有,但行使著作权时,不得侵犯原作品的著作权。对不受《著作权法》保护的作品进行汇编形成的汇编作品,汇编人就其设计和编排的结构或形式享有著作权。比如,对已进入公有领域的古典文学作品进行选编,汇编法律、法规等就属于这种情况。

(六)电影作品和以类似摄制电影的方法创作的作品的权利主体

《著作权法》第 15 条规定:"电影作品和以类似摄制电影的方法创作的作品的著作权由制片者享有,但编剧、导演、摄影、作词、作曲等作者享有署名权,并有权按照与制片者签订的合同获得报酬。电影作品和以类似摄制电影的方法创作的作品中的剧本、音乐等可以单独使用的作品的作者有权单独行使其著作权。"

(七)美术作品的权利主体

美术作品,是指绘画、书法、雕塑等以线条、色彩或者其他方式构成的有审美意义的平面或者立体的造型艺术作品。[①]

美术作品因具有特定的"审美意义"导致人们对它的价值追求。它可以通过买卖、赠与等方式发生所有权的转移,因此,美术作品涉及两类权利:一是美术作品原作者的著作权;二是美术作品原件所有人占有、使用、收益、处分的权利。

根据《著作权法》第 18 条的规定,美术等作品原件所有权的转移,不视为作品著作权的转移。随原件所有权转移的为复制权、出租权、展览权等物权,与原作的著作权无关。但美术作品原件的展览权由原件所有人享有。也就是说,当美术作品原件所有人与著作权人分属于不同的主体时,著作权人若要展览作品原件,也必须取得原件所有人的许可。

(八)匿名作品的权利主体

匿名作品,是指因作者未署名或者未署真名而无法确定作者身份的作品。

《著作权法实施条例》第 13 条规定:"作者身份不明的作品,由作品原件的所有

---

① 参阅《中华人民共和国著作权法实施条例》第 4 条第 8 款。

人行使除署名权以外的著作权。作者身份确定后,由作者或者其继承人行使著作权。"因著作权法在立法政策上鼓励作品尽可能多地进行社会流通,所以,匿名作品的原件所有人可以行使除署名权以外的著作权。但那些虽然未署名或未署真名,但仍然能通过其他方式确定作者身份的作品不是匿名作品。如"老舍"是"舒庆春"的笔名,最初也有很多人不知道"老舍"就是"舒庆春",但通过"老舍"这一笔名,作品的出版者和其他使用者仍然能够获得许可和支付报酬。这种情况下作者的身份实际上是确定的。

第三节 著作权人的权利

著作权人的权利也就是著作权的内容,通常指著作权人基于作品所享有的各项人身权利和财产权利的总和。《著作权法》规定的著作权内容包括著作人身权和著作财产权两大类。

一、著作人身权

著作人身权,学理上又称著作人格权、精神权利,指作者对其作品所享有的以人格利益为内容的权利。该权利由作者终身享有,具有永久性、不可分割性和不可剥夺性特点。

《著作权法》第10条规定,著作人身权包括发表权、署名权、修改权和保护作品完整权。

(一)发表权

发表权是决定作品是否公之于众以及何时、何地、以何种方式公之于众的权利。所谓"公之于众",是指著作权人自行或者经其许可将作品向不特定的人公开,但不以公众知晓为构成要件。[①] 有学者认为将著作权人同意发表的意志作为"发表"的要件略有不妥[②],"公之于众"是一种事实状态,与著作权人的主观意志并无关系。无论著作权人许可与否,只要作品向不特定人公开,就处于"公之于众"的状态,从而构成"发表"。

在司法实践中,通常认为尽管作者未将作品公之于众,但有下列情形之一的,推定作者同意发表:一是作者许可他人使用其未发表的作品;二是作者将其未发表的美术作品原件所有权转让给他人。

[①] 参阅2002年《最高人民法院关于审理著作权民事纠纷案件适用法律若干问题的解释》第9条。
[②] 王迁:《知识产权法教程》,中国人民大学出版社,2011年,第103页。

发表权在著作人身权中居于首位,也是作者享有著作财产权的前提。发表权具有如下特点:

(1)发表权的行使主体是作者或者经其许可的其他组织和个人。未经作者许可,将未发表的作品置于公众可以感知其内容的领域均属于侵害发表权的行为。

(2)发表所公开的对象是不特定的多数人,不应限于作者的亲友、同事等特定人。

(3)发表应符合法定的发表形式,如口述、公演、出版、通过广播或电视进行播放等。

(4)发表权只能行使一次。作者只要以符合法律规定的方式将作品公之于众,发表权即行使完毕。如作家将所写的小说上传至向公众开放的博客,表示作者已经行使发表权。

(5)发表权专属于作者,通常不能转移。作品是作者的智力成果与劳动结晶,是否发表应由作者本人判断和选择。

(6)作品的产生涉及第三人权利的,发表权受第三人权利的制约。比如影楼摄影作品或人物肖像作品,会涉及作品中人物的肖像权问题,要进行发表还需取得肖像权人的同意。

(二)署名权

署名权,即表明作者身份,在作品上署名的权利。《著作权法》第 11 条第 4 款规定:"如无相反证明,在作品上署名的公民、法人或者其他组织为作者。"

署名是一种标示,著作权法规定作者依法享有署名权的目的之一在于区别不同的作品来自不同的作者创作这一事实,从而维护文学、艺术和科学作品创作、交流、传播领域的正常秩序。[①] 署名权如何行使,法律未做明确规定,通常可用真实姓名,也可以用笔名、别名或隐去姓名不署。不署名是作者行使署名权的一种方式,并不意味着放弃署名权。《著作权法实施条例》第 19 条规定:"使用他人作品的,应当指明作者姓名、作品名称;但是,当事人另有约定或者由于作品使用方式的特性无法指明的除外。"

从积极方面看,作者有权决定是否在作品上署名,署真名、假名、别名、艺名等以及署名的顺序;从消极方面看,作者有权禁止他人在自己的作品上署名,同时也有权禁止自己的名字被署到他人的作品上。如内地在"金庸热"和"琼瑶热"中出现不少非金庸和琼瑶的作品,却分别冠以二人的姓名进行出版,对此行为,权利人有权对当事人提起诉讼,以维护其合法权利。

---

① 丁丽瑛:《知识产权法》,厦门大学出版社,2010 年,第 58 页。

其他人以改编、翻译、广播、表演等方式使用作品时,原作作者有权在该演绎作品上署名以表明来源,演绎者也应说明作者的身份。

(三)修改权

修改权,即修改或者授权他人修改作品的权利。这里的修改是指对作品的内容、作者的观点以及作者的声誉等方面的修改,不包括对作品文字、标点、语病、引文出处、段落等方面的技术性修改。

作品发表后,作者仍然可以行使修改权。作品修改是再创造活动,本身就属于创作的一个环节,修改权理所当然属于作者。但修改权不是绝对的,作者在行使修改权时也会受到某些限制。比如,报纸、杂志出版者可以对作品进行文字性修改、删节;著作权人许可他人将其作品摄制成电影作品和以类似摄制电影的方法创作的作品的,视为已同意对其作品进行必要的改动;美术作品与建筑作品在所有权转移后,作者行使修改权必须取得物权人的同意。

(四)保护作品完整权

保护作品完整权,即保护作品不受歪曲、篡改的权利。按照《汉语大辞典》的解释,歪曲是指故意改变事物的真相或内容,篡改则是用作伪的手段对作品进行改动或曲解。

作品是作者思想情感的表达,作者有权保护作品不被他人丑化和曲解。未经作者许可,他人不得擅自删减、变更作品的内容和表现形式,以保护作者的名誉和作品的完整性。

保护作品完整权是修改权的延伸,但在内容上比修改权更充实,它不仅禁止对原作品进行修改,而且禁止他人在以表演、翻译等其他方式使用作品时对原作品做出歪曲性的改动。基于合理利用作品的需要,保护作品完整权也要受到必要的限制。对电影摄制而言,必然涉及对小说或剧本的重大修改,只要这种修改没有从根本上改变作者的原意和其思想感情,就不构成对保护作品完整权的侵犯。

《著作权法实施条例》第10条也规定:"著作权人许可他人将其作品摄制成电影作品和以类似摄制电影的方法创作的作品的,视为已同意对其作品进行必要的改动,但是这种改动不得歪曲篡改原作品。"

二、著作财产权

著作财产权又称经济权利,是指著作权人自己使用或者授权他人以一定方式使用作品而获取物质利益的权利。著作财产权可以转让、继承或放弃,保护期也存在限制。《著作权法》第10条规定,著作财产权包括复制权、发行权、出租权、展览权、表演权、放映权、广播权、信息网络传播权、摄制权、改编权、翻译权、汇编权以及应由著作权人享有的其他权利。

(一)复制权

复制权是著作财产权中最基本的权能。早在1709年英国的《安娜女王法》就规定了对复制权的保护,而现代意义上的著作权法也正是由于印刷机的广泛使用而被催生出来的。《著作权法》第10条第1款第5项规定:"复制权,即以印刷、复印、拓印、录音、录像、翻录、翻拍等方式将作品制作一份或者多份的权利。"

复制的基本含义即重复、再现。从载体上看,复制可以是表达形式在相同物质载体之间重复进行,也可以是从平面到立体的不同物质载体之间重复进行,还可以是将表达形式从无载体向有载体转化。① 复制的另一重要特征是"非创造性",也就是说,无论采用何种形式,包括信息时代的二进制代码、原文扫描、键盘输入等方式,复制的结果必然是出现与原作品内容相同的复制件,若对原作品进行了翻译、改编等,则属于演绎行为。

《著作权法》中有关复制的方式并未包括临摹,这是因为临摹的情况比较复杂,基于对临摹的高技术要求,临摹过程中临摹者一般都要付出创造性劳动,不能简单地将其认定为复制。

(二)发行权

发行是指为满足公众的需求,向公众提供一定数量作品的复制件的行为,出售、出租、散发、张贴、赠送等都属于发行行为。发行权是一项重要的传播权,《著作权法》第10条第1款第6项将发行权解释为"以出售或者赠与的方式向公众提供作品的原件或者复制件的权利。"

发行与复制通常是连在一起的,人们经常把复制和发行统称为出版。《世界版权公约》对出版一词的解释,就是指以一定的方式复制某作品,并将复制件在公众中发行,以供阅读或者以其他方式观赏之。

著作权法中有一条限制版权人专有权利的重要原则,即"首次销售原则",又称"权利耗尽原则"。它的含义是对于经由著作权人之手以出售、赠与等方式发行出来的作品,他人可以自由地再次出售、赠与而不受著作权人的限制。《美国版权法》《德国著作权法》《英国版权法》《日本著作权法》等都做了相关规定。"发行权一次用尽"原则对于保证商品自由流通具有重要意义。

---

① 张今:《知识产权法》,中国人民大学出版社,2011年,第57页。

(三)出租权

出租权,即有偿许可他人临时使用电影作品和以类似摄制电影的方法创作的作品、计算机软件的权利,计算机软件不是出租的主要标的的除外。

作品出租,一方面可以使著作权人获得一定的财产收益;另一方面,也促进了作品的广泛传播和利用。《知识产权协定》《世界知识产权组织版权条约》以及《世界知识产权组织表演和录音制品公约》均对出租权做出了规定,如《知识产权协定》第11条规定:"至少就计算机程序和电影作品而言,一成员应给予作者及其合法继承人准许或禁止向公众商业性出租其有版权作品的原件或复制品的权利。一成员对电影作品可不承担此义务,除非此种出租已导致对该作品的广泛复制,从而实质性减损该成员授予作者及其合法继承人的专有复制权。就计算机程序而言,如该程序本身不是出租的主要标的,则此义务不适用于出租。"

我国修改后的《著作权法》参照《知识产权协定》的规定,将出租权从发行权中单列出来,确定为著作权人的一项独立的财产权利,但行使范围限定为电影作品和以类似摄制电影的方法创作的作品及计算机软件中的程序。但是法律对计算机软件的出租权规定有例外,当计算机软件不是出租的主要标的时,行为人不经许可的出租,不侵犯出租权。

(四)展览权

展览权,即公开陈列美术作品、摄影作品的原件或者复制件的权利。有关展览权的对象,各国均有不同的规定,我国限定于美术和摄影作品。因此,未经小说著作权人许可将其已发表的小说手稿予以展览,并不侵犯作者的展览权。《美国版权法》规定的展览权除适用于美术、摄影作品外,还包括文字、音乐、舞蹈作品以及电影或其他视听作品中的单个画面。《日本著作权法》规定展览权仅限于美术作品或尚未发表的摄影作品。

在特定情况下,展览权与发表权会产生联系。发表权作为著作人身权不能单独行使,必须与著作财产权中的一种或几种权利一同行使。如果展览的是未发表过的作品,那么作品的展览就意味着作品的发表,也就是说该情况下作品的展览权和发表权是同时行使的。客观上,发表权只能行使一次;而展览权却不受时间、地域和场所的限制,可以多次、反复行使。

展览权的行使必然要借助作品的载体,当美术、摄影等作品的著作权与原件所有权分属于不同的权利人时,展览权的行使要受到物权的制约,如果美术或摄影作品的内容涉及第三人肖像,对肖像权的保护应当优先于展览权;如果涉及第三人隐私,行使展览权时还应当经隐私权人的许可。

(五) 表演权

表演权,又称公演权、上演权,即公开表演作品,以及用各种手段公开播送作品的表演的权利。著作权法所称的表演包括直接表演,也称"活表演",即在舞台上演奏乐曲、舞蹈、剧本、杂技、朗诵诗词等;还包括"机械表演",即借助放映机、录像机、录音机等机械设备公开播送作品的表演,如商场、饭店、歌舞厅为顾客播放音乐作品。

根据直接表演权,著作权人可以控制作品的现场表演;根据机械表演权,著作权人还可以控制含有表演的音像制品的播放。近年来,KTV点歌台侵犯著作权案件层出不穷,事实上,在这种营业性的公共场所播放音乐作品应当征得著作权人许可并支付报酬,否则将侵犯著作权人的表演权。

我国修改后的《著作权法》加大了对表演权尤其是机械表演权的保护,这对进一步保护著作权人的合法权益,促使作品合法有序传播有重要的意义。

(六) 放映权

放映权,即通过放映机、幻灯机等技术设备公开再现美术、摄影、电影和以类似摄制电影的方法创作的作品等的权利。这意味着公开播放电影等作品的行为应当经过著作权人的许可并支付相应的报酬。公开再现不问是否以营利为目的,只要是个人或家庭之外、面向公众的放映就属于著作权人放映权的范畴。

(七) 广播权

广播权,即以无线方式公开广播或者传播作品,以有线传播或者转播的方式向公众传播广播的作品,以及通过扩音器或者其他传送符号、声音、图像的类似工具向公众传播广播的作品的权利。

根据《伯尔尼公约》第11条之二的规定,受广播权控制的广播可以分成三类:①无线广播,是指以电磁波作为载体向空间发射传播信号的传播方式。②有线广播,包括通过有线广播和有线电视系统传送节目。③使用扩音器的广播,即通过扩音器将作品传送给一定半径范围内的公众。按照著作权法的原则,广播电台、电视台在向外传送的节目中,只要使用了受著作权法保护的作品,不问其节目用户是直接接收还是间接接收节目信号,也不问广播电台、电视台是否因此营利,除法律规定的情形外,均应取得著作权人的授权,并支付报酬。

(八) 信息网络传播权

信息网络传播权,即以有线或者无线方式向公众提供作品,使公众可以在其个人选定的时间和地点获得作品的权利。

随着我国互联网技术的发展,越来越多的人利用互联网学习和娱乐,随之而来的侵犯信息网络传播权的问题也日趋严重。为应对互联网对著作权保护带来的挑战,《著作权法》在 2001 年修订时增加了信息网络传播权这一权能。此外,国务院在 2006 年也颁布了《信息网络传播权保护条例》,并在 2013 年 1 月进行了相应的修改,为规制信息网络传播中的利益关系提供了法律依据,同时加强了对侵权信息网络传播行为的打击力度。

信息网络传播权的内容主要表现在:

(1) 权利人有权自己或授权他人通过信息网络向公众传播其作品、表演和录音录像制品,对他人未经许可擅自传播的行为有权禁止。

(2) 权利人有权对其传播内容采取技术措施加以保护,并有权禁止他人实施反技术措施。

(3) 权利人有权禁止他人擅自删除或改变其在信息网络上的传播内容。

但《信息网络传播权保护条例》对信息网络传播权的行使进行了一定的限制,主要体现在权利的合理使用和法定许可上,除此之外,该条例还规定了 4 种可以避开技术措施而不构成侵权的情形。

(九) 摄制权

摄制权,即以摄制电影或者以类似摄制电影的方法将作品固定在载体上的权利。

摄制实际上就是将以文字为主要表现形式的作品转换成影视作品,包括电影、电视、录像等作品。将他人的小说、戏剧等作品拍摄成电影、电视剧等影视作品应当经过许可,否则构成侵权。拍摄电影、电视剧等影视作品的,作品整体的著作权由制片人享有,剧本、作词、作曲等可以单独使用部分的作者享有署名权。

(十) 改编权

改编权,即改变作品,创作出具有独创性的新作品的权利。改编作品与原作品的区别仅在于艺术形式和表现手段的差异,原基本内容的表达仍然可以保留。

改编完成的新作品,是原作与派生创作双重创作活动的产物,如果对新作品进行三度创作,应当受到原著作权和再创作著作权的双重授权的制约。[①]

另外,根据《著作权法》,虽然改编行为本身是受改编权控制的行为,但只要未发表改编作品或未对其进行后续利用,该行为完全可以构成个人学习、研究的合理使用。

[①] 刘俊,杨志民:《知识产权法》,厦门大学出版社,2013 年,第 67-68 页。

(十一)翻译权

翻译权,即将作品从一种语言文字转换成另一种语言文字的权利。

翻译权一般只涉及口述作品、文学作品、影视作品等表现形式包含语言文字的作品。在世界经济一体化的今天,翻译权在著作权的保护中也占据了重要的地位。但需要注意的是,不是任何转换作品表达方式的行为都是著作权法上的翻译行为,如将中文作品翻译为盲文,因过程中不存在独创性的智力创造,只能定性为复制行为,不属于翻译行为。

《著作权法》第12条规定:"改编、翻译、注释、整理已有作品而产生的作品,其著作权由改编、翻译、注释、整理人享有,但行使著作权时不得侵犯原作品的著作权。"

(十二)汇编权

汇编权,即将作品或者作品的片段通过选择或者编排,汇集成新作品的权利。要构成汇编作品,对作品或者作品的片段进行选择或编排时必须体现独创性。

汇编权的范围很宽,除立体的美术、建筑和模型作品外,平面作品均可以汇编,如论文集、百科全书、画册等。汇编是演绎权的一种,汇编他人作品应取得原作者的许可,汇编者可由此对新产生的汇编作品享有著作权。但是汇编作品著作权人在行使其权利时,不得损害原作品著作权人的权利。

(十三)应当由著作权人享有的其他权利

《著作权法》采用列举的方式规定了著作权人的权利,但随着社会的发展,今后可能出现新的作品利用方式,所以《著作权法》规定了这一弹性条款,为更多的著作财产权预留空间。

第四节 著作权的取得及保护期限

一、著作权的取得

著作权的取得是指著作权人依照法律规定取得著作人身权和著作财产权的方式。不同法律传统的国家,对著作权的取得方式有不同的规定,总体来看,主要有自动取得、加注版权标记取得和注册取得三种。

(一)自动取得

著作权的自动取得,是指著作权自作品创作完成之时自动产生,不需要履行任何批准或登记程序,也不需要加注任何标记。因此又被称为"无手续主义"或"自动保护主义"。此处的"创作完成"并不要求作品全部完成,只要作者的部分创作具备作品的构成要件,独创性地表达了一定的思想、观念和情感,就该部分创作也可以成立部分的著作权。

著作权自动取得的优点在于作品一经创作完成即可获得法律保护,可以有效制止著作权侵权行为,也可以简化著作权取得的程序;但未经登记的作品在诉讼中却面临着取证的困难,所以有些国家如日本设立了自愿登记制度予以补充。

《著作权法》第2条第1款规定:"中国公民、法人或者其他组织的作品,不论是否发表,依照本法享有著作权。"《著作权法实施条例》第6条规定:"著作权自作品创作完成之日起产生。"这表明《著作权法》在著作权的取得上也采取了自动取得的原则。

(二)加注版权标记取得

根据《世界版权公约》,版权标记通常包括三部分内容:一是表明享有著作权或版权保留声明的文字,通常在文字作品中加注 C 符号,即 ©,若是音像出版物,则加注 P 符号,即 ℗;二是版权所有人的姓名、名称或其缩写;三是作品出版的年份。美国在加入《伯尔尼公约》之前,采取此种取得方式,但随着《伯尔尼公约》的影响日益增大,现在已经很少有国家将加注版权标记作为获得版权的条件了。一般来说,这种版权标记仅限于印刷出版物或音像制品,不包括美术作品、建筑作品;而且凡是要求加注著作权标记的国家,也只是针对已出版的作品,不针对尚未出版的作品。①

(三)注册取得

著作权的注册取得,是指作品创作完成或者出版后,作者须在规定的期限内向有关登记管理机关履行登记或注册手续后才能取得著作权保护的制度。因版权保护的两大国际公约《伯尔尼公约》和《世界版权公约》都不以登记注册为取得著作权的条件,也不禁止其成员国要求履行登记手续作为产生著作权的前提,所以若实行作品登记制的成员国已加入上述两个公约之一,其对有关登记的规定,法律效力只及于本国国民,对公约其他成员国作者的著作权保护,不得要求以登记为前提。

因著作权登记取得制度的适用范围小,且无法及时保护未登记的作品,因此,绝大多数国家已不再采用这种保护方式。我国在 1994 年公布的《作品自愿登记试行办法》中规定了"著作权自愿登记制度",但此处的登记注册仅仅是著作权人对作品享有著作权的证明,并不表示作品在著作权保护上存在差别。2013 年修订的

---

① 郑成思:《版权法》,中国人民大学出版社,1997 年,第 83 页。

《计算机软件保护条例》第 7 条规定:"软件著作权人可以向国务院著作权行政管理部门认定的软件登记机构办理登记。"

二、著作权的保护期限

著作权的保护期限,是指著作权人对其作品享有权利的法律保护期限。为促进作品的传播和发展科学、文化事业的需要,著作权的保护期限应在激励作者创作和实现公众对作品的使用之间达到平衡。因此,各国立法体例均对保护期限做了一定的限制,一旦期限届满,作品进入社会公有领域,任何人可以在不经著作权人许可也无须支付报酬的情况下自由使用。

我国对著作人身权和著作财产权的保护期限分别做了以下规定。

(一)著作人身权的保护期限

《著作权法》第 20 条规定:"作者的署名权、修改权、保护作品完整权的保护期不受限制。"也就是说,著作权中三项人身权利的保护是永久性的,即使作者死亡、变更或终止,他人也不得侵犯。自然人作者死亡后,其著作人身权由继承人或受遗赠人保护。享有著作人身权的法人或其他组织变更、终止的,其著作人身权由承受其权利义务的法人或其他组织保护。没有承受这三项人身权的自然人、法人或其他组织的,著作人身权由国家主管部门保护其不受侵犯。

须注意的是,作者生前未发表的作品,其发表权的保护期限要受到一定的限制,因为发表权是著作财产权行使的前提,如果给予永久保护,就不利于作品的利用及财产收益。因此,《著作权法实施条例》第 17 规定:"作者生前未发表的作品,如果作者未明确表示不发表,作者死亡后 50 年内,其发表权可由继承人或者受遗赠人行使;没有继承人又无人受遗赠的,由作品原件的所有人行使。"

(二)著作财产权的保护期限

对著作财产权的保护期限,各国著作权法及国际公约的规定并不完全一致,《伯尔尼公约》规定著作财产权最低保护期限为作者有生之年及其死后 50 年,《世界版权公约》则规定为作者终生加 25 年,我国主要以《伯尔尼公约》为基准分为以下两种类型。

1. 一般作品的著作财产权保护期限

根据《著作权法》第 21 条第 1 款和第 2 款的规定,自然人作品著作财产权保护期限为作者有生之年加死后 50 年;合作作品的著作财产权保护期,截止于最后死亡的作者死亡后第 50 年的 12 月 31 日。

法人或者其他组织的作品、著作权(署名权除外)由法人或者其他组织享有的职务作品,法人和职务作品的著作财产权保护期为50年,截止到作品首次发表后第50年的12月31日,但作品自创作完成后50年内未发表的,不再保护。

2. 特殊作品的著作财产权保护期限

计算机软件的著作财产权保护期限。我国《计算机软件保护条例》第14条规定,软件著作权自软件开发完成之日起产生。自然人的软件著作权,保护期为自然人终生及其死亡后50年,截止于自然人死亡后第50年的12月31日;软件是合作开发的,截止于最后死亡的自然人死亡后第50年的12月31日。法人或者其他组织的软件著作权,保护期为50年,截止于软件首次发表后第50年的12月31日,但软件自开发完成之日起50年内未发表的,不再保护。

作者身份不明的作品的保护期限。《著作权法实施条例》第18条规定,作者身份不明的作品,其著作财产权的保护期截止到作品首次发表后第50年的12月31日。作者身份确定后,适用著作权法的一般规定。

《著作权法》第21条第3款规定,电影作品和以类似摄制电影的方法创作的作品、摄影作品,其发表权、著作财产权等保护期不区分自然人和社会组织,一律保护50年,截止到作品首次发表后第50年的12月31日,但作品自创作完成之日起50年内未发表的,不再保护。

第五节 著作权的限制

著作权限制,是指法律规定著作权人对某部作品享有充分权利的同时,在作品的利用方面对社会必须履行一些应尽的义务。因著作权人在创作过程中不可避免要吸收他人的劳动成果,从权利与义务的对等性来说,著作权人也应该分享其创造性成果为社会利益服务。因此,对作品的专有权予以适当的限制不仅可以促进社会文化的发展,还可以防止著作权人滥用权利、妨碍科学技术的进步。从根本上说,著作权限制制度就是为了平衡和协调著作权人、作品的使用者和社会公众之间的利益而设立的制度。

权利的限制有广义和狭义之分,本节所讨论的著作权限制为狭义的,仅指合理使用、法定许可和强制许可。

一、著作权的合理使用

根据《著作权法》第22条的规定,著作权的合理使用是指著作权人以外的人在某些情况下使用他人已经发表的作品,可以不经著作权人的许可,不向其支付报酬,但应当指明作者的姓名、作品名,并且不得侵犯著作权人的其他权利。具体包括以下12种合理使用的具体范围和方式。

（一）个人使用

《著作权法》第22条第1项规定，为个人学习、研究或者欣赏，可以使用他人已经发表的作品。对"个人"的定义能否扩展到第三人、家庭或单位，学术界存在巨大的争议，一些学者认为应仅限于个人实现上述目的，不得延展至第三人、家庭或单位；而另一些学者认为中国的家庭联系非常密切，将家庭范围内的学习、研究和欣赏排除在外实践中难以施行，举证上也存在一定的困难。

个人使用现象普遍，如为学习、研究的需要复印借来的书籍或将外文文献翻译为中文等。个人使用应当满足的条件是，使用"他人已经发表"的作品，且这种使用具有非商业性的目的。

（二）为介绍、评论作品或者说明问题而使用

《著作权法》第22条第2项规定，为介绍、评论某一作品或者说明某一问题，可以在作品中适当引用他人已经发表的作品。适当引用在评论和学术著作上的需求尤为突出，因为在对他人作品进行评论或论证时，经常需要"引经据典、旁征博引"，此时不可避免会产生对他人作品的复制行为。此处的适当包括两个部分，一是引用的目的仅仅是为了表达自己在介绍或评论某一作品或问题时的思想观点及情感，而不是单纯向观众展示被引用的作品本身；二是引用的比例应当适当，所引用的内容不得构成被引用作品的主要部分或实质部分。如对他人的摄影技巧进行评论和说明，可以在文中复制这一照片，但如果仅仅将其作为自己行文的装饰，则不构成"合理使用"。

（三）为报道时事新闻而使用

《著作权法》第22条第3项规定，为报道时事新闻，在报纸、期刊、广播电台、电视台等媒体中不可避免地再现或者引用已经发表的作品，属于权利的例外。时事新闻的报道，是公民新闻知情权得以保障的重要渠道，相比于著作权人的经济利益，公众获得时事新闻的利益更为重要。但以下几点仍然值得注意：①引用的目的必须是报道时事新闻；②引用的是已经发表的作品；③符合引用的数量和比例限制；④报道中应指出被引用作品的作者姓名及出处。

（四）新闻报道转载使用

《著作权法》第22条第4项规定，报纸、期刊、广播电台、电视台等媒体可以刊登或者播放其他报纸、期刊、广播电台、电视台等媒体已经发表的关于政治、经济、宗教问题的时事性文章，但作者声明不许刊登、播放的除外。了解国家政治、经济状况，保护公民的宗教信仰是每个公民的权利，也是国家方针、政策得以迅速、广泛传播的前提,因此,法律为各传播媒介间相互使用社论的行为规定了例外。

(五)对公众集会讲话的使用

《著作权法》第 22 条第 5 项规定,报纸、期刊、广播电台、电视台等媒体可以刊登或者播放在公众集会上发表的讲话,但作者声明不许刊登、播放的除外。这种在公众集会上发表的讲话通常具有宣传性质,旨在通过群众性的政治集会或纪念性的集会宣传观点、扩大影响。如政府官员在公开会议上所做的政治经济发展报告,其主要意义在于向公众传达公共政策信息。这种情况下的公众集会讲话,只要作者没有做出保留声明,即为合理使用的范围。

(六)课堂教学与研究的使用

《著作权法》第 22 条第 6 项规定,为学校课堂教学或者科学研究,可以翻译或者少量复制已经发表的作品,供教学或者科研人员使用,但不得出版发行。这种合理使用的目的在于为学校课堂或者科学研究,而非以营利为目的。因此,带有营利性质的培训班不在此范围之内。① 但是,这个例外仅限于面对面的课堂上的教学,而各种远程教学、网络教学或者函授教学等都不属于这一目的之内。另外,翻译和复制的比例仍需受到一定的限制,应限定在合理范围之内。

(七)执行公务的使用

《著作权法》第 22 条第 7 项规定,国家机关为执行公务可以在合理范围内使用已经发表的作品。《信息网络传播权保护条例》第 6 条(四)规定,国家机关为执行公务可以在合理范围内通过信息网络向公众提供已经发表的作品。国家机关包括立法机关、行政机关、司法机关、法律监督机关和军事机关。国家机关在执行公务、履行国家职能时代表的是国家及社会公众的利益,因此,允许其使用他人已经发表的作品,但任何超出这一范围的私人行为均不构成合理使用。

(八)图书馆等公共文化机构对馆藏作品的特定复制和传播

《著作权法》第 22 条第 8 项规定,图书馆、档案馆、纪念馆、博物馆、美术馆等可以为陈列或者保存版本的需要,复制本馆收藏的作品。应注意以下几点:①图书馆等只能复制本馆收藏范围内的作品;②复制的作品不仅包括已经发表的也包括仍未发表的,但作者已明确表示不发表和不得复制的,应当尊重作者的意愿;③复制作品的目的必须是出于陈列或者保存版本的需要。《信息网络传播权保护条例》第 7 条第 2 款对图书馆等公共文化机构为陈列或者保存版本的需要而以数字化形式复制本馆收藏的作品做出了特别限定:这些作品应当是已经损毁或者濒临损毁、丢

---

① 吴汉东:《知识产权法》(第六版),中国政法大学出版社,2012 年,第 100 页。

失或者失窃,或者其存储格式已经过时,并且在市场上无法购买或者只能以明显高于标定的价格购买的作品。

(九)免费表演

《著作权法》第22条第9项规定,免费表演已经发表的作品,该表演未向公众收取费用,也未向表演者支付报酬,属于权利的例外。免费表演是指非营利性的表演,其包含两层含义:①表演者不得收取任何报酬;②观众不支付任何费用。目前社会上存在不少为"希望工程"等捐款的"义演"活动,它与免费表演的主要区别在于"义演"向观众收取费用,但演员不获取报酬,所得资金全部用于募捐。

(十)对室外公共场所艺术品的使用

《著作权法》第22条第10项规定,他人对设置或者陈列在室外公共场所的艺术作品进行临摹、绘画、摄影、录像可以不经著作权人的许可也不向其支付报酬。这些艺术作品具有长期公开陈列的性质,所以允许人们临摹、绘画和拍照,同时这也是对公众获取信息自由的保障。

针对临摹、绘画、摄影、录像而产生的复制品能否进一步用于复制、发行或者公开再现的问题,最高人民法院在《关于审理著作权民事纠纷案件适用法律若干问题的解释》第18条中明确规定:"对设置或陈列在室外公共场所的艺术作品进行临摹、绘画、摄影、录像的人,可以对其成果以合理的方式和范围再行使用,不构成侵权。"

(十一)制作少数民族语言文字版本的使用

《著作权法》第22条第11项规定,将中国公民、法人或者其他组织已经发表的以汉语言文字创作的作品翻译成少数民族语言文字作品在国内出版发行,构成著作权的合理使用。

我国是一个多民族的国家,各民族间经济、文化发展不平衡,这种合理使用有利于在少数民族地区推广先进的文化和科学知识,促进少数民族的教育、文化和科学技术的进步。但需要注意以下两点:①翻译的对象仅限于中国作者已经发表的汉语言文字作品,这说明外国作者的作品、非文字作品、非汉语言文字作品、非已经发表的作品均不在其列;②翻译作品的出版发行范围仅限于中华人民共和国境内,不得在国外出版发行。

(十二)制作盲文版本的使用

《著作权法》第22条第12项规定,将已经发表的作品改成盲文出版符合著作权的合理使用。这实质上仍是对作品的翻译行为,但已经不再限定为中国作者已经发表的汉语言文字作品。《著作权法》特别做出这一规定,一是出于对残疾人士的社会关怀与扶持,二是这种使用对著作权人本身的经济利益的影响相对较小。

值得指出的是,《著作权法》规定以上内容同样适用于对出版者、表演者、录音录像制作者、广播电台、电视台的权利的限制。

二、著作权的法定许可使用

法定许可使用,是指基于著作权法的规定,使用人可以不经著作权人的许可而以某种方式使用其已经发表的作品,但应当向著作权人支付报酬的制度。

根据《著作权法》的规定,法定许可使用应具备以下条件:①法定许可使用仅限于著作权法规定的范围,不得任意扩大。②法定许可使用仅限于著作权人已经发表的作品。③作者可以采取事先声明的方式排除法定许可使用制度,且该声明须以明示的方式做出。

《著作权法》《信息网络传播权保护条例》规定的法定许可使用情形主要表现在以下方面:

(1)《著作权法》第 23 条第 1 款规定:"为实施九年制义务教育和国家教育规划而编写出版教科书,除作者事先声明不许使用的外,可以不经著作权人许可,在教科书中汇编已经发表的作品片段或者短小的文字作品、音乐作品或者单幅的美术作品、摄影作品,但应当按照规定支付报酬,指明作者姓名、作品名称,并且不得侵犯著作权人依法享有的其他权利。"

(2)《著作权法》第 33 条第 2 款规定:"凡是著作权人向报社、杂志社投稿的,作品刊登后,除著作权人声明不得转载、摘编的外,其他报刊可以转载或者作为文摘、资料刊登,但应当按照规定向著作权人支付报酬。"

(3)《著作权法》第 40 条第 3 款规定:"录音制作者使用他人已经合法录制为录音制品的音乐作品制作录音制品,可以不经著作权人许可,但应当按照规定支付报酬;著作权人声明不许使用的不得使用。"

(4)《著作权法》第 43 条第 2 款规定:"广播电台、电视台播放他人已发表的作品,可以不经著作权人许可,但应当支付报酬。"

(5)《著作权法》第 44 条规定:"广播电台、电视台播放已经出版的录音制品,可以不经著作权人许可,但应当支付报酬。当事人另有约定的除外。具体办法由国务院规定。"

(6)《信息网络传播权保护条例》第 8 条规定:"为通过信息网络实施九年制义务教育或者国家教育规划,可以不经著作权人许可,使用其已经发表作品的片断或者短小的文字作品、音乐作品或者单幅的美术作品、摄影作品制作课件,由制作课件或者依法取得课件的远程教育机构通过信息网络向注册学生提供,但应当向著作权人支付报酬。"

(7)《信息网络传播权保护条例》第 9 条规定:"为扶助贫困,通过信息网络向农村地区的公众免费提供中国公民、法人或者其他组织已经发表的种植养殖、防病治病、防灾减灾等与扶助贫困有关的作品和适应基本文化需求的作品,网络服务提供者应当在提供前公告拟提供的作品及其作者、拟支付报酬的标准。自公告之日起30 日内,著作权人不同意提供的,网络服务提供者不得提供其作品;自公告之日起满 30 日,著作权人没有异议的,网络服务提供者可以提供其作品,并按照公告的标准向著作权人支付报酬。网络服务提供者提供著作权人的作品后,著作权人不同意提供的,网络服务提供者应当立即删除著作权人的作品,并按照公告的标准向著作权人支付提供作品期间的报酬。依照前款规定提供作品的,不得直接或者间接获得经济利益。"因该条规定与传统法定许可制度有所不同,又被称为"准法定许可"。

著作权合理使用与法定许可使用既相互联系又相互区别。两者的共同点:①使用者的目的大多侧重于社会公共利益;②使用的作品均为他人已经发表的作品;③使用他人作品均无须取得著作权人的许可。两者的不同点:①合理使用无主体范围的限制,而法定许可的使用者大多限制为录音录像制作者、广播电台、电视台、报刊等;②合理使用无须支付报酬,而法定许可使用须向权利人支付报酬;③合理使用无任何使用条件限制,而法定许可使用中若权利人声明保留权利的则不得使用。

三、著作权的强制许可使用

著作权的强制许可使用,是指由著作权法规定的、由著作权主管机关在特定条件下,强制性地许可他人使用著作权人已经发表的作品的制度,国外又称"强制许可证"制度。这一制度存在的目的在于由著作权主管机关对申请人使用他人作品的申请进行审查批准后直接发给申请人强制许可证,这样可以保障某些确有必要却无法得到著作权人许可的作品的使用,因其程序较为复杂,发展中国家要求享有此种优惠制度的仍然较少。

合理使用、法定许可与强制许可的区别主要在于合理使用无须征得著作权人同意,也不必向其支付报酬;法定许可是直接根据法律规定的使用形式,任何符合条件的人均可以使用,无须经过著作权人的同意,但必须向其支付报酬;而强制许可使用必须经使用人事先申请,如著作权人无理拒绝或不作答复,还需向国家有关主管机关提出申请,由主管机关授权后方可使用,并向著作权人支付报酬。

我国著作权法没有规定强制许可制度,但我国加入了《伯尔尼公约》和《世界版权公约》,这两个公约对强制许可制度做出了相应的规定。因此,有关强制许可的使用可以援引公约的相关规定。

第六节 著作权侵权行为与著作权的法律保护

对文学、艺术和科学作品著作权的保护,不仅是尊重作者人格、维护作者利益的客观要求,也是推动社会主义精神文明、物质文明建设,促进社会主义文化和科学事业发展与繁荣的前提条件。因此,必须重视对著作权侵权行为的处理,从法律上协调个人利益与社会利益间的关系,切实解决好著作权侵权纠纷。

一、著作权侵权行为的特征和种类

所谓著作权侵权行为是指未经作者或其他著作权人同意,又无法律上的根据,擅自对著作权法保护的作品进行利用或以其他非法手段行使著作权人专有权利的行为。认定著作权侵权行为须同时满足以下三个条件:①必须有侵权行为的客观事实发生;②使用行为必须具有违法性;③侵权行为与结果之间存在因果关系。

著作权侵权包括直接侵权行为和间接侵权行为两种,直接侵权行为是指未经著作权人许可,又缺乏"合理使用""法定许可使用"等抗辩理由,行使属于著作权人专有权利或者实施受专有权利控制的行为。直接侵权行为一般不需要考虑行为人的主观状态,只要在客观上具有侵害著作权的事实,就构成侵权。但在对技术措施和权利管理信息的侵害上,一般需要行为人有过错才承担责任。

间接侵权行为是相对于直接侵权行为而言的,指行为人虽然没有直接实施受专有权利控制的行为,但为直接侵权提供了条件,从而对著作权人的权利造成了侵害。包括教唆和引诱他人侵权及故意帮助他人侵权,实施了"直接侵权"的预备行为和扩大侵权后果的行为等。

二、侵犯著作权的行为

《著作权法》第47、48条,《刑法》第217条对侵犯著作权的行为采取明确列举的方式并做了如下分类。

(一)承担民事责任的著作权侵权行为

《著作权法》第47条规定以下几种行为应当承担民事责任:

(1)未经著作权人许可,发表其作品的。发表权是作者的专有权利,未经著作权人同意擅自将其作品予以发表,或者未按著作权人决定的时间、地点、方式发表其作品的,都构成对著作权人发表权的侵犯。

(2)未经合作作者许可,将与他人合作创作的作品当作自己单独创作的作品发表的。合作作品的著作权应当由合作作者共同享有,将合作作品当作自己单独创作的作品进行发表的,不仅侵犯了其他作者的发表权、署名权及获得报酬权,还欺骗了社会公众的信赖。

(3)没有参加创作,为谋取个人名利,在他人作品上署名的。署名权是作者的专有权利,没有参加创作却要求在他人作品上署名的,是抢占他人劳动成果的不法行为,侵犯了作者的署名权。

(4)歪曲、篡改他人作品的。未经作者同意,歪曲作品的观点、内容;擅自更改作品主题或形式;将严肃的作品放在低俗的场合予以恶搞等都是侵犯作者保护作品完整权和修改权的表现。

(5)剽窃他人作品的。剽窃是将他人创作的作品当作自己的作品加以利用的行为,不仅包括直接复制,还包括把别人的作品进行变造、调换顺序后作为自己的原创作品的行为。由于信息时代资源纷繁复杂,应当明晰剽窃和巧合的界限。

(6)未经著作权人许可,以展览、摄制电影和以类似摄制电影的方法使用作品,或者以改编、翻译、注释等方式使用作品的,法律另有规定的除外。

(7)使用他人作品,应当支付报酬而未支付的。使用他人作品一般需要签订使用许可合同,因此使用作品未支付报酬多属于违约行为,但在法定许可和强制许可中未支付报酬的,属于侵犯著作权人财产权的行为。

(8)未经电影作品和以类似摄制电影的方法创作的作品、计算机软件、录音录像制品的著作权人或者与著作权有关的权利人许可,出租其作品或者录音录像制品的,法律另有规定的除外。

(9)未经出版者许可,使用其出版的图书、期刊的版式设计的。

(10)未经表演者许可,从现场直播或者公开传送其现场表演,或者录制其表演的。

(11)其他侵犯著作权以及与著作权有关的权益的行为。

(二)承担行政责任和刑事责任的著作权侵权行为

根据《著作权法》第48条和《刑法》第217条的规定,有下列侵权行为的,除根据情况承担相应的民事责任外,同时损害社会公共利益的,应当承担行政责任;违法所得数额较大或者有其他严重情节构成犯罪的,应当承担相应的刑事责任:

(1)未经著作权人许可,复制、发行、表演、放映、广播、汇编、通过信息网络向公众传播其作品的,法律另有规定的除外。

(2)出版他人享有专有出版权的图书的。

(3)未经表演者许可,复制、发行录有其表演的录音录像制品,或者通过信息网络向公众传播其表演的,法律另有规定的除外。

(4)未经录音录像制作者许可,复制、发行、通过信息网络向公众传播其制作的录音录像制品的,法律另有规定的除外。

(5)未经许可,播放或者复制广播、电视的,法律另有规定的除外。

(6)未经著作权人或者与著作权有关的权利人许可,故意避开或者破坏权利人为其作品、录音录像制品等采取的保护著作权或者与著作权有关的权利的技术措施的,法律、行政法规另有规定的除外。

(7)未经著作权人或者与著作权有关的权利人许可,故意删除或者改变作品、录音录像制品等的权利管理电子信息的,法律、行政法规另有规定的除外。

(8)制作、出售假冒他人署名的作品的。

三、著作权的法律保护

我国现行法律对著作权的法律保护实行的是"司法保护"和"行政保护"相结合的双轨制。其中司法保护包括民事司法保护和刑事司法保护。

(一)著作权的民事司法保护

著作权民事纠纷案件,由中级以上人民法院管辖。各高级人民法院根据本辖区的实际情况,可以确定若干基层人民法院管辖第一审著作权民事纠纷案件。[①]因侵犯著作权行为提起的民事诉讼,由侵权行为实施地、侵权复制品储藏地或者查封扣押地、被告住所地人民法院管辖。[②] 当事人在提起著作权民事诉讼时,可以采取以下临时措施:①诉前责令停止侵权;②诉前证据保全;③诉前财产保全。

《著作权法》第47条规定了以下几种民事责任的承担方式:

(1)停止侵害。停止侵害是指责令侵权人立即终止其正在进行或者延续的侵犯他人著作权的行为。无论侵权人主观状态如何,原则上都应该承担立即停止侵害的民事责任,进一步防止损害扩大。

(2)消除影响。消除影响是指侵权人因为自己的侵权活动而给权利人造成了不良影响,应当采取必要的措施,以消除有关不良影响。这种责任方式主要适用于给权利人造成的精神权利侵害,原则上侵权行为造成多大影响,就应在多大范围内消除影响。

(3)赔礼道歉。赔礼道歉是指侵权人以适当的方式公开或不公开地向权利人

---

① 参阅2002年《最高人民法院关于审理著作权民事纠纷案件适用法律若干问题的解释》第2条。
② 参阅2002年《最高人民法院关于审理著作权民事纠纷案件适用法律若干问题的解释》第4条第1款。

表示歉意,如借助媒体发布致歉声明或私下里向权利人表示歉意。这一方式同样是针对权利受害人的精神权利而言的。

(4)赔偿损失。赔偿损失是指侵权行为人以自己的财产补偿因其侵权行为给著作权人造成的经济损失。赔偿额以实际造成的经济损失为准,包括直接损失和间接损失。《著作权法》第49条规定:"侵犯著作权或者与著作权有关的权利的,侵权人应当按照权利人的实际损失给予赔偿;实际损失难以计算的,可以按照侵权人的违法所得给予赔偿。赔偿数额还应当包括权利人为制止侵权行为所支付的合理开支。权利人的实际损失或者侵权人的违法所得不能确定的,由人民法院根据侵权行为的情节,判决给予50万元以下的赔偿。"

另外,《著作权法》第52条和相关司法解释还规定了人民法院可以采取的民事制裁措施:人民法院审理案件,对于侵犯著作权或者与著作权有关的权利的,可以没收违法所得、侵权复制品以及进行违法活动的财物。

有关诉讼时效,《最高人民法院关于审理著作权民事纠纷案件适用法律若干问题的解释》第28条规定:"侵犯著作权的诉讼时效为两年,自著作权人知道或者应当知道侵权行为之日起计算。权利人超过两年起诉的,如果侵权行为在起诉时仍在持续,在该著作权保护期内,人民法院应当判决被告停止侵权行为;侵权损害赔偿数额应当自权利人向人民法院起诉之日起向前推算两年计算。"

(二)著作权的行政保护

著作权行政处罚是著作权行政管理部门根据侵权人侵权行为性质、具体情节、侵害后果等因素决定其处罚形式和程度的一种行政制裁措施,一经做出即具有行政强制力。

著作权本是私权,属于民法调整范围,不宜由行政权力干预,但针对我国目前较为普遍的著作权侵权现象和对书刊、音像、演出、广播等行业管理秩序的扰乱,行政权力的适当介入能够更好地规范社会主义文化市场。

根据著作权法的规定,对于《计算机软件保护条例》第24条列举的五类侵权行为以及《著作权法》第48条规定的八类侵权行为,损害公共利益的,著作权行政管理部门可以视情节轻重责令停止侵权行为,没收违法所得,没收、销毁侵权复制品,并可处以非法经营额3倍以下的罚款,非法经营额难以计算的,可以处以10万元以下的罚款;情节严重的,著作权行政管理部门还可以没收主要用于制作侵权复制品的材料、工具、设备等。

当事人对地方著作权行政管理部门的行政处罚不服的,可以向该部门的本级人民政府或者向其上一级著作权行政管理部门申请行政复议。当事人对行政处罚或复议决定不服的,可以依法提起行政诉讼。

(三)著作权的刑事司法保护

著作权民事保护和行政保护力度较小,威慑力有限,对于某些严重侵权著作权、扰乱社会市场经营秩序、严重损害社会公共利益的行为,必须引入刑罚进行严厉打压。《著作权法》中并未规定侵犯著作权应当承担的刑事责任条款,但《刑法》第三章专门规定了一节"侵犯知识产权犯罪",其中第217条"侵犯著作权罪"和第218条"销售侵权复制品罪"是专门针对著作权犯罪的。

根据《刑法》第217条的规定,以营利为目的,有下列侵犯著作权情形之一,违法所得数额较大或有其他严重情节的,处3年以下有期徒刑或者拘役,并处或者单处罚金;违法所得数额巨大或者有其他特别严重情节的,处3年以上7年以下有期徒刑,并处罚金:

(1)未经著作权人许可,复制发行其文字作品、音乐、电影、电视、录像作品、计算机软件及其他作品的;

(2)出版他人享有专有出版权的图书的;

(3)未经录音录像制作者许可,复制发行其制作的录音录像的;

(4)制作、出售假冒他人署名的美术作品的。

《刑法》第218条规定:以营利为目的,销售明知是本法第217条规定的侵权复制品,违法所得数额巨大的,处3年以下有期徒刑或者拘役,并处或者单处罚金。

2004年12月22日起施行的最高人民法院、最高人民检察院《关于办理侵犯知识产权刑事案件具体应用法律若干问题的解释》规定违法所得数额在3万元以上的属于"违法所得数额较大";具有以下情节之一的,属于"有其他严重情节":①非法经营数额在5万元以上的;②未经著作权人许可,复制发行其文字作品、音乐、电影、电视、录像作品、计算机软件及其他作品,复制品数量合计在1000张(份)以上的;③其他严重情节的情形。违法所得数额在15万元以上的,属于"违法所得数额巨大"。具有以下情节之一的,属于"有其他特别严重情节":①非法经营数额在25万元以上的;②未经著作权人许可,复制发行其文字作品、音乐、电影、电视、录像作品、计算机软件及其他作品,复制品数量合计在5000张(份)以上的;③其他特别严重情节的情形。

2007年4月5日起施行的最高人民法院、最高人民检察院《关于办理侵犯知识产权刑事案件具体应用法律若干问题的解释(二)》对复制品发行数量做了调整:复制品数量合计在500张(份)以上的,属于"有其他严重情节";复制品数量合计在2500张(份)以上的,属于"有其他特别严重情节"。

第三章 著作权法

本 章 案 例

案例一

  2010年1月21日,贵州省某市文体局(以下简称文体局)以侵犯著作权为由将导演张某、制片人张某某及出品人北京某影业有限公司诉至北京市西城区人民法院。文体局诉称,《千里走单骑》在拍摄时,该市8位地戏演员应邀表演了"安顺地戏",后被剪辑到影片中,但影片却称此为"云南面具戏"。文体局认为,张某等人将特殊地域性、表现唯一性的安顺地戏误导成云南面具戏,这一做法,歪曲了安顺地戏这一非物质文化遗产和民间文学艺术,侵犯了署名权。

  法院判决:2011年5月,西城法院做出一审判决,法院认为影片虽将"安顺地戏"改称为"云南面具戏",但这种演绎拍摄手法符合电影创作的规律,区别于不得虚构的新闻纪录片,而且张某等人主观上并无侵害非物质文化遗产的故意和过失,从整体情况看,也未对"安顺地戏"产生法律所禁止的歪曲、贬损或者误导混淆的负面效果。故法院驳回了文体局的起诉。一审宣判后,文体局向北京市第一中级人民法院提起上诉。2011年9月,北京市第一中级人民法院做出终审判决,法院认为安顺地戏属于民间地戏作品,但至今为止对于民间地戏作品国务院没有相应的规定出台,因此只能适用《著作权法》。由于安顺地戏不是一个作者,也不构成作品,所以不享有署名权,最终驳回了文体局的起诉。

案件点评:

  该案被称为"中国非遗保护第一案",曾一度引起社会和业内专家的广泛关注。尽管2006年,文化部出台了《国家级非物质文化遗产保护与管理暂行办法》,该暂行办法基本上是从行政管理的角度对非物质文化遗产保护工作进行了明确,但对于作为非物质文化遗产的民间文学艺术的权利主体、权利的内涵和外延以及保护的具体方式等,都没有给出一个明确的答案。

  一审法院虽然驳回了原告的诉讼请求,但其判决书列举的理由似乎回避了如何认定"署名"这一关键问题。著作权法意义上作者的"署名"只能针对特定的"作品"。《著作权法》对"署名权"的定义清楚地揭示了这一点——"在作品上署名的权利"。而"安顺地戏"本身并不是一部作品,甚至也不是多部作品的汇编或集合,而只是戏种的名称,其中"安顺"为地名,指示了这一戏种的起源地(有时也可指发展繁荣地)。按照"安顺地戏"特征所创作的每一部剧本都是作品(戏剧作品),作者当然享有对作品的"署名权"。演员按照"安顺地戏"的表演风格,对该剧本以特定的道具、服饰和唱腔的演出,构成了《著作权法》所保护的"表演"。其演员作为著作权法意义上的"表演者"享有"表明表演者身份"的权利,这一权利可被称为表演者的

"署名权"。上述两种"署名权"指向的是特定的作品或表演,均受《著作权法》保护。但"安顺地戏"只是具体作品和表演的上位概念。《千里走单骑》将相关剧目称为"云南面具戏",并非在为作品或表演"署名",也并非表明作者或表演者的身份,而是在昭示相关剧目的起源地或发展繁荣地。既然这一行为并非著作权法意义上的"署名",又谈何对"署名权"的侵权呢?事实上,本案原告混淆了两个完全不相关的概念——著作权法意义上的"署名"和戏种的起源地标志。

案例二

2012年10月11日,某作家维权联盟诉某公司应用程序商店侵犯著作权案开庭,涉及李承鹏等8位作家34部作品,索赔额达1000余万元。2011年,原告发现该应用程序商店为读者下载销售原告享有著作权的涉案作品,读者可直接通过该公司销售的全系列产品将涉案作品下载阅读。

原告认为,某公司未经原告许可,自行上传或与开发者通过分工合作等方式,将原告享有著作权的涉案作品上传到应用程序商店中向社会公众提供下载阅读,获取经济利益,其行为构成了侵权。

被告则辩称,本公司不是本案的适合被告,请求法院将涉案作品应用程序的开发者追加为被告。对停止侵权及删除侵权作品的诉求,被告认为,其已经对相关作品进行了删除,不存在侵权行为,亦无须承担赔偿等相关责任。

法院经审理认为,某公司应用程序商店实际的运营者是美国某公司,驳回了其试图将卢森堡公司作为诉讼第三人的请求。鉴于某公司收取开发员登记注册费用,应用程序上线有严格的审查流程,某公司与开发者就收费应用程序的获利分账30%。因此认定美国某公司应承担间接侵权责任。2012年12月27日,北京市第二中级人民法院集中宣判:美国某公司应用商店侵犯李承鹏等8位作家的34部作品著作权事实成立,应支付原告赔偿金共计41.2万元。

同年9月27日,北京市第二中级人民法院还对中国某出版社告某公司侵犯著作权做出一审判决,认定了某公司的应用商店侵权成立,判令其赔偿中国某出版社经济损失52万元。

案件点评:

本案的焦点问题是被告某公司是否实施了侵权行为,是否应当承担法律责任。某公司应用商店由开发者上传作品供读者下载阅读,其行为类似提供"信息存储空间"。但某公司作为该商店的运营者,通过收费下载业务获得分成。按照《信息网络传播权保护条例》规定,如果网络服务商从提供的网络服务中获得了直接的经济利益,就不适用"避风港原则",应当承担赔偿等法律责任。

第四章 专 利 法

"专利"一词来源于12～13世纪的西欧国家,原意是指由国王或者王室授予的一种对某种技术予以独占实施的权利证书。在我国,狭义上的专利是专利权的简称,指国家依法在一定时期内授予发明创造者或其权利继受者独占使用其发明创造的权利。因而专利法是调整因确认发明创造所有权和发明创造的利用而产生的各种社会关系的法律规范的总称,它是专利制度的依据,也是实行专利制度的法律保证。专利法对保护人类的智力成果,促进技术成果的推广应用,推进国际技术的交流,调动发明创造的积极性,推动生产力的提高,促进经济和社会的发展具有重要作用。

第一节 专利权的客体

专利权的客体,即专利法的保护对象,是指能取得专利权,可以受专利法保护的发明创造。依据《中华人民共和国专利法》(以下简称《专利法》)第2条规定"本法所称的发明创造是指发明、实用新型和外观设计。"可知,我国专利权的客体为发明创造,包括发明、实用新型和外观设计三种类型。

一、发明

依据《专利法》第2条第2款规定"发明,是指对产品、方法或者其改进所提出的新的技术方案。"可见,专利法上的发明有三种类型。

(一)产品发明

产品发明是指通过智力劳动创造的,能以有形形式表现的各种制成品或产品。[①] 即发明的最终表现形态是一种实物。这种制成品或产品是自然界从未有过的,是人利用自然规律作用于特定事物的结果。因此,仅仅找到了自然界中存在的物质只是"发现",而不是"发明"。例如,某人在深山中找到一种未知的毒蛇,他并不能就此种毒蛇获得专利权,但如果他利用这种毒蛇体内的特殊物质制成了一种

---

① 吴汉东:《知识产权法》,中国人民大学出版社,2009年,第141页。

治疗癌症的特效药,那该药品就可以获得产品专利权[①]。产品发明包括零件、化合物、材料、各种机器设备和工具等,如电视、手机、药品等。

(二)方法发明

方法发明是指制造某种产品或解决其他技术问题的步骤或程序,其保护客体是操作方式,由操作步骤构成。如制作某一产品的化学方法、物理方法和机械方法等。方法发明专利权不仅保护方法本身还保护依照该方法直接获得的产品[②]。但是,纯属抽象思维的方法,如数学方法等虽然也属于一种方法,却不属于我国专利法意义上的方法发明。

(三)改进发明

改进发明是指对现有的产品发明或方法发明做出的实质性革新的技术方案。即改进发明是在已有的产品或方法的基础上进行的创造性改善,能给已有产品或方法带来新的特性或部分质变,但这种改进没有创造出新产品或方法,没有超出原有产品或方法的类属范畴。如爱迪生在对前人发明的电灯进行多项重大改进之后发明了以炭丝为灯芯的灯泡,大幅提高了灯泡的寿命,这项发明就属于改进发明。

二、实用新型

依据《专利法》第 2 条第 3 款规定"实用新型,是指对产品的形状、构造或者其结合所提出的适于实用的新的技术方案。"实用新型与发明一样,都是科学技术上的发明创造,两者的本质都是一种技术方案,但又有许多明显区别:

(1)实用新型的技术主题必须是一种产品,是经过生产加工过程而获得的实物,如对机械、设备、装置、器具、日用品等产品的设计或改进。实用新型不保护方法只保护产品,而发明既可以是产品,也可以是方法。

(2)实用新型必须具有一定的形状、构造,或者是他们的结合。形状是从外部可以观察到的三维空间形状,而且这种形状具有一定的技术功能,产生一定的技术效果,如铅笔制成六棱形,可以起到防止滚动的作用;轮胎的花纹,既有立体形状,又有防滑功能。构造是指产品各个组成部分间所表现出的相互的位置、连接或者匹配等空间位置关系[③],体现产品各零部件之间的相互作用。因此,实用新型只能针对有固定形状和结构的制成品,对于无固定形状或结构的产品,如某种气体、液体、粉末状或颗粒状固体物质,均得不到实用新型专利制度的保护。而发明专利却

---

① 王迁:《知识产权法教程》,中国人民大学出版社,2011 年,第 266 页。
② 李明德:《知识产权法》,北京师范大学出版社,2011 年,第 102 页。
③ 刘春田:《知识产权法》,高等教育出版社,2007 年,162 页。

对气体、液体、粉末状或颗粒状固体物质予以保护,如通过化学方法获得的某种液体状的添加剂,或者颗粒状的催化剂等。

(3)实用新型的创造性水平要低于发明。这是实用新型与发明之间的本质区别,也是设立实用新型专利制度的价值所在。根据《专利法》的规定,要求发明必须具有"突出的实质性特点和显著的进步",而实用新型只要有"实质性特点和进步"即可。

三、外观设计

根据《专利法》第2条第4款规定"外观设计,是指对产品的形状、图案或者其结合以及色彩与形状、图案的结合所做出的富有美感并适于工业应用的新设计。"由此,外观设计具有以下特征:第一,外观设计是对工业产品外观的设计;只有用在工业产品上的形状、图案或其结合以及色彩与形状、图案的结合才可能是专利法意义上的外观设计,否则虽可能构成著作权法意义上的平面或立体的美术作品,但不构成外观设计。第二,外观设计是对工业产品的形状、图案或其结合,以及色彩与形状、图案的结合进行的设计。第三,外观设计必须富有美感;外观设计是为了增加产品的吸引力,因此设计应当富有美感,以便赢得潜在消费者的喜爱,激发消费者的购买欲。

外观设计与实用新型之间也存在本质区别。首先,外观设计是一种美学设计,它是通过利用人们的审美情趣和审美心理而起到美化产品的效果,它保护的是产品外表的设计,不涉及产品本身的技术性能;而实用新型是一种技术思想或方案,旨在通过利用自然规律而产生的一定的技术效果。其次,在外观设计中,产品只是载体,其本身不属于外观设计保护的对象,而实用新型是对产品本身所做的创造性改进,其方案与产品合为一体,都受实用新型专利的保护。总体而言,保护产品的外观形状、美感效果的,应属于外观设计专利的保护范围。保护产品形状、技术效果的应属于实用新型专利的保护范围。但实际生活中,有相当一部分产品的设计,既有技术效果又有美感效果,这时,就要具体分析哪一种效果是主要的,如果是产品的外形设计具有明显的美感效果,而且对产品的形状、构造具有足够的制约作用,那么对这种产品设计应该采用外观设计专利来进行保护。

四、不授予专利权的对象

发明创造是专利法保护的对象,但并非所有的发明创造都可以授予专利权,成为专利权的客体。《专利法》第5条和第25条特别规定了不能获得专利权的对象范围。

(一)违反法律、社会公德或者妨害公共利益的发明创造,不授予专利权

违反法律是指违反由全国人民代表大会或全国人民代表大会常务委员会制定和颁布的法律。违反国家法律的发明创造有两种情形:一是发明创造本身直接违反法律;二是相关产品或方法既有合法用途,也有非法用途。如发明一种用于赌博、吸毒的设备,虽然这种设备符合发明的定义,甚至可能包含了重大技术创新,但由于其发明的根本目的违反了法律,所以不能获得专利权。

社会公德是指公众普遍认为正当并被广泛接受的伦理道德观念和行为准则。违反社会公德的发明创造不能被授予专利权。如从人类胚胎中提取干细胞进行生物或医疗研究,这一过程会导致胚胎死亡,有悖于社会公德,因此对于提取的人类胚胎干细胞本身和提取方法都不能获得专利权[1]。

妨害公共利益是指发明创造的实施或使用会给公众或社会造成危害,或者会使国家和社会的正常秩序受到影响。如会导致严重环境污染、破坏生态平衡的发明创造,涉及国家重大政治事件、宗教信仰、封建迷信的外观设计等不能受专利法保护[2]。

(二)对违反法律、行政法规的规定获取或者利用遗传资源,并依赖该遗传资源完成的发明创造,不授予专利权

遗传资源,是指取自人体、动物、植物或者微生物等含有遗传功能单位并具有实际或者潜在价值的材料;依赖遗传资源完成的发明创造,是指利用了遗传资源的遗传功能完成的发明创造。违反法律、行政法规的规定获取或者利用遗传资源,是指遗传资源的获取或者利用未按照我国有关法律、行政法规的规定事先获得有关行政管理部门的批准或者相关权利人的许可。例如,按照《中华人民共和国畜牧法》和《中华人民共和国畜禽遗传资源进出境和对外合作研究利用审批办法》的规定,向境外输出列入中国畜禽遗传资源保护名录的畜禽遗传资源应当办理相关审批手续,某发明创造的完成依赖于中国向境外出口的列入中国畜禽遗传资源保护名录的某畜禽遗传资源,未办理审批手续的,该发明创造不能被授予专利权。

(三)向外国申请专利前,未依法报请保密审查的在中国完成的发明或实用新型

发明或实用新型都涉及技术,在国内外进行专利申请一般均会导致技术的公开。对于可能涉及国家安全或其他重大利益的技术,应当根据《中华人民共和国保守国家秘密法》予以保密,不应通过专利申请而公开。《专利法》第4条规定:"申请

---

① 参阅国家知识产权局颁布的《专利审查指南》(2010年版)第二部分第十章,9.1.1.1。
② 王迁:《知识产权法教程》,中国人民大学出版社,2011年,第272页。

专利的发明创造涉及国家安全或者重大利益需要保密的,按照国家有关规定办理。"第 20 条规定:"任何单位或者个人将在中国完成的发明或者实用新型向外国申请专利的,应当事先报经国务院专利行政部门进行保密审查。保密审查的程序、期限等按照国务院的规定执行。中国单位或者个人可以根据中华人民共和国参加的有关国际条约提出专利国际申请。申请人提出专利国际申请的,应当遵守前款规定。国务院专利行政部门依照中华人民共和国参加的有关国际条约、本法和国务院有关规定处理专利国际申请。对违反本条第 1 款规定向外国申请专利的发明或者实用新型,在中国申请专利的,不授予专利权。"

(四)依据《专利法》第 25 条的规定,对下列各项不授予专利权

1. 科学发现

科学发现与发明不同,是对自然界中客观存在的现象、变化过程及其特性和规律的揭示。包括科学理论在内的科学发现没有提出用于解决技术问题的技术方案,因此不是专利法意义上的发明或实用新型,不能获得专利权。

2. 智力活动的规则和方法

智力活动的规则和方法是指导人们对信息进行思维、识别、判断和记忆的规则和方法。比如管理方法、记忆方法、比赛规则、分类方法等,由于没有在正确利用自然规律的基础上提出技术方案而不能被授予专利权。

3. 疾病的诊断和治疗方法

疾病的诊断和治疗方法是指以有生命的人或动物为直接实施对象,进行识别、确定或者消除病因、疾病的过程。如诊脉法、超声诊断法、外科手术方法、心理疗法及以治疗为目的的针灸、刮痧方法等,这些不能获得专利权,不受专利权法的保护。

4. 动物和植物品种

传统理论认为动物和植物是有生命的物体,是按照自然规律出生和生长的,不是人类发明创造的产物,因此不能被授予专利权。但人为培养或分离出的微生物如果具有特定的产业用途,是可以被授予专利权的[①]。

5. 用原子核变换方法获得的物质

原子核变换方法是指一个或几个原子核经分裂或聚合,形成一个或几个新原子核的过程。例如实现核裂变的各种类型反应堆的方法,不能获得专利权。

6. 对平面印刷品的图案、色彩或者二者的结合做出的主要起标识作用的设计

"平面印刷品"主要指平面包装袋、瓶贴、标贴等用于装入商品或者附着在产品上的印刷品。印刷品的图案、色彩或者二者的结合如果主要起到识别商品来源的

---

① 王迁:《知识产权法教程》,中国人民大学出版社,2011 年,第 277 页。

作用,则可以作为注册商标,受到《商标法》的保护,不再需要《专利法》的保护。

第二节 专利权的主体

专利权的主体即专利权的所有人或持有人,是专利申请被批准之后依法享有专利权并承担相应义务的人。依据《专利法》的规定,专利权人可以是单位也可以是个人。

专利申请人与专利权人是两个不同的概念,前者是指依法享有就某项发明创造向国家专利机关提出专利申请的自然人、法人或其他组织[①]。提出专利申请是取得专利权的必经程序和前提,只有对某项发明创造拥有合法的申请权,才有可能据此取得专利权,但拥有专利申请权未必就一定能取得专利权。若申请专利的发明创造不具备授予专利的条件,则专利申请人会该发明创造未被授予专利而不能转化为专利权人。此外,若两个以上的主体分别就相同内容的发明创造提出专利申请,则专利申请人就会有两个以上,而专利权却只能授予其中一个专利申请人。这样,众多的专利申请人中只有一人有可能转化为专利权人。

一、发明人或设计人

发明人或设计人,是指对发明创造或外观设计的实质性特点做出创造性贡献的人。发明人,专指专利法上发明的完成人;设计人,专指实用新型或外观设计的完成人。在完成发明创造过程中,只负责组织工作的人、为物质技术条件的利用提供方便的人或从事其他辅助性工作的人,如试验员、机械加工人员等,不能成为发明人或设计人。

发明创造和外观设计是智力劳动的结果,与著作权法中的创作相似,发明创造以及设计活动是一种事实行为,并非法律行为,因此自然人无论是否具备行为能力,都可以进行发明创造,且只要他完成了发明创造,就应当认定为发明人或设计人。例如,一名8岁儿童如果完成了符合专利法要求的发明创造或设计,这名8岁儿童就成为发明人或设计人[②]。

发明人或者设计人包括非职务发明创造的发明人、设计人和职务发明创造的发明人、设计人两类。非职务发明创造,是指既不是执行本单位的任务,也没有主要利用单位提供的物质技术条件所完成的发明创造,对于非职务发明创造,申请专

---

① 吴汉东:《知识产权法》,中国人民大学出版社,2009年,第150页。
② 王迁:《知识产权法教程》,中国人民大学出版社,2011年,第279页。

第四章 专利法

利的权利属于发明人或者设计人。发明人或者设计人对非职务发明创造申请专利,任何单位或者个人不得压制。申请被批准后,该发明人或者设计人成为专利权人。

对于同样的发明创造只能授予一项专利权。但是,同一申请人同日对同样的发明创造既申请实用新型专利又申请发明专利,先获得的实用新型专利权尚未终止,且申请人声明放弃该实用新型专利权的,可以授予发明专利权。两个以上的申请人分别就同样的发明创造申请专利的,专利权授予最先申请的人。

二、发明人或设计人的工作单位

职务发明创造,是指执行本单位的任务或者主要是利用本单位的物质技术条件所完成的发明创造,其专利权的主体是该发明创造的发明人或者设计人的所在单位。这里的"单位",包括各种所有制类型和性质的内资企业和在中国境内的中外合资经营企业、中外合作企业和外商独资企业;从劳动关系上讲,既包括固定工作单位,也包括临时工作单位。

社会经济的快速发展和科技水平的大幅提高,使得个人往往需要借助单位的物质技术条件、内部资料或同事的努力协作才能完成发明创造。因此在实践中,以单位为核心完成的发明创造占大多数。因此,各国专利法均明确界定了职务发明及其专利归属。《专利法》第6条规定,"执行本单位的任务或者主要是利用本单位的物质技术条件所完成的发明创造为职务发明创造。职务发明创造申请专利的权利属于该单位;申请被批准后,该单位为专利权人。利用本单位的物质技术条件所完成的发明创造,单位与发明人或者设计人订有合同,对申请专利的权利和专利权的归属做出约定的,从其约定。"

(一)职务发明创造的种类

1. 执行本单位任务所完成的发明创造

执行本单位任务所完成的发明创造包括三种情况:一是在本职工作中做出的发明创造;二是履行本单位交付的本职工作之外的任务所做出的发明创造;三是退职、退休或者调动工作后1年内做出的,与其在原单位承担的本职工作或者原单位分配的任务有关的发明创造。在第三种情况中,只有同时具备两个条件,才构成职务发明创造:①该发明创造必须是发明人或设计人从原单位退职、退休或者调动工作后1年内做出的;②该发明创造与发明人或设计人在原单位承担的本职工作或者原单位分配的任务有联系。

2. 主要利用本单位的物质技术条件所完成的发明创造

"本单位的物质技术条件"是指本单位的资金、设备、零部件、原材料或者不对外公开的技术资料等。一般认为,如果在发明创造过程中,全部或者大部分利用了单位的资金、设备、零部件、原料以及不对外公开的技术资料,这种利用对发明创造的完成起着必不可少的决定性作用,就可以认定为主要利用了本单位物质技术条件[①]。如果仅仅是少量利用了本单位的物质技术条件,且这种物质条件的利用,对发明创造的完成无关紧要,则不能因此认定是职务发明创造。对于利用本单位的物质技术条件所完成的发明创造,如果单位与发明人或者设计人之间订有合同,对申请专利的权利和专利权的归属做出约定,则从其约定。

(二)职务发明创造的权利归属

职务发明创造的专利申请权和取得的专利权归发明人或设计人所在的单位。发明人或设计人享有署名权和获得奖金、报酬的权利,即发明人和设计人有权在专利申请文件及有关专利文献中写明自己是发明人或设计人;被授予专利权的单位应当按规定对职务发明创造的发明人或者设计人给予奖励;在发明创造专利实施后,单位应根据其推广应用的范围和取得的经济效益,对发明人或者设计人给予合理的报酬。

三、合作发明与委托发明的权利人

(一)合作发明的权利人

如果一项非职务发明创造是由两个或两个以上的发明人、设计人共同完成的,则该发明创造称为合作发明,完成该发明创造的人称之为共同发明人或共同设计人。

共同发明创造的专利申请权和取得的专利权归全体共有人共同所有。根据《合同法》第340条规定"合作开发完成的发明创造,除当事人另有约定的以外,申请专利的权利属于合作开发的当事人共有。当事人一方转让其共有的专利申请权的,其他各方享有以同等条件优先受让的权利。合作开发的当事人一方声明放弃其共有的专利申请权的,可以由另一方单独申请或者由其他各方共同申请。申请人取得专利权的,放弃专利申请权的一方可以免费实施该专利。合作开发的当事人一方不同意申请专利的,另一方或者其他各方不得申请专利。"同时,《专利法》第15条明确规定"专利申请权或者专利权的共有人对权利的行使有约定的,从其约定。没有约定的,共有人可以单独实施或者以普通许可方式许可他人实施该专利;许可他人实施该专利的,收取的使用费应当在共有人之间分配。除前款规定的情

---

① 参阅《最高人民法院关于审理技术合同纠纷案件适用法律若干问题的解释》第4条。

形外,行使共有的专利申请权或者专利权应当取得全体共有人的同意。"

(二)委托发明的权利人

委托发明创造是指一个单位或者个人接受其他单位或个人委托所完成的发明创造。

根据《合同法》339条的规定:"委托开发完成的发明创造,除当事人另有约定的以外,申请专利的权利属于研究开发人。研究开发人取得专利权的,委托人可以免费实施该专利。研究开发人转让专利申请权的,委托人享有以同等条件优先受让的权利。"《专利法》第8条的规定:"两个以上单位或者个人合作完成的发明创造、一个单位或者个人接受其他单位或者个人委托所完成的发明创造,除另有协议的以外,申请专利的权利属于完成或者共同完成的单位或者个人;申请被批准后,申请的单位或者个人为专利权人。"由上述规定可以看出,委托完成的发明创造,如果双方约定了发明创造的申请专利权及专利权的归属,从其约定,申请被批准后,申请的单位或者个人为专利权人。如果单位或者个人之间没有协议,构成委托开发的,申请专利权以及取得的专利权归受托人,但委托人可以免费实施该专利技术。

四、受让人

受让人是指通过合同或继承而依法取得该专利权的单位或个人。依据《专利法》第10条的规定:"专利申请权和专利权可以转让。中国单位或者个人向外国人、外国企业或者外国其他组织转让专利申请权或者专利权的,应当依照有关法律、行政法规的规定办理手续。转让专利申请权或者专利权的,当事人应当订立书面合同,并向国务院专利行政部门登记,由国务院专利行政部门予以公告。专利申请权或者专利权的转让自登记之日起生效。"专利申请权转让之后,如果获得了专利,那么受让人就是该专利权的主体;专利权转让后,受让人成为该专利权的新主体。从专利实施权的角度讲,受让人也包括专利实施权的受让人,即通过合同约定,获得专利实施权的法人或个人,包括独占实施许可人、排他实施许可人和一般实施许可人。受让人在继受了专利申请权或专利权后,并不因此而成为发明人、设计人,该发明创造的发明人、设计人也不因发明创造的专利申请权或专利权转让而丧失其特定的人身权利。

五、外国人

外国人包括具有外国国籍的自然人和法人。根据外国人在中国有无经常居所或营业所,将其申请专利分为两类情况。

(一)外国人在中国有经常居所或者营业所

在中国有经常居所或者营业所的外国人、外国企业或者外国其他组织在中国申请专利,享有与中国公民和企业组织同等的权利。

(二)外国人在中国没有经常居所或者营业所

在中国没有经常居所或者营业所的外国人、外国企业或者外国其他组织在中国申请专利,可以分为三种情况分别处理:

1. 依照其所属国同中国签订的协议办理

协议主要是指我国同其他国家签订的双边协议。如果该协议规定,互相允许对方的自然人和企业、组织在本国申请专利,那么按照此规定办理。

2. 依照其所属国同中国共同参加的国际条约办理

目前我国已参加了《保护工业产权巴黎公约》和《成立世界知识产权组织公约》,这两个条约都规定了各成员国应允许公民互相申请和获得专利,并实行国民待遇原则。因此,对两个公约的缔约国的公民、法人或者其他组织在我国申请专利,我国给予其国民待遇。

3. 依照互惠原则办理

互惠原则又称对等原则,也就是说如果一国允许我国的公民或者企业、组织在该国申请和获得专利,那么我国也允许该国公民或者企业、组织在我国申请和获得专利。①

第三节 专利权的取得

发明、实用新型、外观设计不会自动成为专利法的保护对象,它们必须经过专利行政部门的审查,确认其符合专利法规定的条件后才能依法定程序取得专利权。专利授权条件通常分为实质条件和形式条件。实质条件是指申请专利的发明创造自身必须具备的条件,包括新颖性、创造性和实用性。形式条件指发明创造自身以外的,获得专利必须具备的程序方面的要件,即专利权取得的整个程序。

一、发明、实用新型专利授权的实质条件

《专利法》第 22 条规定,授予专利权的发明和实用新型,应当具备新颖性、创造性和实用性。

---

① 参阅中国保护知识产权网,《外国人是否能在中国申请专利》,2010 年 8 月 11 日。

（一）新颖性

新颖性，是指该发明或者实用新型不属于现有技术；也没有任何单位或者个人就同样的发明或者实用新型在申请日以前向国务院专利行政部门提出过申请，并记载在申请日以后公布的专利申请文件或者公告的专利文件中。由此，在认定新颖性方面有三个标准：

1. 公开标准

"现有技术"是指申请日以前在国内外为公众所知的技术，包括在申请日以前在国内外出版物上公开发表、在国内外公开使用或者以其他方式为公众所知的技术。因此如果发明或实用新型在申请日以前通过上述方式公开，便会成为现有技术，失去新颖性从而不得再获得专利权。

2. 时间标准

认定新颖性的时间标准是申请之日，如果发明或实用新型在申请日以前已经公开，它就丧失了新颖性，在申请日之后的公开则不丧失新颖性。外国申请人要求优先权的，以优先权日，即在外国提出第一个申请之日作为确定新颖性的时间界限。

3. 地域标准

地域标准指确定新颖性的空间范围，目前各国判断新颖性所采用的地域标准，有世界新颖性、区域新颖性和混合新颖性地域标准三种。世界新颖性也称绝对新颖性，是指在专利审查中，专利主管部门可以引用世界范围内的任何出版物或实际活动去否定一项发明创造的新颖性，即要求发明创造不构成全世界范围内的"现有技术"，没有以任何方式在世界范围内公开过。区域新颖性标准是指在专利审查中，专利主管部门只引用一国之内的出版物或实际活动来判断一项发明创造是否具有新颖性。混合新颖性地域标准是指兼顾世界与区域新颖性的标准，即在出版物方面采用在世界范围内的出版物上是否公开为标准，而在实际活动方面则在一国范围内分析是否公开使用过或以其他方式为公众所知①。我国最新修改后的《专利法》在判断新颖性的标准上采用了世界新颖性的地域标准。

但丧失新颖性也有例外情形，即申请专利的发明创造在申请日以前6个月内，有下列情形之一的，不丧失新颖性：一是在中国政府主办或者承认的国际展览会上首次展出的；二是在规定的学术会议或者技术会议上首次发表的；三是他人未经申请人同意而泄露其内容的。

---

① 吴汉东：《知识产权法》，中国人民大学出版社，2009年，第163页。

(二)创造性

创造性是指与现有技术相比,该发明具有突出的实质性特点和显著的进步,该实用新型具有实质性特点和进步。

1. 时间标准

从时间角度判断发明创造是否具有创造性,一般是以申请日为标准,将该发明创造同申请日以前的现有技术相比,通过比较判断其是否具有创造性。

2. 技术标准

创造性的技术标准是判断该发明是否具有突出的实质性特点和取得显著的进步。突出的实质性特点,即发明与现有技术相比在本质上有明显的区别,这种技术是创造性构思的结果,而非显而易见的。显著进步,是指与现有技术相比,具有更好的效果或者有利于推动科学技术进步,这是从发明创造所产生的客观效果来衡量的,如提高了产品质量,降低了生产成本,减少了环境污染等。

3. 人员标准

在判断一项发明是否具有创造性时,是以所属技术领域的普通技术人员的认知能力为标准的。普通的技术人员,是指在完成发明创造时已经具有该发明所属领域内的人所共有的知识和工作经验、有理解力但无创造力的人员[①]。这些技术人员的知识水平是一般的、中等的,具有高度熟练知识的专家不包括在内。如果某一发明不是该发明或者实用新型所属技术领域的普通技术人员能从现有技术轻而易举地得到启发做出来的,该发明就具有创造性。

(三)实用性

实用性是指该发明或者实用新型能够制造或者使用,并且能够产生积极效果。因实用性的审查判断相对简单,所以,在审查程序上一般是最先审查实用性,然后审查新颖性与创造性。判断实用性的标准有以下三方面:

1. 可实施性

发明或者实用新型要具备实用性首先必须足以实施,必须能够在产业上制造或者使用,所属技术领域的技术人员能够依据说明书或技术资料实现该发明创造。因此,发明创造必须是一套完整的已经完成的技术方案,可以实际付诸实施。

2. 可重复性

可重复性要求发明或者实用新型必须能在工业生产中反复实施,且这种实施不依赖于任何随机因素,每次实施的结果均相同。

---

① 刘春田:《知识产权法》,中国人民大学出版社,2009年,第189页。

3. 有益性

有益性是强调能够产生积极效果的发明或者实用新型。对于那些违反科学原理、违反公共道德和违反国家法律的所谓"发明创造",均不具备实用性的有益性特征,不能授予其专利权。

二、外观设计专利授权的实质条件

同发明、实用新型专利授权所需的实质条件相比,外观设计专利满足"新颖性"标准即可获得专利授权。

《专利法》第23条规定,"授予专利权的外观设计,应当不属于现有设计;也没有任何单位或者个人就同样的外观设计在申请日以前向国务院专利行政部门提出过申请,并记载在申请日以后公告的专利文件中。授予专利权的外观设计与现有设计或者现有设计特征的组合相比,应当具有明显区别。授予专利权的外观设计不得与他人在申请日以前已经取得的合法权利相冲突。"

即"新颖性"是指"不属于现有设计"。现有设计,是指申请日以前在国内外为公众所知的设计,包括申请日以前在国内外出版物上公开发表过、公开使用过或者以其他方式为公众所知的设计。如果该外观设计在申请日以前已经公开,它就丧失了新颖性,在申请日之后的公开则不丧失新颖性。外国申请人要求优先权的,以优先权日,即在外国提出第一个申请之日作为确定新颖性的时间界限。

三、专利权取得的形式条件

专利权的取得,不仅要符合《专利法》所规定的实质条件,还必须符合形式条件,即履行《专利法》所规定的专利申请程序和手续,一般要向国家专利局提交必要的申请文件,经过法定的审批程序后,才可审定是否授予专利权。

(一)专利权的申请

专利权的申请是指享有专利权的个人或单位向国家专利行政部门提出的请求授予其专利权的意思表示。

1. 申请的原则

专利申请原则既是专利申请的总指导思想,也是申请专利过程中具体的操作规则。通常有书面原则、单一性原则、先申请原则、优先权原则和公开原则五大原则。

(1)书面原则。书面原则是指申请人为获得专利权需履行的各种手续必须以书面形式提出申请并办理。《中华人民共和国专利法实施细则》第2条明确规定"专利法和本细则规定的各种手续,应当以书面形式或者国务院专利行政部门规定的其他形式办理。"随着电子商务技术的普及,电子信息也开始被视做书面形式。

(2)单一性原则。专利申请的单一性原则,是指一份专利申请文件只能就一项发明创造提出专利申请,即"一申请一发明"原则。依据《专利法》第31条规定,"一件发明或者实用新型专利申请应当限于一项发明或者实用新型。属于一个总的发明构思的两项以上的发明或者实用新型,可以作为一件申请提出。一件外观设计专利申请应当限于一项外观设计。同一产品两项以上的相似外观设计,或者用于同一类别并且成套出售或者使用的产品的两项以上外观设计,可以作为一件申请提出。"

(3)先申请原则。先申请原则,是指有两个或两个以上的申请人,就同一内容的发明创造分别向专利行政部门提出专利申请时,专利权授予最先提出申请的人。法律规定先申请原则,是为了鼓励技术更新,促进技术开发人员提高专利权的自我保护意识。

(4)优先权原则。优先权原则是指申请人就其发明创造第一次提出专利申请后,在法定的时间内就同一发明创造再次提出申请的,依法优先享有以第一次申请日期作为申请日的权利。根据《专利法》的规定,优先权有外国优先权和本国优先权之分。根据《专利法》第29条的规定,外国优先权是指申请人自发明或实用新型在外国第一次提出专利申请之日起12个月内,或者自外观设计第一次提出专利申请之日起6个月内,又在中国就相同主题提出专利申请的,依照该外国同中国签订的协议或者参加的国际条约,或者依照相互承认优先权的原则,可以享有优先权。本国优先权,是指申请人自发明或者实用新型在中国第一次提出专利申请之日起12个月内,又向国务院专利行政部门就相同主题提出专利申请的,可以享有优先权。

优先权的作用在于申请人有充裕的时间考虑是否向其他国家申请专利。如果申请时发明创造的技术性尚不成熟,在取得优先权后,可以改进和完善技术内容。

(5)公开原则。公开原则是指申请人有义务在申请专利时将其发明创造公开,以此取得独占实施权。专利技术正是通过公开得到法律保护的,这一点与以保密为手段得到保护的专有技术不同。

2.申请日的确定

专利申请日是国务院专利行政部门收到专利申请文件的日期。确定专利申请日应当注意以下问题,一是如果申请文件是邮寄的,以寄出的邮戳日为申请日;二是专利申请人享有优先权的,以优先权日为申请日。

3.申请文件

按照目前国家知识产权局的相关规定,申请发明专利的,申请文件应当包括发明专利请求书、摘要、摘要附图、说明书、权利要求书、说明书附图,各一式两份。涉及氨基酸或者核苷酸序列的发明专利申请,说明书中应当包括该序列表,把该序列表作为说明书的一个单独部分提交,并与说明书连续编写页码,同时还应当提交符合国家知识产权局规定的记载有该序列表的光盘或软盘。

申请实用新型专利的,申请文件应当包括实用新型专利请求书、摘要、摘要附图、说明书、权利要求书、说明书附图,各一式两份。

申请外观设计专利的,申请文件应当包括外观设计专利请求书、图片或者照片,以及对该外观设计的简要说明,各一式两份。提交图片的,两份均应为图片,提交照片的,两份均应为照片,不得将图片或照片混用①。

(1) 请求书。请求书是申请人向专利行政部门请求授予发明或者实用新型专利权的书面文件。请求书的主要内容须包括发明或者实用新型的名称、关于与发明创造及专利申请有关系的人和机构、申请文件及附加文件的清单等。

(2) 说明书及附图。说明书是详细记载发明或者实用新型技术内容的一个重要文件,它的作用是对申请专利的发明或者实用新型做出清楚、完整的说明。国家给发明创造授予专利保护的目的之一是为了打破技术封锁,促进新技术信息的交流,所以申请人必须在说明书中充分公开其发明创造,达到使该发明或者实用新型所属技术领域的普通专业人员能够理解并实现。

(3) 权利要求书。权利要求书是申请人要求的并经专利行政部门确认的发明创造的保护范围的书面文件。权利要求书的作用是确定专利权的界限,是判断专利纠纷中是否构成侵权的重要依据。权利要求书应当有独立权利要求和从属权利要求来说明发明或者实用新型的技术特征,清楚并简要地表述请求保护的范围。独立权利要求是权利要求书必有内容,从属权利要求则可依情况而定。权利要求书可以恰当地确定专利保护的范围,使发明或者实用新型得到充分的保护。

(4) 说明书摘要。说明书摘要,是指说明书公开内容的摘要,不具有法律效力。说明书摘要作为一个单独的申请文件,主要是为了方便检索、提供信息。它应当写明发明或实用新型的技术要点,即写明发明或者实用新型的名称和所属技术领域,并清楚地反映所要解决的技术问题、解决该问题的技术方案的要点以及主要用途。摘要应当简短、全面。摘要可以有化学式、反应式或者数学式,但不能有商业性宣传用语②。

---

① 参阅中国保护知识产权网,《办理专利申请应当提交哪些文件》,2007年7月31日。
② 吴汉东:《知识产权法》,中国人民大学出版社,2009年,第175页。

(二)专利权的审查与批准

依据《专利法》的规定,发明专利申请的审批程序包括受理、初步审查、早期公开、实质审查以及授权五个阶段;实用新型或者外观设计专利申请在审批中不进行早期公开和实质审查,只有受理、初步审查和授权三个阶段。

1. 初步审查

初步审查,又称形式审查。专利行政部门在受理发明专利申请后,应当对该申请在形式上是否符合专利法的规定进行审查。专利行政部门在初步审查后,应当将审查意见通知申请人,要求其在指定的期限内,陈述意见或者补正;申请人期满未答复的,其申请视为撤回。申请人陈述意见或者补正后,专利行政部门仍认为不符合专利法规定的形式要求的,应当予以驳回。

2. 早期公开

依据《专利法》的规定,专利行政部门经初步审查认为符合专利法要求的,自申请日(有优先权的自优先权日)起满18个月,即行公布。专利行政部门可以根据申请人的请求早日公布其申请,申请人请求早日公布其发明专利申请的,应当向专利行政部门声明。专利行政部门对该申请进行初步审查后,除予以驳回的外,应当立即将申请予以公布。

3. 实质审查

发明专利申请的实质审查,是指对申请专利的发明的新颖性、创造性、实用性等实质要件进行审查。发明专利申请自申请日起3年内,专利行政部门可以根据申请人随时提出的请求,对其申请进行实质审查;申请人无正当理由逾期不请求实质审查的,该申请即被视为撤回。同时,专利行政部门认为必要的时候,可以自行对发明专利申请进行实质审查,但应当通知申请人。

专利行政部门对发明专利申请进行实质审查后,认为不符合专利法规定的,应当通知申请人,要求其在指定的期限内陈述意见,或者对其申请进行修改;无正当理由逾期不答复的,该申请即视为撤回。发明专利申请经申请人陈述意见或者进行修改后,专利行政部门仍然认为不符合专利法规定的,应当予以驳回。

4. 授权登记公告

发明专利申请经实质审查没有发现驳回理由的,由国家专利行政部门做出授予发明专利权的决定,发给发明专利证书,同时予以登记和公告。发明专利权自公告之日起生效。实用新型和外观设计专利申请经初步审查没有发现驳回理由的,由国务院专利行政部门做出授予实用新型专利权或者外观设计专利权的决定,发给相应的专利证书,同时予以登记和公告,实用新型专利权和外观设计专利权自公告之日起生效。

第四章 专 利 法

5. 专利申请的复审

专利申请的复审是指专利申请人不服国务院专利行政部门驳回其专利申请的决定依法向专利复审委员会提出请求,由专利复审委员会进行审查并做出决定的法律程序。

(1)提出复审的条件。专利复审程序的启动以专利申请人提出复审请求作为前提条件。专利复审委员会进行复审,必须具备以下条件:第一,专利申请人对国务院专利行政部门驳回申请的决定不服的;第二,专利申请人自收到驳回通知之日起3个月内,向专利复审委员会请求复审,逾期则视为放弃复审;第三,复审请求应按照一定的格式要求提出,如向专利复审委员会请求复审的,应当以书面形式提交复审请求书,并说明理由,必要时还应当附有关证据。如果申请人的复审请求书的格式不符合有关规定,且在专利复审委员会要求请求人限期补正期限内不补正的,该复审请求将被视为未提出。

(2)做出复议决定。专利复审委员会在接到复审请求书后,对复审案件及时进行审查和调查研究,对案件做出正确的处理决定。通常情况下,专利复审委员会对复审的决定有两种处理结果:一是依法维持原专利行政部门的决定,即驳回复审请求;二是依法撤销原来专利行政部门的决定,批准复审请求,由原审查部门继续进行审查程序。做出复议决定后,专利复审委员将以书面形式通知专利申请人。

(3)对专利复审委员会复审决定不服的起诉。根据《专利法》的规定,专利申请人对专利复审委员会的复审决定不服的,可以自收到通知之日起3个月内向人民法院起诉。

6. 专利审批中的行政复议

专利行政部门的行政复议是指在审批专利的过程中,专利申请人、专利权人及其他利害关系人对专利行政部门做出的具体行政行为产生争议,根据专利申请人、专利权人及其他利害关系人的申请,由专利行政部门对原具体行政行为进行复查并做出裁决的行为。

(1)专利行政复议的受案范围。依据法律相关规定,专利申请人对专利行政部门做出的下列具体行政行为不服或者有争议的,可以申请复议:对国家知识产权局做出的有关专利申请、专利权的具体行政行为不服的;对国家知识产权局做出的有关集成电路布图设计登记申请、布图设计专有权的具体行政行为不服的;对国家知识产权局专利复审委员会做出的有关专利复审、无效的程序性决定不服的;对国家知识产权局做出的有关专利代理管理的具体行政行为不服的;认为国家知识产权局做出的其他具体行政行为侵犯其合法权益的。

(2)对行政复议决定不服的起诉。根据《行政诉讼法》第37条的规定,公民、法人或者其他组织对行政机关的具体行政行为不服,可以先申请复议,对复议不服的,再向人民法院起诉;也可以直接向人民法院起诉。

这一规定明确了专利行政复议和专利行政诉讼的衔接程序关系,即当事人不可以同时选择申请复议和向法院起诉。根据《国家知识产权局行政复议规程》第9条规定,"有权申请行政复议的公民、法人或者其他组织向人民法院提起行政诉讼,人民法院已经依法受理的,不得向国家知识产权局申请行政复议。向国家知识产权局申请行政复议,行政复议机构已经依法受理的,在法定行政复议期限内不得向人民法院提起行政诉讼。国家知识产权局受理行政复议申请后,发现在受理前或者受理后当事人向人民法院提起行政诉讼并且人民法院已经依法受理的,驳回行政复议申请。"

附:发明、实用新型和外观设计专利的申请、审查流程如图4-1所示。

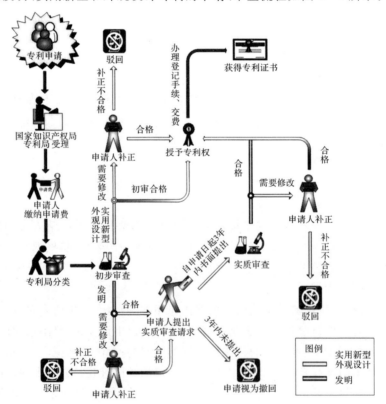

图4-1 发明、实用新型和外观设计专利的申请、审查流程图①

---

① 参阅中国保护知识产权网。

第四节 专利权人的权利与义务

一、专利权人的权利

专利权人的权利是指专利权人对其发明创造依法享有的权利,依据《专利法》的规定,专利权人的权利有专利实施独占权、专利实施许可权、专利实施转让权、标明专利标记权、专利权保护请求权、放弃专利权、发明人或设计人专利署名权等权利。

(一)专利实施独占权

专利实施独占权是指专利权人排他地利用和最终处分其专利权的权利。《专利法》第11条规定,"发明和实用新型专利权被授予后,除本法另有规定的以外,任何单位或者个人未经专利权人许可,都不得实施其专利。即不得为生产经营目的制造、使用、许诺销售、销售、进口其专利产品,或者使用其专利方法以及使用、许诺销售、销售、进口依照该专利方法直接获得的产品。外观设计专利权被授予后,任何单位或者个人未经专利权人许可,都不得实施其专利,即不得为生产经营目的制造、许诺销售、销售、进口其外观设计专利产品。"

由此条款可以看出,第一,对不同类型的专利,其专利实施独占权是不一样的。对发明和实用新型专利而言,专利权人拥有制造权、使用权、许诺销售权、销售权、进口权;而对外观设计专利权人而言,其拥有制造权、许诺销售权、销售权和进口权。第二,对发明专利而言,可分为产品发明专利和方法发明专利。产品发明的专利权人拥有制造权、使用权、许诺销售权、销售权和进口权;而方法发明专利的专利权人受保护的行为不仅是使用该方法本身,而且还包括使用、许诺销售、销售、进口依照该专利方法直接获得的产品。由于实用新型专利只适用于产品,所以和产品发明专利权人拥有相同权利。第三,专利权人的上述专利实施独占权,不是绝对的,而是有限制条件的,只有在这些前提条件下,专利权人才有权独自享有上述权利。

1. 制造权

制造专利产品,是指专利权人依照专利文件的权利要求书所包括的内容,利用自己的资金、设备、技术,实际生产制造出专利产品。制造权,是指专利权人享有独占地制造专利产品、禁止他人未经其许可制造相同或相似于专利产品的垄断权。

专利权人享有的首要权利就是专利产品的制造权,也是其主张和行使其他权利的前提,非经专利权人的许可,任何单位和个人不得擅自制造专利产品,或与专利产品相似的产品。所谓"与专利产品相同的权利"是指所制造的产品就是专利说明书和权利要求书所记载的产品。"与专利产品相似的产品",是指与专利产品主要技术特征相近似的类似产品。判断一项产品与专利产品是否相同或近似,主要以专利申请文件中的专利说明书和权利要求书的内容为准。

2. 使用权

使用权包括两个方面:第一,对于产品专利来讲,专利权人使用属于专利保护范围的产品,依据该专利产品的技术性能,使该产品得到应用。这里所说的应用,既可以是为生产经营目的对产品的反复使用,也可以是只使用一次;既可以是对产品全部性能的使用,也可以是就产品某一性能的使用;甚至不管实际使用的产品是由专利所有人制造的、经专利所有人许可制造的,还是未经专利权人许可制造的,只要所使用的产品与专利权人的权利要求书中所述的产品一致,都称之为使用该产品,都必须经专利权人同意,否则构成侵权。第二,对于方法专利来讲,使用是指使用专利方法。专利方法主要有两类:一类是单纯的方法,这种方法不是用来生产产品的,不会直接产生物质产品;另一类是指产品制造工艺或方法,这类方法的直接结果就是产生某种物质产品。专利权人有权自己使用专利方法,同时有权禁止他人未经专利权人许可擅自使用该专利方法。

使用权也是专利权人的一种具有排他性的专有权,是一种受法律保护的行为。除法律另有规定以外,任何人未经专利权人的许可,均不得使用,否则构成侵权。至于使用相似产品或相似方法,只要其相似程度与专利说明书和权利要求书中所述的一致或包括在内,也属侵权行为。①

3. 许诺销售权

许诺销售专利产品,是指明确表明愿意出售某一专利产品的行为。它是通过在商店内陈列或在展销会上演示、列入销售征订单或拍卖清单、列入推销广告或者以任何口头、书面或其他特定方式向特定或不特定的人明确表示对其出售某种专利产品的一种意愿。

4. 销售权

销售专利产品也是专利权人的一项重要权利,它是指专利权人独自销售专利法保护范围内的专利产品的权利。不管实际销售的产品是由专利权人制造的、是经专利权人许可制造的、还是未经其许可制造的,任何产品只要与发明说明书中所叙述的以及专利权利要求书中所提出的一致,即为专利产品。销售这种产品都需经过专利权人的许可,否则就构成侵权。同时,未经专利权人同意,他人不仅不能

---

① 王丽霞:《知识产权法学概论》,北京出版社,2005年,第44页。

销售专利产品,而且也不得销售与专利产品相似的产品。但是也有例外,如专利产品的所有权发生第一次转移后,专利权人的独占销售权即用尽,他人再销售专利产品就无须专利权人的同意。

5. 进口权

进口权也是专利权人的一项重要的权利。进口专利产品是指将属于专利权保护范围内的产品或包含该产品的物品运进国内。对专利权人而言,进口权包含三方面的内容:第一,专利权人自己进口专利产品,并通过进口专利产品履行在本国实施专利的义务;第二,专利权人有权禁止他人进口专利产品,《专利法》规定,任何单位和个人未经专利权人许可,不得为生产经营目的进口其专利产品;第三,进口权有一定的限制,法律规定在特殊情况下,如为了科学研究的目的,专利权人无权禁止他人进口专利产品。

(二)专利实施许可权

专利实施许可权是指专利权人许可他人实施其专利、由他人支付其专利使用费的权利。专利权人称为许可人,实施其专利的人称为被许可人。在专利许可中,被许可人得到的只是专利使用权,而专利所有权仍然是专利权人即许可人的。因此专利使用许可中,只发生使用权的转移,不发生所有权的转移。

专利许可是通过签订专利实施许可合同来进行的。专利实施许可合同是专利权人或其授权的人作为许可人允许被许可人在约定范围内实施其专利技术,被许可人支付约定的使用费所订立的合同。专利许可合同按照其许可的范围不同,可分为以下几种情况:

1. 普通许可合同

普通许可合同又称非独占许可合同。依据此类合同,许可人允许被许可人在合同规定的范围内使用其专利技术,同时保留自己实施和允许任何第三人实施该范围内专利技术的权利,这是比较常见的一种专利许可方式。

2. 排他许可合同

排他许可合同又称独家许可合同,是指被许可人在合同规定的地域、期限或方式、范围内享有使用专利技术的权利。许可人不得在相同范围内就同一专利与第三人签订专利许可合同,但许可人保留自己在该范围内实施该项专利的权利。

3. 独占许可合同

独占许可合同又称完全许可合同,是指被许可人对专利技术的实施享有独占的使用权,许可人不得在许可合同规定的期限和范围内自己实施或以其他方式利用专利,也不得与第三人签订任何其他形式的许可合同。在整个专利有效期限内,独占许可合同如同将专利转让一样。

4.分售许可合同

分售许可合同,是指被许可人除了在规定的地域和期限内使用专利外,还可以将使用的专利的全部或部分转售任何第三人。许可使用是实施专利的一种主要方式,它可以促进发明创造的推广应用,有利于开展技术的国际交流,引进先进技术,缩短科研时间,提高科研成果的生产力转化率,提高经济效益。

(三)专利实施转让权

专利实施转让权是指专利权人将专利所有权转让给他人的权利。依《专利法》第10条规定,"专利申请权和专利权可以转让。中国单位或者个人向外国人、外国企业或者外国其他组织转让专利申请权或者专利权的,应当依照有关法律、行政法规的规定办理手续。转让专利申请权或者专利权的,当事人应当订立书面合同,并向国务院专利行政部门登记,由国务院专利行政部门予以公告。专利申请权或者专利权的转让自登记之日起生效。"

在专利转让中,专利权人是出让人,接受转让人是受让人。专利权人对转让权的行使,实际是将发明创造的排他性权利转让给了受让人。专利权的转让,导致专利权主体的变更,受让人向专利权人支付价款,专利权人将发明创造的专利所有让与受让人,使受让人成为新的发明创造专利权的主体。由于专利权是一项总括性权利,具体包括多项内容,有所有权、使用权、收益权、处分权等,因此转让专利权时应将整体权利全部转让,不能将其割裂而单独转让其中的某项权利。转让专利权应遵循下列规定:

(1)专利权是通过签订转让合同的方式进行的。依据《专利法》的规定,当事人之间转让专利权的,应当签订书面合同,并向国务院专利行政部门登记,由国务院专利行政部门予以公告,专利权的转让自登记之日起生效。依据《合同法》的规定,依法成立的转让专利权的合同,自成立时起生效,当事人一方不得以未经登记为由主张合同无效。合同成立后,因未向国务院专利行政部门办理登记手续使转让不生效的,当事人应当依法补办登记手续。

(2)中国的单位或者个人向外国人转让专利权的,必须向国务院专利行政部门登记。

(3)依据国务院发布的《国防专利条例》第7条规定,"国防专利申请权和国防专利权经批准可以向国内的中国单位和个人转让。转让国防专利申请权或者专利权,应当确保国家秘密不被泄露,保证国防和军队建设不受影响,并向国防专利机构提出书面申请,由国防专利机构进行初步审查后依照本条例第3条第2款规定的职责分工,及时报送国务院国防科学技术工业主管部门、总装备部审批。国务院国防科学技术工业主管部门、总装备部应当自国防专利机构受理申请之日起

30日内做出批准或者不批准的决定;做出不批准决定的,应当书面通知申请人并说明理由。经批准转让国防专利申请权或者国防专利权的,当事人应当订立书面合同,并向国防专利机构登记,由国防专利机构在《国防专利内部通报》上刊登。国防专利申请权或者国防专利权的转让自登记之日起生效。"

(四)标记权

标记权是指专利权人享有在其专利产品上或者该产品的包装、容器、说明书上、产品广告中标注专利标记和专利号的权利。《专利法》第17条规定,专利权人有权在其专利产品或者该产品的包装上标明专利标识。专利标识就是指"中国专利""专利"字样,或者是"P"符号。

标明专利标记权是专利权人的一项权利,而非义务。专利权人通过行使标记权,一方面可以宣传自己的产品,提高知名度,增加消费者的信任度,增强产品的竞争力;另一方面可以起到警示作用,表明该产品是专利产品,受专利法的保护,未经专利权人许可,他人不得仿造。在专利侵权诉讼中,侵权行为人不得以专利权人未在专利产品或者该产品的包装上做专利标识为由进行抗辩;人民法院也不得以专利权人未在专利产品上做专利标识为由,拒绝专利权人的侵权诉讼,同时专利权人也不因未在专利产品或者该产品的包装上标注专利标识而丧失请求权。

(五)保护请求权

专利权作为一种知识产权,同其他财产权一样,能给权利人带来经济利益,因而受到国家法律的保护。如发明和实用新型专利被授予后,任何单位和个人未经专利权人许可,都不得以生产经营目的制造、使用、许诺销售、销售、进口其专利产品,或者使用专利方法以及使用、许诺销售、销售、进口依照该专利方法直接获得的产品。专利权人在其专利权受到侵权时,既可以请求相关行政部门处理,也可以直接向人民法院起诉。

(六)放弃专利权

放弃专利权,是专利权人对专利权行使的一种处分权,专利权人可以通过书面申请或不缴纳专利费的方式放弃其专利权。专利权被放弃后,其发明创造即成为整个社会的共同财富,任何人都可以无偿使用。《专利法》规定,专利权人以书面声明放弃其专利权的,专利权在期限届满前终止。专利权人提出放弃专利权声明后,一经国务院专利行政部门登记和公告,其专利权即可终止,其发明创造进入公共领域,成为公有技术,任何人都可以不经许可自由使用,并无须向其支付报酬。但当专利权人与他人订立了专利实施许可合同后,如果专利权人随意放弃专利权,就会损害被许可人的利益,因此其放弃专利权时应经得被许可人的同意或者赔偿由此给被许可人造成的损失,以免损害被许可人的合法利益。

(七)发明人或设计人专利署名权

署名权是指发明人或设计人有在专利文件中写明自己是发明人或设计人的权利。署名权是独立于专利权而存在的,因为发明创造既有职务发明创造,又有非职务发明创造,作为非职务发明创造的发明人和设计人而言,其本身还是专利权人,而职务发明创造,其发明人或设计人虽然不是专利权人,但仍然有署名权。所以可以说,署名权是发明人或设计人的身份权。

二、专利权人的义务

根据《专利法》的规定,专利权人不仅依法享有各项权利,还要承担相应的法律义务。如果专利权人不依法履行相应的义务,就要承担一定的法律后果。专利权人依法主要承担如下义务:

(一)实施发明创造专利的义务

专利权人对其获得专利的发明创造依法享有独占实施权,但如果专利权人取得专利权后不付诸实施,而任何第三人又不能自由地将这样的发明创造付诸实施,就可能会出现由专利权人垄断其发明创造的情形,显然不利于发明创造的推广应用,不利于促进科学技术的发展。因此制造专利产品、使用专利方法是实现专利技术的推广应用的必经途径,是专利权人的义务。

(二)缴纳专利年费的义务

专利年费,是指专利权人依照专利法的规定,自被授予专利权的当年开始,在专利权有效期内逐年向专利局缴纳的费用。专利权人发明创造获得专利权后,应缴纳年费,《专利法》规定专利权人应当自被授予专利权的当年开始缴纳年费。年费一般是预先缴纳,申请人办理登记手续时,除应当缴纳专利登记费用外,还应当缴纳授权当年的年费。

缴纳年费是专利权人的义务,专利权人不履行该义务,其专利权将终止。专利权人同他人签订专利实施许可合同后,有义务保证被许可人在无法律障碍情况下享受专利实施许可合同所规定的一切权利,因此专利权人仍要按期缴纳年费,以保证专利权不提前失效。当专利权人不按期缴纳年费可能导致专利权失效时,应当与被许可人协商,被许可人为维护自己的利益,可以提出要求受让专利权,或者代专利权人缴纳年费。

国家知识产权局专利收费标准一览表见表 4-1。

表4-1 国家知识产权局专利收费标准①

国内部分(人民币:元)	全额	个人减缓	单位减缓
(一)申请费			
1.发明专利	900	135	270
印刷费	50	不予减缓	不予减缓
2.实用新型专利	500	75	150
3.外观设计专利	500	75	150
(二)发明专利申请审查费	2500	375	750
(三)复审费			
1.发明专利	1000	200	400
2.实用新型专利	300	60	120
3.外观设计专利	300	60	120
(四)发明专利申请维持费	300	60	120
(五)著录事项变更手续费			
1.发明人、申请人、专利权人的变更	200	不予减缓	不予减缓
2.专利代理机构、代理人委托关系的变更	50	不予减缓	不予减缓
(六)优先权要求费每项	80	不予减缓	不予减缓
(七)恢复权利请求费	1000	不予减缓	不予减缓
(八)无效宣告请求费			
1.发明专利权	3000	不予减缓	不予减缓
2.实用新型专利权	1500	不予减缓	不予减缓
3.外观设计专利权	1500	不予减缓	不予减缓
(九)强制许可请求费			
1.发明专利	300	不予减缓	不予减缓
2.实用新型专利	200	不予减缓	不予减缓
(十)强制许可使用裁决请求费	300	不予减缓	不予减缓

① 参阅中华人民共和国国家知识产权局官方网站。

续　表

国内部分(人民币:元)	全额	个人减缓	单位减缓
(十一)专利登记、印刷费、印花税			
1.发明专利	255	不予减缓	不予减缓
2.实用新型专利	205	不予减缓	不予减缓
3.外观设计专利	205	不予减缓	不予减缓
(十二)附加费			
1.第一次延长期限请求费每月	300	不予减缓	不予减缓
再次延长期限请求费每月	2000	不予减缓	不予减缓
2.权利要求附加费从第11项起每项增收	150	不予减缓	不予减缓
3.说明书附加费从第31页起每页增收	50	不予减缓	不予减缓
从第301页起每页增收	100	不予减缓	不予减缓
(十三)中止费	600	不予减缓	不予减缓
(十四)实用新型专利检索报告费	2400	不予减缓	不予减缓
(十五)年费	全额		
1.发明专利			
1~3年	900	135	270
4~6年	1200	180	360
7~9年	2000	300	600
10~12年	4000	600	1200
13~15年	6000	900	1800
16~20年	8000	1200	2400
2.实用新型			
1~3年	600	90	180
4~5年	900	135	270
6~8年	1200	180	360
9~10年	2000	300	600
3.外观设计			
1~3年	600	90	180
4~5年	900	135	270

续　表

| 6～8 年 | 1200 | 180 | 360 |
| 9～10 年 | 2000 | 300 | 600 |

注：①维持费和复审费按照80％及60％两种标准进行减缓。②授权后三年的年费可以享受减缓。

PCT 申请国际阶段部分（人民币：元）

（一）传送费	500
（二）检索费	2100
附加检索费	2100
（三）优先权文件费	150
（四）初步审查费	1500
初步审查附加费	1500
（五）单一性异议费	200
（六）副本复制费每页	2
（七）后提交费	200
（八）滞纳金	按应交费用的50％计收，若低于传送费按传送费收取；若高于基本费按基本费收取
（九）国际申请费	
1.国际申请用纸不超过30页的	8858（1330瑞朗）
2.超出30页的部分每页加收	100（15瑞朗）
（十）手续费	1332（200瑞朗）

注：（九），（十）项为国家知识产权局代世界知识产权组织国际局收取的费用，收费标准按2008年6月1日国家外汇管理局公布的外汇牌价折算。

PCT 申请进入中国国家阶段部分（人民币：元）

（一）宽限费	1000
（二）改正译文错误手续费（初审阶段）	300
（三）改正译文错误手续费（实审阶段）	1200
（四）单一性恢复费	900
（五）改正优先权要求请求费	300

注：进入国内阶段其他收费依照国内申请标准执行。

(三)给职务发明人或设计人以奖励或报酬的义务

在职务发明创造中,虽然发明人和设计人不享有专利申请权和最终的专利权,但是基于其创造性劳动,《专利法》明确规定其享有获得奖励的权利。被授予专利权的单位应对职务发明创造的发明人或者设计人给予奖励;发明创造专利实施以后,根据其推广的范围和取得的经济效益,对发明人或设计人给予合理的报酬。

(四)保证充分公开专利内容的义务

专利权人应当在说明书中将发明、实用新型、外观设计的内容根据专利法的要求详细、清楚而确切地加以阐明,以使同行业的技术人员能够理解和实施,这也是专利权人应当尽的一项义务。《专利法》规定,对不充分公开发明创造内容的专利,其他人有权提请专利复审委员会宣告该专利为无效。

第五节　专利权的保护期限、终止和无效

一、专利权的保护期限

专利权的保护期限是指对专利权的保护在时间上的法律效力。对专利权的保护是有时间限制的,《专利法》规定,发明专利权的期限为 20 年,实用新型专利权和外观设计专利权的期限为 10 年,均自申请日起计算。

在 TRIPS 协定生效前,多数国家规定发明专利权的期限为 15 年或 20 年不等。在药品和农业化学品等领域,申请人为获得主管部门的批准需要进行一系列试验,办理很多的手续,经主管部门审查合格后方能进行销售。另外许多药品,尤其是生物药品的开发费用相当高,如果专利权的期限是 15 年,这些领域内的许多专利权人将无法收回其巨额投资,其结果必然影响其进行发明创造的积极性。因此,为了鼓励专利权人的发明创造,1992 年我国修改《专利法》时,将发明专利权的期限由原来的 15 年延长为 20 年,将实用新型和外观设计期限由原来的 8 年(含续展的 3 年)延长为 10 年[①]。TRIPS 协定对发明专利和外观设计可享有的保护期分别规定为不少于自提交申请之日起的 20 年和 10 年。

二、专利权的终止

一般情况下,专利权从期限届满时自行终止。但是,若在专利权的有效期内,专利权人想提前终止专利权,可以书面声明放弃其专利权也可以不缴纳年费的方

---

① 吴汉东:《知识产权法》,中国人民大学出版社,2009 年,第 186 页。

式提前终止。如果专利权人在专利权有效期内死亡而又无继承人的,则该专利权也宣告终止。

专利权的有效和终止是两种相反的权利状态,这不仅涉及专利权人能否行使权利,还涉及权利人以外的人能否无偿使用该发明创造。因此,一项专利权处于何种权利状态应以专利行政部门的公示为准。无论专利权以哪种方式终止后,国务院专利行政部门都应当将有关事项登记于专利登记簿,并在专利公报上公告,这就意味着一经公告的专利技术进入公有领域,即成为全社会的共同财富,任何人都可以自由、无偿地使用和利用,且不构成侵权。

三、专利权的无效

专利权的无效不同于终止。专利权的终止是由于合法原因使专利权失去效力,专利权无效是由于某种或某些原因使已经获准的专利权归于消灭的制度。专利权的授予是按照法律规定的条件和程序进行的。正常情况下或执法完备的情况下,国务院专利行政部门授予的所有专利权都应该是准确的,但是由于发明创造的技术复杂性和专利工作人员知识的非全面性,专利权的核准难免出现失误,要求确保完全准确是不现实的,因此,专利法设立了专利权无效制度,为纠正不合理的确权提供了一种救济手段,从一定意义上也是对专利工作设置了一种独立审批程序的法律监督程序[①]。

按照《专利法》的规定,自国务院专利行政部门公告授予专利权之日起,任何单位或者个人认为该专利权的授予不符合专利法的有关规定,均可请求专利复审委员会宣告该专利权无效。专利复审委员会接到该请求后,应当及时审查和做出决定,并通知请求人和专利权人。宣告专利权无效的决定,由国务院专利行政部门登记和公告。对专利复审委员会宣告专利权无效或者维持专利权的决定不服的,可以自收到通知之日起3个月内向人民法院起诉。人民法院应当通知无效宣告请求程序的对方当事人作为第三人参加诉讼。最终被宣告无效的专利权视为自始不存在。

第六节 专利侵权行为与专利权的法律保护

专利侵权行为是指在专利权有效期限内,行为人未经专利权人许可又无法律依据,以营利为目的实施他人专利的行为。

---

① 王丽霞:《知识产权法学概论》,北京出版社,2005年,第85页。

构成专利侵权行为应满足以下几个要件:首先,侵害的对象是有效的专利,实施专利授权以前的技术、已经被宣告无效的专利、被专利权人放弃的专利或者专利权期限届满的技术,不构成侵权行为;其次,行为人在客观上实施了侵害他人专利的行为;再者,行为人须以生产经营为目的;最后,行为人实施专利的行为未经专利权人的许可,且又缺乏法律依据。

一、专利侵权行为的表现形式

专利侵权行为表现为直接侵权行为和间接侵权行为两类。直接侵权行为指直接由行为人实施的侵犯他人专利权的行为。其表现形式包括:制造发明、实用新型、外观设计专利产品的行为;使用发明、实用新型专利产品的行为;许诺销售发明、实用新型专利产品的行为;销售发明、实用新型或外观设计专利产品的行为;进口发明、实用新型、外观设计专利产品的行为;使用专利方法以及使用、许诺销售、销售、进口依照该专利方法直接获得的产品的行为;假冒他人专利的行为等。为生产经营目的使用、许诺销售或者销售不知道是未经专利权人许可而制造并售出的专利侵权产品,能证明该产品合法来源的,仍然属于侵犯专利权的行为,需要停止侵害但不承担赔偿责任。间接侵权行为是指行为人本身的行为并不构成对专利权的侵害,而是诱导、怂恿、教唆别人实施他人专利,从而发生侵害专利权的行为。

二、专利权的法律保护

对侵害专利权的行为,专利权人或者利害关系人可以就侵权行为与侵权人进行协商解决;不愿协商或者协商不成的,可以请求管理专利工作的部门处理,也可直接向人民法院起诉。专利权的法律保护方式包括民事保护、行政保护和刑事保护三种。

(一)专利权的民事保护

在实践中,侵犯专利权的行为多属于民事侵权行为,因此对专利侵权的民事制裁是最重要的一种法律保护方式。当专利权人的专利权被他人侵犯时,被侵权人可以向人民法院起诉来追究侵权人的民事责任。因侵犯专利权的行为提起的诉讼,由侵权行为地或被告住所地人民法院管辖。人民法院在保护专利权人的利益时,通常会采取下列措施:强制侵权人停止侵权活动;没收侵权人的仿制产品;赔偿专利权人的经济损失;责令侵权人采取措施,恢复专利权人的信誉等。

依据《专利法》第68条的规定:"侵犯专利权的诉讼时效为两年,自专利权人或者利害关系人得知或者应当得知侵权行为之日起计算。发明专利申请公布后至专利权授予前使用该发明未支付适当使用费的,专利权人要求支付使用费的诉讼时效为两年,自专利权人得知或者应当得知他人使用其发明之日起计算,但是,专利权人于专利权授予之日前即已得知或者应当得知的,自专利权授予之日起计算。"

(二)专利权的行政保护

专利权的行政保护,是指通过行政程序,由国家行政管理机关运用行政手段对专利权实施法律保护。

依据《专利法》第60条的规定:"未经专利权人许可,实施其专利,即侵犯其专利权,引起纠纷的,由当事人协商解决;不愿协商或者协商不成的,专利权人或者利害关系人可以向人民法院起诉,也可以请求管理专利工作的部门处理。管理专利工作的部门处理时,认定侵权行为成立的,可以责令侵权人立即停止侵权行为,当事人不服的,可以自收到处理通知之日起15日内依照《行政诉讼法》向人民法院起诉;侵权人期满不起诉又不停止侵权行为的,管理专利工作的部门可以申请人民法院强制执行。进行处理的管理专利工作的部门应当事人的请求,可以就侵犯专利权的赔偿数额进行调解;调解不成的,当事人可以依照《中华人民共和国民事诉讼法》向人民法院起诉。"

(三)专利权的刑事保护

专利权的刑事保护是指侵犯专利权的行为情节严重,触犯刑法构成犯罪的,通过依法追究侵权人的刑事责任保护专利权人的合法权益。依照《专利法》和《刑法》的规定,侵害专利权及违反《专利法》,构成专利犯罪的行为,应承担刑事责任的情形有以下三种情况:一是假冒他人专利,即非专利权人在自己的产品或包装上弄虚作假,加上专利权人的专利产品标记或专利号,非法销售和牟取利润,情节严重的,应按照刑法有关规定,追究刑事责任。二是专利局工作人员及有关国家工作人员徇私舞弊、玩忽职守、滥用职权的,由专利局或有关主管机关给予行政处分,情节严重的,应按照刑法有关规定,追究刑事责任。三是擅自向外国申请专利、泄露国家重要机密的,由所在单位或上级主管机关给予行政处分;情节严重构成犯罪的,依法追究刑事责任。

本章案例

案例一

某博物院与北京A复制技术发展有限公司(以下简称A公司)合作开发"一种中国书画仿真复制印刷技术",后发生纠纷。某博物院诉称,A公司于2004年5月向国家知识产权局申请了名称为"一种中国书画仿真复制印刷技术"的发明专利,发明人为徐某,该专利于 2006 年 8 月获得授权。后由于专利权属发生纠纷,某博物院将 A 公司与 B 公司告上法庭。某博物院在起诉中称,其与 A 公司共同开发研制"书画仿真印刷法"专利,约定为共同权利人,可是 A 公司独自申请专利并获批,后 A 公司经过两次专利权转让协议,将该专利权完全转让给了 B 公司。现该专利在国家知识产权局登记的权利人为 B 公司,而 B 公司系 A 公司投资 180 万元、徐某投资 20 万元设立的公司。A 公司与 B 公司恶意串通变更该发明专利的权利人,逃避合同义务,损害某博物院的合法权益。某博物院请求法院判决 A 公司与 B 公司之间两次转让专利的合同无效。

B 公司辩称,B 公司参加了"书画仿真印刷法"专利的研制,理应作为专利权人,两公司没有恶意串通损害故宫博物院利益。

法院经审理确认,某博物院与 A 公司双方自 2004 年开始合作开发中国书画仿真复制印刷技术,约定该发明专利应由某博物院与 A 公司共同享有。后 A 公司单方向国家知识产权局申请发明专利,其中专利申请人为 A 公司,发明人为徐某。某博物院就此事与 A 公司达成协议,约定 A 公司在国家专利局办理增加某博物院为共同申请人。可是 A 公司并未履约。相反,在 2006 年 7 月,A 公司与 B 公司签订协议,向知识产权局申请将专利的申请人变更为 A 公司和 B 公司共有。2006 年 8 月,该专利获得批准。2007 年 5 月,A 公司和 B 公司约定"书画仿真印刷法"专利为 B 公司独有,现该专利在国家知识产权局登记的权利人为 B 公司。

法院认为,A 公司在签订《权利转移协议书》后,未经合同其他当事人的许可,擅自将专利申请人变更为 A 公司和 B 公司共有,又在专利获得授权后,将专利权人变更为 B 公司,A 公司与 B 公司的行为造成之前签订的《权利转移协议书》无法履行,损害了某博物院依据该协议享有的预期利益。另外 A 公司与 B 公司的法定代表人都是徐某,因此 A 公司与 B 公司之间的行为属于恶意串通,其行为损害了某博物院的合法利益,应属无效行为。北京市第一中级人民法院一审认定,A 公司擅自变更专利权人,损害第三人某博物院合法权益,转让合同无效。

案例二

2009 年 11 月 26 日,王某向国家知识产权局申请"护体套装"(专利号为 ZL200930270347.8)外观设计专利,2010 年 8 月 11 日获得专利权。该外观设计专利共有图片 12 张,专利简要说明记载:①护体套装主要是各种面料贴身美体的服装。②件 1 是护体套装护腰图。③件 2 是护体套装短裤图。④件 3 是护体套装护腿图。⑤件 4 是护体套装护腕图。⑥按摩套装的面料为凹凸编制设计工艺。⑦护体套装护腰外面主视图为专利公报使用图。王某认为,刘某未经其许可,在多家店铺销售的腰封的外观设计与涉案专利件1护体套装护腰外面、里面主视图及里面后视图相同,故诉至陕西省西安市中级人民法院,请求判令刘某停止生产、销售侵权产品,赔偿损失10万元。刘某对其销售被控侵权产品没有异议,但其提供的公证书证明:2008年12月24日其网易的博客和2009年9月个人相册上有与被控侵权产品外观相同的腰封。

西安中院经审理认为,本案中,刘某对其销售被控侵权产品没有异议,其抗辩理由是该产品采用的是现有设计,并提交了争讼之专利申请日即2009年11月26日之前,网易博客和个人相册上有与刘某所售被控侵权产品外观设计相同的产品;同时,上述博客和个人相册并未设定访问权限,即便设定有访问权限,博客和个人相册属于不同的主体,进入该网页的人群亦不属于特定人群,因此可以认定被控侵权产品的外观设计属于现有设计。西安中院判决:驳回王某的诉讼请求。宣判后,双方当事人均未上诉。

案件点评:

本案例中涉及的知识点:

1. 外观设计的保护范围

根据《专利法》相关规定,外观设计不能脱离产品而获得专利权的保护,但外观设计专利保护的客体不是产品本身,而是由产品的形状、图案、色彩等设计要素构成的该产品的外观设计,产品只是外观设计的载体。也就是说,我国外观设计专利制度保护的是以产品为载体的外观设计,而非脱离产品的外观设计。因此,在确定外观设计专利权的保护范围时,应当同时考虑产品的类别以及外观设计两个层面。当然,在类似产品上采用无实质性差别的外观设计,仍应认为落入外观设计保护范围之内。本案中,争讼之外观设计专利共有12张图片,专利简要说明载明了护体套装主要是各种面料贴身美体的服装,其中包括护体套装护腰图、护体套装短裤图、护体套装护腿图及护体套装护腕图,应该说这里的护腰、短裤、护腿、护腕是分别独立的以图片的形式表示了该产品的外观设计,因此可以认为每一个独立的图片都是外观设计的保护范围,不能简单地认为只有整体使用护体套装才属于专利权的保护范围,单一使用其中任何一套不属于外观设计专利的保护范围。

2. 侵犯外观设计专利权的路径

外观设计是以产品为载体,通过不同于同类产品且富有美感的外观吸引消费者的注意,获得市场利益的回报。通常情况下,判断是否侵犯外观设计专利权的路径主要考虑以下方面:首先应当审查被控侵权产品与专利产品是否属于同类产品,产品类别不同的,即使其外观设计的形状、图案以及色彩设计三要素相同,也不应认为是外观设计相同;其次判断被控侵权产品与外观设计专利是否构成相同或者有无实质性区别,对此判定主体应当是基于被比对设计产品的"一般消费者"的知识水平和认知能力进行综合评价;再次对被控侵权产品与外观设计专利进行对比,应当进行整体观察和综合判断,具体方式是指由被比对设计的整体来确定是否与外观设计相同或者无实质性区别,而不从外观设计的部分或者局部对比。对"一般消费者"而言,整体视觉效果无差异的,认定外观设计相同;无实质性差异的,认定外观设计也构成等同。本案中,刘某未经专利权人许可,在多家店铺销售的腰封的外观设计与涉案专利件1护体套装护腰外面、里面主视图及里面后视图相同,落入了争讼之专利的保护范围。

3.现有设计的抗辩

《专利法》规定的现有技术,是指申请日以前在国内外为公众所知的技术。在专利侵权纠纷中,被控侵权人有证据证明其实施的技术或者设计属于现有技术或者现有设计的,不构成侵犯专利权。由此,现有设计抗辩强调的是技术在专利申请日之前为公众所知晓,这样就使得在后的外观设计丧失了《专利法》所要求的新颖性特征,不应得到《专利法》的保护,被控侵权人可以此作为自己行为不构成侵权的抗辩理由。本案中,刘某在答辩中,明确以现有设计抗辩,并提供了诉争专利申请日之前网易的博客和个人相册上有与被控侵权产品外观相同的腰封,由此表明在申请日之前公众已能从公开途径获知该产品的外观设计,故被控侵权人使用的设计属于现有设计,而属于现有设计的外观设计专利当然不应得到《专利法》的保护。

第五章　商　标　法

商标法是调整商标关系的法律规范的总和,即调整自然人、法人或者其他组织在生产经营活动中发生的因商标注册、使用、管理和保护商标专用权等活动的法律规范。商标法的作用是加强商标管理,保护商标专用权,促使生产者、经营者保证商品和服务质量,维护商标信誉,以保障消费者和生产者、经营者的利益,促进社会主义市场经济的发展。

第一节　商标及其分类

一、商标的概念及特征

商标是一种商业标志,是指将自然人、法人或者其他组织的商品与他人的商品区别开的标志。一般包括文字、图形、字母、数字、三维标志、颜色组合和声音等,以及上述要素的组合,均可以作为商标申请注册。作为一种识别性标记,商标具有以下特征:

(1)商标是依附在商品或服务上的标志,不可孤立地存在。

(2)在一定的商品和服务上使用的商标,主要是用来区别商品或服务的来源,对消费者起到指示作用。

(3)《商标法》中将商标的构成要素明确为文字、图形、字母、数字、三维标志、颜色组合和声音等,以及上述要素的组合。

二、商标的分类

市场经济的发展带动了商标的发展,主要体现在使用范围越来越广泛、品种越来越丰富。根据商标的形态、用途、结构、知名度高低等不同标准来划分,商标可分为不同的种类。不同种类的商标在法律上的体现有一个渐进的过程,实际上反映了商标发展的过程,也是对商标保护日趋加强的过程。

《商标法》中的商标有如下分类。

(一)注册商标和未注册商标

根据是否登记注册,可以将商标分为注册商标和未注册商标。

经商标局核准注册的商标为注册商标,包括商品商标、服务商标和集体商标、证明商标;商标注册人享有商标专用权,受法律保护。注册商标在其有效期限内,注册人享有该注册商标的专用权,严禁任何组织或个人仿冒、抄袭,未经注册人许可,他人不得使用该注册商标,其专用权受到国家的法律保护。经核准注册的商标,商标注册人有权标明"注册商标"或者注册标记。

未注册商标,又称为非注册商标,是指未经商标局核准注册而自行使用的商标。我国实行自愿注册制度,未注册的商标也可以使用,但是未注册商标不享有商标的专用权,不受国家法律保护。使用的未注册商标不得在相同或类似商品和服务上与他人已注册商标相同或近似。但经过长期使用的、在市场上具有较高信誉并为公众熟知的商标,虽未注册也可以获得一定程度的保护。

(二)商品商标和服务商标

根据商标的使用对象不同,可以将商标分为商品商标和服务商标。根据世界知识产权组织《商标注册用商品和服务国际分类尼斯协定》的规定,商标划分为45个类别。其中,1~34类为商品商标,35~45类为服务商标。

商品商标是自然人、法人或其他组织在其生产或者经营的商品上使用的商标,其可以分为制造商标与销售商标。制造商标又称为工业商标或生产商标,是商品生产者在自己生产制造的商品上使用的商标,用以区分其他制造商生产的商品。销售商标指销售者在自己销售的商品上使用的商标,用以区分其他经销商销售的同类商品。

服务商标是服务性行业使用的标记,是为消费者提供的具有劳务因素的服务,其标记的对象是服务。服务商标是服务者将自己提供的服务区别于其他服务提供者的标记。《商标法》中有关商品商标的规定,同样适用于服务商标。

(三)集体商标和证明商标

根据商标的特殊作用,可以将商标分为集体商标和证明商标。

根据《商标法》第3条的规定,集体商标是指以团体、协会或者其他组织名义注册,供该组织成员在商事活动中使用,以表明使用者在该组织中的成员资格的标志。集体商标的所有权属于一个集体组织,只能由集体成员共同使用。证明商标是指由对某种商品或者服务具有监督能力的组织所控制,而由该组织以外的单位或者个人使用于其商品或者服务,用以证明该商品或者服务的原产地、原料、制造方法、质量或者其他特定品质的标志。证明商标的所有人和使用人是分离的,证明商标的注册申请人只能是具有监督能力的组织。

对于集体商标和证明商标的注册与管理,其一般事项由《商标法》做出规定,而特殊事项则由国务院工商行政管理部门规定。

(四)驰名商标和普通商标

根据商标的知名度,可以将商标分为驰名商标和普通商标。

一般认为,驰名商标是指在一定地域范围内的市场上享有很高声誉、为相关公众所熟知的商标。驰名商标必须由有权机关对是否驰名进行认定,我国有权认定驰名商标的机关主要包括商标局、商标评审委员会以及人民法院。《商标法》明确规定了驰名商标认定的标准:①相关公众对该商标的知晓程度;②该商标使用的持续时间;③该商标的任何宣传工作的持续时间、程度和地理范围;④该商标作为驰名商标受保护的记录;⑤该商标驰名的其他因素。

普通商标是相对于驰名商标而言的,只要不是驰名商标,都应该属于普通商标。

三、商标与其他商业标识的比较

(一)商标与商品名称

商品名称是用以区别其他商品而使用的称谓,分为通用名称和特有名称。商品的通用名称,指为公众所熟知的商品的一般名称,如电脑、电视、空调、手机等。而特有名称具有显著区别性特征,能区分同类商品,是表明某一特定商品的名称,如联想电脑、乐视电视、美的空调、苹果手机等。在我国,商标经过注册之后,受《商标法》的保护,一般商品名称不是法律保护的对象。根据法律规定,只有知名商品的特有名称,才能作为一种代表竞争法意义上的商业标识受到《反不正当竞争法》的保护。

(二)商标与商号

商号是经营者表明自己的名称。商号是对企业主体识别的标记,商标是商品或服务来源的识别性标志,一个企业只能有一个商号,但可以有多个商标。商标经注册在全国范围内享有商标专有权,商号根据《企业名称登记管理规定》进行登记后,享有的企业名称专有权仅限于登记机关所辖范围。

(三)商标与商品装潢

商品装潢以图案、色彩或者文字来美化、宣传商品的装饰设计。商标和装潢都用于商品或其包装上,都具有一定的识别作用。商标主要用来识别不同经营者的商品或服务,装潢主要用来说明或美化商品。注册商标受到《商标法》的保护,不能随意改变其文字、图形或组合,知名商品的装潢可以获得《反不正当竞争法》的保护,商品的经营者可以根据市场需要随时变动装潢的文字或图案。

(四)商标与地理标志

地理标志是标示某商品来源于某地区,该商品的特定质量、信誉或者其他特征,主要由该地区的自然因素或者人文因素所决定的标志。地理标志可以作为证明商标或集体商标注册和使用。地理商标更侧重于表明商品产地,作为证明商标,由该标志所标示的地区经营者的代表申请注册,由该地区的经营者共同使用,任何个人或企业都不能独占享有。

第二节 商标的构成条件

商标作为生产经营者在其商品或服务项目上使用的专有标志,关于商标构成要素的规定是商标法中的一项重要制度。随着社会经济生活的丰富和多样化发展,各国的商标立法为适应经济发展的需求,不断放宽对商标使用标记的限制,使得商标的构成要素已完全突破了传统的文字和平面图形的限制,向多样化拓展。

并非所有的标识都能作为商标使用或获得商标注册,《商标法》关于标志是否能够使用、获得注册的规定集中在第9、10、11和12条。第9条规定:"申请注册的商标,应当具有显著特征,便于识别,并不得与他人在先取得的合法权利相冲突";第10条规定了绝对不能注册为商标的一些标志;第11条则规定了只有经过使用获得显著特征后才能注册的标志;第12条是关于三维标志可注册性的限制。

一、商标的必备条件

商标的必备条件包括以下几项:

(1)商标应具有可识别性,包括文字、图形、字母、数字、三维标志和颜色组合,以及上述要素的组合,均可作为商标申请注册。此外,声音也可以作为商标注册使用。但是,气味等商标不能在我国注册。

(2)商标应具有显著性,商标是区别商品的标志,无论是以什么样的形式出现的,都要有自己的独特性和创新,能够充分地代表自己,使消费者借助于商标能够区别不同商品生产经营者生产经营的同一种商品。

(3)商标不得与他人在先取得的合法权利相冲突。

二、不得作为商标使用的标志

《商标法》第10条规定,下列标志不得作为商标使用:

(1)同中华人民共和国的国家名称、国旗、国徽、国歌、军旗、军徽、军歌、勋章等相同或者近似的,以及同中央国家机关的名称、标志、所在地特定地点的名称或者

标志性建筑物的名称、图形相同的;

(2)同外国的国家名称、国旗、国徽、军旗等相同或者近似的,但经该国政府同意的除外;

(3)同政府间国际组织的名称、旗帜、徽记等相同或者近似的,但经该组织同意或者不易误导公众的除外;

(4)与表明实施控制、予以保证的官方标志、检验印记相同或者近似的,但经授权的除外;

(5)同"红十字""红新月"的名称、标志相同或者近似的;

(6)带有民族歧视性的;

(7)带有欺骗性,容易使公众对商品的质量等特点或者产地产生误认的;

(8)有害于社会主义道德风尚或者有其他不良影响的。

县级以上行政区划的地名或者公众知晓的外国地名,不得作为商标。但是,地名具有其他含义或者作为集体商标、证明商标组成部分的除外;已经注册的使用地名的商标继续有效。

三、商标的限制条件

根据《商标法》第11条的规定,以下三类标志经过使用取得显著特征,并便于识别的,可以作为商标注册。①仅有本商品的通用名称、图形、型号的;②仅直接表示商品的质量、主要原料、功能、用途、重量、数量及其他特点的;③其他缺乏显著特征的。

根据《商标法》第12条和第13条第2款、第3款的规定,以三维标志申请注册商标的,仅由商品自身的性质产生的形状、为获得技术效果而需有的商品形状或者使商品具有实质性价值的形状,不得注册。就相同或者类似商品申请注册的商标是复制、模仿或者翻译他人未在中国注册的驰名商标,容易导致混淆的,不予注册并禁止使用。就不相同或者不相类似商品申请注册的商标是复制、模仿或者翻译他人已经在中国注册的驰名商标,误导公众,致使该驰名商标注册人的利益可能受到损害的,不予注册并禁止使用。

第三节 商标权的取得及保护期限

一、取得商标权的原则

(一)注册原则

各国商标权的取得有注册原则和使用原则两种方式。注册原则要求只有注册商标取得的专用权,才受法律保护,一般为大陆法系各国所采用。使用原则是按使用商标的先后来确定商标权的归属,采用这一原则的多为英美法系国家,采用此种方式的国家只有已经使用的商标或者保证将要使用的商标,方可注册,注册的作用仅限于推定权利存在,与商标权的产生无关。

我国采用注册原则。依《商标法》规定,经商标局核准注册的商标为注册商标,商标注册人享有商标专用权,受法律保护。未经注册的商标,在不侵害他人注册商标的前提下,虽可使用但不能取得商标专用权。对于绝大多数产品是否申请注册商标,采取自愿注册的原则,由商标使用人自行决定,法律并没有强制性的规定。但对烟草制品和人用药品等采用强制注册商标的原则,即这类商品必须使用注册商标,未经注册的,其商品不得在市场销售。

(二)先申请原则

先申请原则是与先使用原则相对立的一项原则,这一原则要求谁先申请商标注册就授予谁商标专用权,而不问商标的使用情况。依《商标法》第31条规定,两个或者两个以上的申请人,在同一种商品或者类似商品上,以相同或者近似的商标申请注册的,初步审定并公告申请在先的商标;同一天申请的,初步审定并公告使用在先的商标,驳回其他人的申请,不予以公告。

(三)优先权原则

《商标法》第25条规定,商标注册申请人自其商标在外国第一次提出商标注册申请之日起6个月内,又在中国就相同商品以同一商标提出商标注册申请的,依照该外国同中国签订的协议或者共同参加的国际条约,或者按照相互承认优先权的原则,可以享有优先权。依照这一规定要求优先权的,应当在提出商标注册申请的时候提出书面声明,并且在3个月内提交第一次提出的商标注册申请文件的副本;未提出书面声明或者逾期未提交商标注册申请文件副本的,视为未要求优先权。

此外,《商标法》第26条还规定,商标在中国政府主办的或者承认的国际展览会展出的商品上首次使用的,自该商品展出之日起6个月内,该商标的注册申请人可以享有优先权。依照这一规定要求优先权的,应当在提出商标注册申请的时候提出书面声明,并且在3个月内提交展出其商品的展览会名称、在展出商品上使用该商标的证据、展出日期等证明文件;未提出书面声明或者逾期未提交证明文件的,视为未要求优先权。

二、商标权取得的程序

商标权的取得,必须经过以下程序(见图5-1)。

第五章 商标法

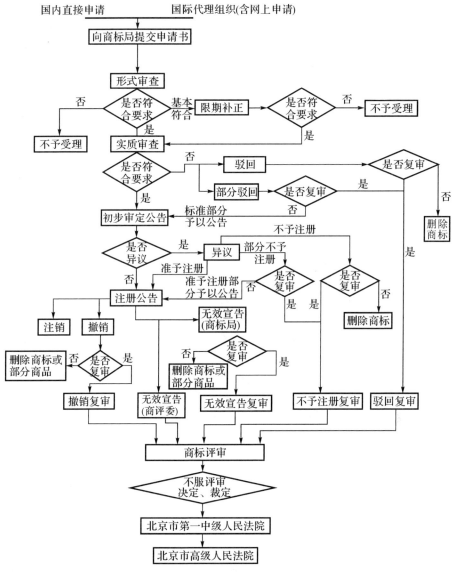

图 5-1 商标申请注册流程图

(一)申请

1. 商标注册申请人

《商标法》第 4 条规定:"自然人、法人或者其他组织在生产经营活动中,对其商品或者服务需要取得商标专用权的,应当向商标局申请商标注册。"

我国的自然人、法人或者其他组织申请商标注册的,可以自己直接到商标局办理注册申请手续,也可以委托商标代理组织办理。外国人在我国申请商标注册的,按其所属国和我国订立的协议或者共同参加的国际条约,或者按照对等原则办理。同时,我国参照国际惯例,对外国人或外国企业在我国申请注册商标和办理其他商标事宜的,要求必须委托我国政府认可的商标代理组织办理。

2. 注册商标申请文件

申请人申请商标注册,应递交下列申请文件:

(1) 商标注册申请书。"商标注册申请书"应当列明当事人的基本情况,加盖申请人的章戳,自然人必须签字。在一份申请书中不得填写两件或两件以上的商标,填写的商标名称必须与附送的商标图样一致。商标注册申请人应当按规定的商品分类表填报使用商标的商品类别和商品名称,可以通过一份申请就多个类别的商品申请注册同一商标。

(2) 商标图样。注册申请书必须附有商标图样。以颜色组合或者着色图样申请商标注册的,应当提交着色图样,并提交黑白稿1份;不指定颜色的,应当提交黑白图样。商标图样应当清晰,便于粘贴,用光洁耐用的纸张印制或者用照片代替,长和宽应当不大于10厘米,不小于5厘米。

以三维标志申请商标注册的,应当在申请书中予以声明,说明商标的使用方式,并提交能够确定三维形状的图样,提交的商标图样应当至少包含三面视图;以颜色组合申请商标注册的,应当在申请书中予以声明,说明商标的使用方式;以声音标志申请商标注册的,应当在申请书中予以声明,提交符合要求的声音样本,对申请注册的声音商标进行描述,说明商标的使用方式。对声音商标进行描述,应当以五线谱或者简谱对申请用作商标的声音加以描述并附加文字说明;无法以五线谱或者简谱描述的,应当以文字加以描述;商标描述与声音样本应当一致。商标为外文或者包含外文的,应当说明含义。

(3) 委托书。申请商标注册如果是通过商标代理人代办的,申请人应当提交代理委托书,代理委托书应当载明代理内容及权限;外国人或者外国企业的代理委托书还应当载明委托人的国籍。外国人或者外国企业的代理委托书及与其有关的证明文件的公证、认证手续,按照对等原则办理。

(4) 其他文件或证明书。为了证明与商标注册的相关事宜,申请人必须附上必要的文件或证明书。包括自然人的身份证,法人的营业执照副本或登记机关颁发的证件。用人物肖像作为商标申请注册申请的,申请人必须提供经公证机关公证过的肖像权人的授权书。办理集体商标注册申请的,应附送申请人主体资格证明和商标使用管理规则。办理证明商标注册申请的,应当提交申请人主体资格证明、国家或者省级主管部门出具的证明申请人对指定商品或服务具有检测和监督能力的文件。注册申请人要求适用优先权的,应当提交经有关国家主管机关予以证明的优先权证明文件。

(二)审查

1. 形式审查

形式审查是对注册商标权形式条件的审查,主要是审查商标注册的申请是否具备法定的条件和手续,文件是否齐备和规范,费用是否支付。

形式审查的主要内容如下:

(1)审查申请人的资格和申请的程序。如申请人是否具备完全的民事行为能力,外国人或外国企业在我国申请商标注册是否委托指定的代理机构代理。

(2)审查申请材料是否齐备。如申请书填写是否规范,证明文件是否齐全。

(3)审查是否交纳了商标注册申请费。

(4)审查商标的申请日期,编写申请号。

通过形式审查,对符合要求的,受理申请并确定申请日,商标注册的申请日以商标局受到申请书件的日期为准;如果手续不齐全,应当予以驳回,申请日期不保留;如果基本符合要求,只需做一些补正,商标局将通知申请人限期补正,申请人在规定期限内补正的,申请日期保留,否则不予保留。

2. 实质审查

实质审查是决定申请注册的商标能否被初步审定并公告的关键环节。《商标法》规定的商标专有权的实质条件可以概括为商标的合法性、显著性和非冲突性三个方面。

实质审查的主要内容如下:

(1)商标是否违背商标法规定的禁用标志的相关条款;

(2)商标是否具备法定的构成要素;

(3)商标是否具有显著性特征;

(4)商标是否与他人在同一商品或类似商品上已注册的商标、申请在先的商标,撤销、注销不满一年的注册商标相同或近似;是否抢注他人已有一定影响的商标等。

上述审查内容,第(1)(2)(3)项是对商标的合法性和显著性的审查,即对申请注册商标的绝对条件的审查;第(4)项是对商标是否与在先权利发生冲突的审查,即对申请注册商标的相对条件的审查。

经实质审查,商标局如认为申请注册的商标符合商标法的规定,则予以初步审定,并予以公告;如不具备核准条件、不予以初步审定的商标,发给申请人"驳回申请书",说明驳回理由,并同商标注册申请书等一起退还给申请人或代理人;如认为商标注册申请虽有不符合商标法规定之处,但可以修正的,限定修订时间。申请人在限定期限内未作修正或修改后仍不符合商标法规定的,驳回申请,发给申请人"驳回申请书"。

(三)初步审定及公告

经审查,商标局认为符合核准条件并决定初步审定的商标,商标局将向申请人发出该初步审定通知,并予以公告,征求公众的意见,接受公众的监督,以保证注册商标确权。

(四)商标异议

对初步审定公告的商标,自公告之日起 3 个月内,在先权利人、利害关系人认为违反《商标法》第 13 条第 2 款和第 3 款、第 15 条、第 16 条第 1 款、第 30 条、第 31 条、第 32 条规定的,或者任何人认为违反《商标法》第 10 条、第 11 条、第 12 条规定的,可以向商标局提出异议。对初步审定提出异议的,应向商标局提交"商标异议书",并附有关证据。

根据《商标法》第 35 条的规定,对初步审定公告的商标提出异议的,商标局应当听取异议人和被异议人陈述事实和理由,经调查核实后,自公告期满之日起 12 个月内做出是否准予注册的决定,并书面通知异议人和被异议人。有特殊情况需要延长的,经国务院工商行政管理部门批准,可以延长 6 个月。

商标局裁定异议成立的,做出不予注册的决定;异议不成立的,异议人未在规定期限内申请复审,该商标在公告期满后予以注册。如果对异议裁定不服,当事人可以自收到通知之日起 15 日内向商标评审委员会申请复审。

(五)核准注册及公告

初步审定的商标在初审公告期满,无异议或异议不成立的,或当事人在收到异议裁定后没有提请复审,或复审维持异议不成立的裁定的,初步审定公告的商标由商标局核准注册。核准注册是商标申请人取得商标专有权的决定性环节。核准注册后的商标权人可以在核定的商品或服务(包括相关的商品包装、说明书、广告等)上表明"注册商标"字样或者注册标记。

当事人在法定期限内对商标局做出的裁定不申请复审或者对商标评审委员会做出的裁定不向人民法院起诉的,裁定生效。经裁定异议不能成立的,予以核准注册,发给商标注册证,并予以公告;经裁定异议成立的,不予核准注册。经裁定异议不能成立而核准注册的,商标注册申请人取得商标专有权的时间自初审公告 3 个月期满之日起计算。

(六)复审和诉讼

根据《商标法》第34条的规定,对驳回申请、不予公告的商标,商标局应当书面通知商标注册申请人。商标注册申请人不服的,可以自收到通知之日起15日内向商标评审委员会申请复审。商标评审委员会应当自收到申请之日起9个月内做出决定,并书面通知申请人。有特殊情况需要延长的,经国务院工商行政管理部门批准,可以延长3个月。当事人对商标评审委员会的决定不服的,可以自收到通知之日起30日内向人民法院起诉。

商标局做出准予注册决定的,发给商标注册证,并予公告。异议人不服的,可以依照《商标法》第44条、第45条的规定向商标评审委员会请求宣告该注册商标无效。

商标局做出不予注册决定,被异议人不服的,可以自收到通知之日起15日内向商标评审委员会申请复审。商标评审委员会应当自收到申请之日起12个月内做出复审决定,并书面通知异议人和被异议人。有特殊情况需要延长的,经国务院工商行政管理部门批准,可以延长6个月。被异议人对商标评审委员会的决定不服的,可以自收到通知之日起30日内向人民法院起诉。人民法院应当通知异议人作为第三人参加诉讼。

三、商标权的保护期限

(一)商标权的期限

商标权的期限,是商标专用权受法律保护的有效期限。世界各国几乎都对商标专用权的效力规定了时间限制,但各国规定的方式和期限长短不同,多数国家规定为10年,如日本、法国、瑞典、丹麦、比利时等国。各国商标有效期开始计算的时间也不同,如法国自提出申请之日起计算,美国则自核准注册之日起计算。《商标法》第39条规定,注册商标的有效期为10年,自核准之日起计算。

(二)商标权的续展

商标权的续展是指通过一定程序,延续原注册商标的有效期限,使商标注册人继续保持对其注册商标的专用权。《商标法》第40条规定,注册商标有效期限,需要继续使用的,应当在期满前6个月内按照规定办理续展手续;在此期间未能办理的,可以给予6个月的宽展期。宽展期满仍未办理续展手续的,注销其注册商标。每次续展注册的有效期为10年,续展次数不受限制。

申请商标续展注册,应履行法定程序。凡申请商标续展注册的,申请人应向所在地工商行政管理局提出,并送交商标续展注册申请书一份,商标图样5张。申请书应填写注册商标的编号、商品的类别及有效期的期限时间,同时交回原注册证以及续展申请费和续展注册费。在宽展期内申请的,还应交续展延迟费。商标局收到工商局核准的续展申请后,经审查认为不合规定的,将不予续展;如果申请符合法律规定,将对原注册商标证书加注并返还给申请人,并对申请续展的商标予以公告。

(三)商标权的消灭

商标权的消灭是指因法定事由的发生,注册商标所有人丧失其商标专用权。通常情况下,主要有注销和撤销两种情况。

1. 因注销而丧失商标专用权

注销是指注册商标所有人自愿放弃其注册商标的注册,由商标局备案,并予以公告。其具体情形如下:

(1)未进行续展。即从核准注册商标之日起,经过10年而商标专用权人未续展其注册商标或者虽已提出续展申请而被依法驳回时,商标专用权即告消灭。

(2)自动放弃。即通过办理放弃该注册商标的登记手续,商标专用权消灭。

(3)其他事由。即商标注册人因种种原因不存在,其商标权随之被注销。

2. 因撤销而丧失商标专用权

撤销是指商标局强制废除注册商标的注册,剥夺注册商标所有人的专用权。

根据《商标法》第49条的规定,商标注册人在使用注册商标的过程中,自行改变注册商标、注册人名义、地址或者其他注册事项的,由地方工商行政管理部门责令限期改正;期满不改正的,由商标局撤销其注册商标。注册商标成为其核定使用的商品的通用名称或者没有正当理由连续三年不使用的,任何单位或者个人可以向商标局申请撤销该注册商标。被撤销的注册商标,由商标局予以公告,该注册商标专用权自公告之日起终止。

3. 商标的宣告无效

商标无效,是指商标本身并不具备注册条件而获得注册的,依照法定程序使得商标权归于消灭的制度。

根据《商标法》第44条第1款、第45条第1款的规定,已经注册的商标,违反本法第10条、第11条、第12条规定的,或者是以欺骗手段或者其他不正当手段取得注册的,由商标局宣告该注册商标无效;其他单位或者个人可以请求商标评审委员会宣告该注册商标无效。已经注册的商标,违反本法第13条第2款和第3款、第15条、第16条第1款、第30条、第31条、第32条规定的,自商标注册之日起5年内,在先权利人或者利害关系人可以请求商标评审委员会宣告该注册商标无效。

对恶意注册的,驰名商标所有人不受5年的时间限制。

宣告无效的注册商标,由商标局予以公告,该注册商标专用权视为自始即不存在。

第四节 商标权的内容

商标权的内容,是指商标所有人对其商标享有的使用、收益和处分的权利。

我国是实行注册取得商标专用权的国家,只有依法注册才能取得完全的商标权。商标权的主体是商标注册人,客体是注册商标。根据《商标法》,商标权利的内容主要包括专有权、禁止权、许可权、转让权及标记权。其中,专有权和禁止权是商标权的核心内容。

一、专有权

商标专用权是指商标注册人对其注册商标享有的专有使用的权利。根据《商标法》第56条的规定,注册商标的专用权,以核准注册的商标和核定使用的商品为限。这里,"核准注册的商标"和"核定使用的商品"共同限定了商标专用权的范围,在这一范围内,商标注册人得以独占性地使用注册商标。

二、禁止权

禁止权是指商标所有人禁止任何第三方未经其许可在相同或类似商品上使用与其注册商标相同或近似的商标的权利。商标权是一种绝对权,具有较强的排他性。排除他人干涉,在商标权上即表现为禁止他人非法使用、非法印制注册商标以及禁止他人非法销售侵犯注册商标的商标。禁止权的权利范围大于专用权,不仅包括核准注册的商标、核定使用的商品,还扩张到与注册商标近似的商标和与核定商品类似的商品。

禁止权来源于专有权,专有权是禁止权行使的基础,而通过行使禁止权使专有权的实现获得了保障。专有权涉及的是商标权人在多大范围内使用注册商标,主要界定商标权人的权利范围;禁止权涉及的是商标权人在多大的范围内禁止他人使用注册商标,主要用来界定第三人使用行为是否构成侵犯注册商标专用权。专有权是确认注册商标权利范围的积极权利,在这一范围内,注册人得自由支配商标权利。禁止权是规范第三人行为的消极权利,主要通过约束第三人的商标活动来保证专用权的实现。同时,禁止权是一种请求权,只有注册商标专用权受到他人干涉或侵害时,商标权人才会行使要求停止侵害和赔偿损失的请求权。

三、许可权

许可权是指注册商标所有人许可他人使用其注册商标的权利。商标注册人可以通过签订商标使用许可合同,许可他人使用其注册商标。商标使用许可合同应当报商标局备案。许可人应当提供合法的被许可使用的注册商标,监督被许可人使用其注册商标的商品质量。被许可人应在合同约定的范围内使用被许可商标,保证使用该注册商标的商品质量,并应当在使用该注册商标的商品上标明被许可人自己的名称和商品产地。

商标许可包括独占许可、排他许可和普通许可三类。独占许可是指商标注册人根据约定,仅许可一个被许可人使用,商标注册人依照约定不得自行使用该注册商标。排他许可是指商标注册人根据约定,仅许可一个被许可人使用,商标注册人依照约定可自行使用该注册商标但不得另行许可他人使用该注册商标。普通许可是指商标注册人根据约定许可他人使用其注册商标,并可自行使用该注册商标和许可他人使用其注册商标。

四、转让权

转让权是指注册商标所有人将其注册商标的所有权转移给他人所有。转让注册商标,应由双方当事人签订转让合同,并应由转让人和受让人共同向商标局提出申请,经商标局核准并公告后方为有效。

五、标记权

标记权是指商标注册人有权在其注册商标上标明注册标记,注册标记可以是"®",或者是"㊟"或者是"注册商标"。

此外,由于商标权是一种财产权,可以转让,可以许可他人使用,因此也可以作为出质的标的。《中华人民共和国物权法》第227条第1款规定:"以注册商标专用权、专利权、著作权等知识产权中的财产权出质的,当事人应当订立书面合同。质权自有关主管部门办理出质登记时设立。"

第五节 商标权的限制

商标权的限制,是对注册商标所有人行使禁止权时在某些情况下所做的必要约束。商标权的限制分为正当使用、权利用尽和非商业性使用。

一、正当使用

商标的正当使用是指他人不经商标权人许可,可以在经营活动中以善意的、正当的方式使用其注册商标的标志。商标的显著性是通过使用获得的,但商标权人不能阻止他人使用商标中的描述性文字或图形善意地说明其商品或服务的特征。这些描述性文字或图形本身就处于公共领域内,通过商标权人长期使用将其与特定的商品或服务联系在了一起,被赋予了新的含义,但其本身含义仍然保存在公共领域,可供自由使用。

商标的正当使用可分为两种情况:一种是叙述性使用,另一种是指示性使用。

1. 叙述性使用

叙述性使用是指,非商标权人在生产经营活动中,为说明产品或服务而使用商标标志。设立商标权限制的初衷是解决对描述性商标的叙述性使用问题。所谓描述性商标,即由直接表示商品质量、主要原料、功能、用途、重量、数量或其他特点的普通词汇、地理名称、姓氏为符号构成的商标。描述性词汇在取得"第二含义"的情况下,它的"原始含义"并未消失,由于该构成商标的文字或词汇是惯常的、公用的,因而他人将不可避免地在原始含义上使用该描述性词汇,用以说明商品的质量、主要原料、功能、用途、重量、数量及其他特点。描述性商标的排他力受到必要的限制,从而为其他经营者保留公共资源的使用权,也使得商标法上的"使用取得显著性"规则具有正当性基础。

叙述性正当使用应当符合以下条件:

(1)不可避免地使用。非商标权人使用该商标标志的目的是说明本商品的型号、质量、主要原料、功能、用途、重量、数量及其他特点,如不使用则无法真实说明产品或服务。

(2)使用出于善意。使用人无意在自己的产品或服务与被使用的商品之间制造混淆,不存在借用他人商标信誉的企图。

(3)须在合理的范围内使用。非商标权人只使用了为说明产品或服务所必需的文字、词汇,并未涉及商标中其他成分,并同时标有自己的商标。[①]

2. 指示性使用

商标成文法上的权利限制仅限于叙述性使用。20世纪末期,美国的司法实践

[①] 根据《中华人民共和国商标法实施条例》第49条之规定,叙述性正当使用应当符合两个条件:一是用于描述产品,二是在合理范围内使用。北京市高级人民法院做出的《关于审理商标民事纠纷案件若干问题的解答》(2006年3月7日)的有关规定更具有参考意义。其中第26条指出商标正当使用应具备以下条件:①使用出于善意;②不是作为自己商品的商标使用;③使用只是为了说明或描述自己的商品。

又创设了另一种正当使用——"被提及的使用"即指示性使用。"指示性使用"是指为说明产品种类或说明服务范围而使用他人的商标。其特征是,在商标意义上使用该标志,使用的目的是指示商标所有人的产品或服务,但最终是为了说明使用人自己的经营范围或服务项目。指示性使用多见于零配件销售、维修保养行业,如汽车、电子消费品的维修、配件服务,诸如"大众汽车维修"这种店铺名称或服务招牌中出现的商标即属于指示性使用。在这里,商标主要是为了表明使用者的经营范围或服务项目。

构成指示性正当使用必须满足以下条件:

(1)不使用则无法表示或不可能将自己的经营信息真实传达给消费者;

(2)使用是在合理限度内,不会使人误认为使用者与商标所有人之间存在商业上的任何联系,不得使人误以为使用者是商标所有人的特约经销商。

二、商标权利用尽

商标权利用尽也称为商标用尽,是指经商标所有人或其本人同意将带有商标的产品投放市场后,任何人使用或销售该产品,商标权人无权禁止。商标权的核心是专用权和禁止权,专用权满足了商标所有人对其商标独占性使用和许可他人使用的利益,禁止权使商标权人有权排除他人在可能引起混淆的情况下,在相同或类似的商品或服务上使用与注册商标相同或近似的商标。然而,一旦商标所有人自己使用或许可他人使用了商标并将商品售出,任何人均可在贸易活动中继续使用该注册商标销售商品,因为商标权人已经行使了他应有的权利,权利因行使而告终了。由此可见,商标权利用尽的意义在于保障商品正常流通,保证交易安全。如果没有商标权利用尽的限制,商标权人可能利用商标控制商品流通,分割市场,保持垄断地位或维持高价。这对其他经营者以及消费者来说显然是不利的。商标权利用尽后,其他人可在贸易活动中继续使用该商标分销或转销已经售出的商品,但须以该商品未发生变化、未经过重新包装为条件。因为在流通过程中重新包装或改变商品都容易破坏商标指示来源和保证质量的功能,同时对消费者来说,如果根据熟悉的商标而选择的商品并不是所期望的,势必影响对商标的信赖度。

三、非商业性使用

正当使用和权利用尽针对的是商标的商业性使用,这些商业性使用在符合一定条件的情况下属于商标侵权的抗辩事由。此外,商标或商标标志还可以被用于非商业性使用,即与商品或服务无关,不作为商标的使用。这类使用主要表现为在新闻报道及评论中使用商标、对商标的滑稽模仿,通常属于商标侵权之例外。

1. 新闻报道及评论

商标的非商业性使用主要发生在新闻报道及评论当中。新闻报道和新闻评论中提及商标是一种正当使用,一般不视为对商标权的损害。新闻媒体在新闻报道和新闻评论中不可避免地提及某个商标,即使是对使用该商标的商品的批评指责,只要基于事实进行客观报道和评论,商标所有人都不能以商标侵权为由阻止此种非商业性使用。如果媒体的报道严重失实,批评不当,构成新闻侵权的,商标所有人可依照民法维护自己的名誉权。

2. 滑稽模仿

滑稽模仿是对一部严肃作品荒唐可笑的模仿。在著作权领域,滑稽模仿可能被认为是演绎作品的一种情形。与一般演绎作品所不同的是,滑稽模仿借助于一个作品,通过对其片段、人物对话或者特定情节进行调侃或嘲弄,以达到幽默或讽刺的效果。

对商标的使用一般不涉及滑稽模仿。但是当一个商标高度驰名而成为代表着某种社会时尚的符号的时候,可能会成为模仿者模仿的对象或者批评讽刺的目标。例如,在影视作品或者文艺表演中借用一个商标,对其进行诙谐可笑的演绎,从而达到喜剧效果。在滑稽模仿中,喜剧效果是由模仿和被模仿对象之间的强烈反差形成的。模仿所追求的喜剧效果是否能够实现,取决于被模仿对象的知名度,越是广为人知的,越是容易产生联想和共鸣。因此,商标滑稽模仿主要与驰名商标有关。从滑稽模仿的特征来看,意欲突出的是模仿与被模仿对象的不同,强调二者之间的区别。同时,被模仿商标用于表达性使用而非商标意义上的使用,使用的领域也并非商品经营活动。这就决定了商标滑稽模仿一般不存在混淆的可能,也就谈不上侵犯商标权。

第六节 商标侵权行为与商标权的法律保护

一、商标侵权行为

商标侵权行为,是指行为人违反《商标法》相关规定,在经济活动中实施损害商标权人合法权益的行为。《商标法》和《中华人民共和国商标法实施条例》(以下简称《商标法实施条例》)仅对注册商标专用权的保护进行了规定,未注册商标不享有专有权。因此我国的商标侵权行为主要包括对商标专有权的妨害和侵犯。

商标侵权行为具有四个构成要件:一是对他人注册商标声誉和商标权人经济利益的损害事实存在;二是违反《商标法》的有关规定;三是损害事实是由违法行为

造成的;四是行为人主观上有过错。这四个要件是相互联系的,只有同时具备,才构成商标侵权行为。

《商标法》第 57 条规定:"有下列行为之一的,均属侵犯注册商标专用权:①未经商标注册人的许可,在同一种商品上使用与其注册商标相同的商标的;②未经商标注册人的许可,在同一种商品上使用与其注册商标近似的商标,或者在类似商品上使用与其注册商标相同或者近似的商标,容易导致混淆的;③销售侵犯注册商标专用权的商品的;④伪造、擅自制造他人注册商标标识或者销售伪造、擅自制造的注册商标标识的;⑤未经商标注册人同意,更换其注册商标并将该更换商标的商品又投入市场的;⑥故意为侵犯他人商标专用权行为提供便利条件,帮助他人实施侵犯商标专用权行为的;⑦给他人的注册商标专用权造成其他损害的。"

二、商标侵权行为的表现形式

商标侵权行为根据其表现形式,可以划分为以下六类。

1. 假冒、仿冒注册商标

假冒、仿冒注册商标,是《商标法》第 57 条第 1 项、第 2 项规定的行为。该行为是指未经商标注册人的许可,在同一种或者类似的商品或服务上使用与注册商标相同或近似的商标,或者在类似商品上使用与其注册商标相同或近似的商标,容易导致混淆的。此种行为主要发生在商品生产领域,亦即制假行为,行为人通常为商品的制造商或服务项目的提供者。假冒、仿冒注册商标是一种最典型的侵权行为,也是后面各个环节侵权行为的源头。假冒、仿冒行为对商标的使用与《商标法》规定的商标使用一致,即将商标用于商品、商品包装或者容器以及商品交易文书上,或者为了商业目的将商标用于广告宣传、展览以及其他业务活动。凡是对商标权人来说构成商标使用的方式,都可构成侵权性使用。

假冒、仿冒注册商标的行为又分为四种情形:①在同一种商品上使用相同商标;②在同一种商品上使用近似商标;③在类似商品上使用相同商标;④在类似商品上使用近似商标。第一种情形,被告在同一种商品上使用与注册商标相同的商标的行为,构成假冒注册商标,是一种严重的商标侵权行为,行为人违法所得数额较大,或者情节严重者,构成假冒注册商标罪。其他三种行为使用的商标与注册商标近似,或者商品类似,容易导致消费者混淆,构成仿冒商标的行为。

2. 销售侵犯注册商标专有权的商品

《商标法》第 57 条第 3 项规定的行为是销售侵犯注册商标专用权的商品。此种侵权行为的主体一般为商品经销商。商标侵权行为人的全部目的在于牟取经济利益,侵权产品只有通过销售渠道售出后,这一目的才能实现,因而必然有销售者的参与。禁止和制裁销售侵权商品的行为,目的是在流通环节上设置一道法律屏障,使侵权人的目的难以得逞,亦可减少侵权行为对社会造成的危害。

需要注意的是,此种侵权行为的构成与侵权法律责任之间的关系。依《商标法》第64条第2款规定,"销售不知道是侵犯注册商标专用权的商品,能证明该商品是自己合法取得的并说明提供者的,不承担赔偿责任"。这就是说,非法销售行为的构成,并不以销售者在主观上存在"明知"或"应知"的过错为前提,只要行为人实际上销售了侵犯注册商标专用权的商品,即构成对商标权的侵害,需要承担停止侵害的责任。在民法理论上,"停止侵害"是物权性质的请求权,只要有侵害或有侵害的可能,权利人即可行使这一请求权,而不管行为人主观状态如何。但侵权行为成立并不一定产生赔偿责任,承担损害赔偿责任的前提是行为人主观上具有过错。认定销售者主观上是否存在"明知"或"应知",采用过错推定的方式,即,由行为人证明该商品是合法取得的并说明提供者,如果不能证明的,即推定行为人主观上存在过错。

工商行政管理部门总结多年商标执法查处假冒商品的经验,若行为人具有以下情况之一的,均认为销售商主观上为"明知"或"应知":①更换、调换经销商品上的商标而被当场查获的;②因同一违法事实受到处罚后重犯的;③事先已被警告,但不改正的;④有意采取不正当进货渠道,且价格大大低于已知正品的;⑤在发票、账目等会计凭证上弄虚作假的;⑥专业公司大规模经销假冒注册商标商品或者商标侵权商品的;⑦案发后转移、销毁物证,提供虚假证明、虚假情况的。

3. 伪造、擅自制造商标标识

《商标法》第57条第4项规定,伪造、擅自制造他人注册商标标识或者销售伪造、擅自制造的注册商标标识的行为,构成商标侵权。该侵权行为的实施者为从事商标印制的企业或个体工商户,其行为专为制假售假提供条件,并非擅自制造标识后用于自己的商品或服务上并进行销售。由于未将侵权标识用于商品而仅仅制造标识,其侵权行为不是直接侵权而是间接侵权。间接侵权的构成要有行为人的主观过错,对印制企业来说,没有尽到合理注意义务,知道或应当知道委托印制人不是商标所有人,而接受委托印制该商标标识的,即具备主观过错。按照商标印制管理法规的规定,印制单位在承揽商标印制业务时,应当查验商标印制委托人提供的"商标注册证",使用许可合同的被许可人作为委托人的,应出示商标许可合同文本。印制企业还应对委托人提供的证明文件和商标图样进行核查,如果委托人没有提供上述证明文件,印制企业不得承接印制。违反上述规定,即构成伪造、擅自制造商标标识的侵权行为。

4. 更换商标

《商标法》第 57 条第 5 项规定，未经商标注册人同意，更换其注册商标并将该更换商标的商品又投入市场的，侵犯商标专用权。前三种商标侵权行为属于假冒、仿冒他人注册商标用于自己的产品或服务上，将自己的产品与他人的产品相混淆。更换商标的行为与上述行为的方向相反，行为人未经权利人同意撤下商品上的原商标而换上自己或第三人的商标，即将他人的产品假冒为是自己的产品。这种行为又称为"反向假冒""产品替代"。从表面上看，更换商标的行为针对的是产品而非商标，定性为侵犯商标权似有牵强之嫌。但全面分析商标的功能、商标权的内容，可以看到这种行为对商标权的侵害。

认定反向假冒侵权行为应注意以下条件：第一，须是行为人未经商标所有人同意而擅自更换商标。未经许可是构成侵权的必要条件，应予排除的是自愿为他人提供产品的情况，如在定牌生产、来料加工、来样加工等贸易活动中，经营者生产加工的产品进入市场所使用的商标是许可方的商标，对许可方来说，是利用他人的产品树立自己的声誉。这种经营上的互利合作关系是在双方自愿基础上建立的。第二，撤换商标的行为须发生在商品流通过程之中而尚未到达消费者。如果带有原商标的商品已经到达消费者手中，商标已实现其功能，商标权即告终结。消费者对属于自己财物上的商标标识、标牌如何处置，都无损于他人利益。

5. 帮助他人实施侵犯商标专用权的行为

《商标法》第 57 条第 6 项规定，故意为侵犯他人商标专用权行为提供便利条件，帮助他人实施侵犯商标专用权行为的，也属于侵犯注册商标专有权。《商标法实施条例》第 75 条规定，为侵犯他人商标专用权提供仓储、运输、邮寄、印制、隐匿、经营场所、网络商品交易平台等，属于《商标法》第 57 条第 6 项规定的提供便利条件。此种侵权行为的侵权人并没有直接实施侵害商标权的行为，而是为他人实施的侵害商标权的行为提供仓储、运输等便利条件。商标作为商品和消费者之间的联系纽带，具有标识出处、表明质量、代表信誉、广告宣传等功能。在经营者一端，商标是商品声誉和企业信誉的象征；在消费者一端，商标是辨认和选择商品的依据。尽管经营者和消费者处在商品交换的两端，但在防止商标的欺骗性使用上却有着共同的利益。商标的标示和区分功能必须受到保护，不允许他人在商品流通过程之中破坏或妨碍商标的正常使用。

6. 给商标权造成其他损害的行为

《商标法》第 57 条第 7 项规定了给注册商标造成其他损害的行为。《商标法实施条例》对这些行为做了解释性规定。《商标法实施条例》第 76 条规定，在同一种商品或者类似商品上将与他人注册商标相同或者近似的标志作为商品名称或者商品装潢使用,误导公众的,属于《商标法》第57条第2项规定的侵犯注册商标专用权的行为。

与典型的商标侵权行为不同,此种侵权行为是将他人商标作为其他商业标志使用,其目的是利用他人商标的声誉进行不正当竞争。该行为导致的危害可能是混淆,也可能是商标淡化。例如,将他人注册商标作为商品名称或装潢使用,可能会导致消费者对商品来源或行为人与注册商标所有人之间的关系得出错误认识,此即混淆;此种行为还可能会使商标与商品之间的联系被弱化及至最终演变为商品通用名称,此即商标淡化。从现有法律规定看,认定此种侵权须以"误导公众"即混淆为条件,但同时也为今后驰名商标反淡化保护留有空间。

三、商标权的法律保护

商标权的保护范围是指商标权的效力范围。依《商标法》第56条规定,注册商标的专用权,以核准注册的商标和核定使用的商品为限。可见,对注册商标专用权的保护,仅限于核准注册的商标和核定使用的商品范围之内。在此范围内,商标权人依法享有专用权并可对抗第三人。该保护范围不得任意改变或扩大,如果注册商标所有人擅自改变注册商标的文字、图形、字母、数字、三维标志、颜色组合或上述要素的组合,或将注册商标使用于核定的商品以外的其他商品,便超出了商标专用权的保护范围,也得不到法律的保护。

根据《商标法》和《商标法实施条例》的规定,对侵犯注册商标专用权的行为,商标注册人以及利害关系人可以向人民法院起诉,也可以请求县级以上工商行政管理部门予以处理。由此可见,我国对商标权的保护采取双轨制,既有司法保护,也有行政保护,当事人可以任选其一。

(一)商标侵权行为的民事责任

商标侵权的民事责任是指商标注册人以及利害关系人直接向人民法院提起诉讼要求给予商标权司法保护时,人民法院依据民事实体法和程序法判决侵权人所承担的法律责任。

1. 人民法院对商标侵权案件的管辖

根据《中华人民共和国民事诉讼法》的有关规定,因商标侵权行为而提起的诉讼,由侵权行为地或者被告所在地人民法院管辖。基层人民法院管辖大多数一审商标侵权案件;中级人民法院管辖本辖区的重大涉外商标侵权案件,有重大影响的商标侵权案件和最高人民法院确定由中级人民法院管辖的商标侵权案件;高级人民法院管辖本辖区有重大影响的商标侵权案件。

2. 商标侵权行为的民事责任

商标侵权的民事责任是人民法院依照《商标法》和有关的民事法律法规,对侵权人的商标侵权行为所做出的,由侵权人承担的强制性处罚措施。

《民法通则》第134条和《中华人民共和国侵权责任法》第15条对承担侵权责任的方式作了具体规定。同时,根据《商标法》及《商标法实施条例》的规定,侵犯商标权的民事责任一般来说主要包括停止侵害、消除影响、赔偿损失等几种方式。

(1)停止侵害。停止侵害是指权利人要求人民法院对正在进行或即将实施的侵犯商标权的行为立即给予制止,以免自身的权益遭受更大的损失。停止侵害是一种重要的民事责任承担方式。当商标权人的商标权受到他人侵害时,对商标权的合法权益给予保护的最基本的、也是最首要的保护方式是要求侵权人立即停止侵权行为。商标权作为知识产权的一种,其保护的客体具有无体性,因此不能像物权那样,可以以占有来排斥他人的侵害。商标的功能就在于对商品或服务的来源进行区分,如果不能即时制止他人的侵权行为,就不能显示其商标的区分功能。所以,停止侵害的请求对商标权人就显得尤为重要。

(2)消除影响。商标侵权行为不仅损害了商标权人的合法利益,而且使商标权人的商标及其商品或服务声誉受到了负面的影响。因此,商标权人可以要求侵权人对因其侵权行为而导致的商标权人的商标声誉的负面影响承担法律责任。一般是要求其消除该行为而造成的不良影响。实践中,一般由法院责令侵权人通过新闻传媒方式公开表示道歉和解释说明,以消除其侵权行为造成的不良影响。

(3)赔偿损失。因商标侵权行为给商标权人的利益造成损失的,权利人有权要求侵权人赔偿损失。这是商标侵权人承担民事责任的主要方式。

根据《商标法》第63条的规定,侵犯商标专用权的赔偿数额,按照权利人因被侵权所受到的实际损失确定;实际损失难以确定的,可以按照侵权人因侵权所获得的利益确定;权利人的损失或者侵权人获得的利益难以确定的,参照该商标许可使用费的倍数合理确定。对恶意侵犯商标专用权,情节严重的,可以在按照上述方法确定数额的1倍以上3倍以下确定赔偿数额。赔偿数额应当包括权利人为制止侵权行为所支付的合理开支。

人民法院为确定赔偿数额,在权利人已经尽力举证,而与侵权行为相关的账簿、资料主要由侵权人掌握的情况下,可以责令侵权人提供与侵权行为相关的账簿、资料;侵权人不提供或者提供虚假的账簿、资料的,人民法院可以参考权利人的主张和提供的证据判定赔偿数额。

权利人因被侵权所受到的实际损失、侵权人因侵权所获得的利益、注册商标许可使用费难以确定的,由人民法院根据侵权行为的情节判决给予300万元以下的赔偿。

(二)商标侵权行为的行政责任

商标侵权的行政责任是指商标注册人以及利害关系人直接向工商行政管理机关请求对该商标侵权行为进行处理,工商行政管理机关依据行政法规和规章对其做出的法律责任承担形式。

1. 工商行政管理部门对商标侵权案件的管辖

工商行政管理部门对商标侵权案件的管辖有地域管辖和级别管辖两种。关于地域管辖,侵权人和侵权行为所在地的工商行政管理部门有权受理被侵权人或者任何人对商标侵权行为的控告。侵权人所在地是指侵权行为人的住所地或者居所地。侵权行为所在地是指侵权行为人实施侵权行为的地方,如制造、销售侵权商品的所在地。在地域管辖上,《商标法》采用比较灵活的做法,控告人可以选择侵权人所在地或者侵权行为所在地请求行政保护,如果侵权行为地有多个时,侵权商品的制造、销售不在同一地方时,控告人可以选择其一请求行政保护。关于级别管辖,县级以上的工商行政管理部门有权受理被侵权人或者任何人对商标侵权行为的控告。县级工商行政管理局受理查处一般商标侵权案件;市级工商行政管理局受理查处跨地区、涉外的商标侵权案件;省级工商行政管理局受理查处本辖区内的重大商标侵权案件;国家工商行政管理局负责对重大、疑难案件的查处进行指导,一般不直接受理查处案件。

2. 商标侵权行为的行政责任

商标侵权行为的行政责任是指工商行政管理机关依照《商标法》和有关的行政法规规章对侵权人的商标侵权行为所做出的由侵权人承担的强制性处罚措施。行政救济通常是商标权人为维护其注册商标权而采取的经常性措施,也是最直接的途径。

根据《商标法》第60条的规定,对于商标侵权纠纷,可以由当事人协商解决,不愿协商或者协商不成的,商标注册人或者利害关系人可以向人民法院起诉。

(三)商标侵权行为的刑事责任

根据《商标法》第67条的规定,未经商标注册人许可,在同一种商品上使用与其注册商标相同的商标,构成犯罪的,除赔偿被侵权人的损失外,依法追究刑事责任。伪造、擅自制造他人注册商标标识或者销售伪造、擅自制造的注册商标标识,构成犯罪的,除赔偿被侵权人的损失外,依法追究刑事责任。销售明知是假冒注册商标的商品,构成犯罪的,除赔偿被侵权人的损失外,依法追究刑事责任。

本章案例

案例一①

申请人刘某于2005年4月1日就4577883号玉泸商标(以下简称申请商标)向国家工商总局商标局提出注册申请,该商标指定使用的商品为第三十三类果酒、开胃酒、烧酒、蒸馏酒精饮料、蒸馏饮料、含酒精浓汁、含酒精液体、酒(饮料)、酒精饮料(啤酒除外)等。商标局依法受理后,于2007年6月4日发出驳回通知。商标局认为,申请商标与在同一种及类似商品上注册的244721号泸牌及图商标(该商标由四川泸州泸牌酒业有限公司于1985年5月11日提出注册申请,并于1986年2月28日获准注册,核定使用商品为第三十三类酒,以下简称引证商标)近似,故依据《商标法》第28条的规定,驳回申请商标注册申请。

申请人不服商标局的驳回通知,向国家工商总局商标评审委员会申请复审,商标评审委员会依法受理后,于2008年10月27日做出驳回决定。商标评审委员会认为,申请商标玉泸与引证商标中的中文部分泸牌文字构成近似。两商标分别指定使用在果酒与酒等类似商品上,易导致消费者混淆、误认。两商标已构成使用在类似商品上的近似商标,故仍依据《商标法》第28条的规定,驳回申请商标注册申请。

申请人不服商标评审委员会的驳回决定,向北京市第一中级人民法院起诉。北京一中院依法受理后,于2009年6月5日做出一审判决。一审判决认为,申请商标为纯中文文字商标,引证商标系图文混合商标,两商标在音、形、义方面均存在较为明显的区别,不会导致消费者混淆,未构成近似商标。商标评审委员会认定两商标已构成使用在类似商品上的近似商标,缺乏事实及法律依据。据此,依照《行政诉讼法》第54条之规定,判决撤销商标评审委员会的决定。

商标评审委员会不服一审法院判决,向北京市高级人民法院提起上诉。北京市高级人民法院依法受理后,于2009年8月27日做出二审判决。二审判决认为,申请商标玉泸为纯中文文字商标,引证商标泸牌及图为图文组合商标。虽然两商标均含有文字"泸",但是两商标在文字构成、呼叫、文义等方面差异比较明显。两商标分别指定使用在果酒与酒等类似商品上,不会导致消费者对商品来源产生混淆和误认,故两商标不构成使用在类似商品上的近似商标。商标评审委员会认定两商标已构成使用在类似商品上的近似商标缺乏事实和法律依据。据此,依据《行

---

① 国家工商总局门户网站:www.saic.gov.cn,2010年02月11日。

政诉讼法》第61条的规定,驳回上诉,维持一审判决。

案例二[①]

2008年9月11日,山西省某市工商行政管理局执法人员对本市张某经营的某副食品经销部进行了检查,发现其所经销的山西杏花牧童酒业有限公司生产的"十年汾"瓷瓶45°白酒、"十年陈酿"42°和45°白酒的瓶形和纸箱包装及装潢涉嫌仿冒山西某汾酒集团有限公司"老白汾酒"(十年陈酿)42°和45°的白酒,立即将其商品予以现场封存,并立案调查。

经查:当事人张某于2007年开始经营白酒类产品。2008年7月、8月购进了山西杏花牧童酒业有限公司生产的"十年汾"瓷瓶45°白酒、"十年陈酿"42°白酒、"十年陈酿"45°白酒共计380件。截止到查获时,已销售"十年汾"瓷瓶45°白酒、"十年陈酿"42°白酒、"十年陈酿"45°白酒共计90件,共获利2900元。

山西某汾酒集团有限公司生产的"老白汾酒"(十年陈酿)42°和45°的白酒自投放市场以来一直受到消费者的喜爱,销量好,具有很高的市场知名度,其外包装装潢和瓶体不同于普通酒类产品,是特有包装装潢。经过综合分析认定,当事人所经销的山西某酒业有限公司"十年汾""十年陈酿"白酒,其瓶体、外包装、装潢与山西某汾酒集团有限公司生产的"老白汾酒"(十年陈酿)商品的主要部分和整体印象近似,足以使一般消费者产生误认。主要表现在:①外包装都是横向包装,底色都是枣红色;②在中心部分都用黄色曲线进行勾勒,勾勒出的部分颜色均为大红色;③产品名称都在中心位置横向排列,且所用字体相同;④外包装上的其他文字,如酒精度、净含量、生产厂家等位置相同;⑤瓶体都是上粗下细的红坛瓷瓶,瓷瓶上都用白色线条描绘花纹。

鉴于上述情况,某市工商行政管理局认定张某的行为属于擅自使用与山西某汾酒集团有限公司知名商品相近似的包装装潢,违反了《反不正当竞争法》第5条第(2)项规定,构成不正当竞争行为。依照《反不正当竞争法》第21条第2款及《山西省反不正当竞争条例》第25条第1款的规定,对张某做出了责令停止违法行为、没收违法所得2900元、罚款5800元的处罚。

案件点评:

按照《反不正当竞争法》第5条第(2)项的规定,仿冒知名商品特有的名称、包装、装潢的不正当竞争行为的仿冒对象是知名商品特有的名称、包装、装潢,仿冒的形式是使用与知名商品特有的名称、包装、装潢相同或者近似的名称、包装、装潢。

---

① 国家工商总局门户网站:www.saic.gov.cn,2009年09月24日。

第一,仿冒的必须是知名商品,是具有一定知名度、为相关公众所知悉的商品,仿冒非知名商品不能构成该违法行为。本案中,山西某汾酒集团有限公司的企业名称在销售市场中广为知悉,"杏花村""汾"商标被认定为驰名商标,在长期的市场销售中其产品多次被国内外评为优质产品,具有很高的市场知名度,所以该厂生产的"老白汾酒"(十年陈酿)42°和45°的白酒应当被认定为知名商品。

第二,仿冒的是特有的名称、包装、装潢。按照《关于禁止仿冒知名商品特有的名称、包装、装潢的不正当竞争行为的若干规定》,特有是指商品的名称、包装、装潢非为相关商品所通用并具有显著的区别性特征,具有显著的区别性特征是相对于相关商品通用的名称、包装、装潢而言,只要与之相比具有明显的区别,或者主要部分、整体印象不同,具有可识别性,即有显著的区别性特征。山西某汾酒集团有限公司生产的"老白汾酒"(十年陈酿)42°和45°的白酒瓶体和外包装的颜色、图案及排列组合都是自己设计创造的,并且长期使用,使消费者广为认知,是特有的包装、装潢。

第三,仿冒要造成市场混淆和消费者误认,包括已经构成误认和足以构成误认。本案中,山西某酒业有限公司为扩大自己产品的销量,模仿山西某汾酒集团有限公司产品的外包装、装潢、瓶体,即与山西某汾酒集团有限公司产品的装潢图形、色彩及排列组合近似,足以造成市场混淆,使消费者在购买时误认为是山西某汾酒集团有限公司"老白汾酒"(十年陈酿)白酒的系列产品,一般购买者施以普通注意力很难进行区分。当事人张某销售该仿冒产品,严重损害了消费者的合法权益,构成了仿冒的不正当竞争行为。

附　　录

附录一　教育部《关于加强学术道德建设的若干意见》

为了贯彻"三个代表"重要思想和《公民道德建设实施纲要》精神,在高等学校建设一支热爱祖国、具有强烈使命感、学术作风严谨、理论功底扎实、富有创新精神的高素质学术队伍,营造良好的学术氛围和制度环境,促进学术进步和科技创新。现就端正学术风气,加强学术道德建设的有关问题提出如下意见:

一、充分认识端正学术风气,加强学术道德建设的必要性和紧迫性

随着科教兴国战略的实施和我国社会主义现代化建设事业的推进,教育的改革发展进入了一个新的阶段。教育战线教学科研队伍不断壮大,高等学校学术气氛空前活跃,学术研究成果丰硕,一个百花齐放、百家争鸣、新人辈出、学术繁荣的良好局面正在形成。高等学校为培养人才和发展科学技术做出了重要贡献。在促进学术进步的事业中,广大教育工作者献身科学、殚精竭虑、无私奉献,付出了艰辛的劳动,同时也为维护和发扬教育界良好的学风和学术道德传统做出了不懈努力,取得了可喜成绩,体现了良好的师德风范。

但是,我们也必须清醒地看到,当前在学术研究工作中存在着不容忽视、某些方面还比较严重的学术风气不正、学术道德失范的问题,主要表现为:研究工作中少数人违背基本学术道德,侵占他人劳动成果,或抄袭剽窃,或请他人代写文章,或署名不实;粗制滥造论文;个别人甚至篡改、伪造研究数据;受不良风气的影响,在研究成果鉴定、项目评审以及学校评估、学位授权审核等工作中也出现了一些弄虚作假,或试图以不正当手段影响评审结果的现象;有的人还利用权力为自己谋取学位、文凭,有些学校在利益驱动下降低标准乱发文凭。这些行为和现象严重损害了教育工作者和学校的形象,给教育事业带来了不良影响。如果断任其发展下去,将会严重污染学术环境,影响学术声誉,阻碍学术进步,进而影响社会发展和民族创新能力,应当引起我们的高度重视。

高等学校是人才培养和科技创新的重要基地。在高等学校倡导并形成崇尚诚实劳动、鼓励科研创新、遵循学术道德保护知识产权的良好氛围,对于保护教学科研人员的积极性、主动性、创造性,保持高等学校的创新能力和科技竞争力,应对加入世界贸易组织之后国际竞争的挑战具有重要意义。为端正学术风气,加强学术道德建设成为当前我国高等学校一项刻不容缓的重要任务。各级教育行政部门和高等学校要站在依法治国、以德治国、贯彻落实"三个代表"重要思想、实现中华民族伟大复兴的战略高度,充分认识当前端正学术风气、加强学术道德建设的必要性和紧迫性,提高工作的主动性、针对性和实效性,采取切实措施规范学术行为,树立良好学术风气,促进和保障学术事业的健康发展。

二、端正学术风气,加强学术道德建设的基本要求

加强学术道德建设要以邓小平理论和党的十五届六中全会精神为指导,以国家有关法律法规为依据,针对学术工作中存在的不良现象和行为,建立和完善学术规范,形成有效的学术管理体制和工作机制,端正学术风气,营造良好的学术环境。当前要通过扎实有效的工作,加强对广大教师、教育工作者和学生的学术道德教育,培养求真务实、勇于创新、坚忍不拔、严谨自律的治学态度和学术精神,努力使他们成为良好学术风气的维护者,严谨治学的力行者,优良学术道德的传承者。

——增强献身科教、服务社会的历史使命感和社会责任感。广大教师和教育工作者要置身于科教兴国和中华民族伟大复兴的宏图伟业之中,以培养人才、繁荣学术、发展先进文化、推进社会进步为己任,努力攀登科学高峰。要增强事业心、责任感,正确对待学术研究中的名利,将个人的事业发展与国家、民族的发展需要结合起来,反对沽名钓誉、急功近利、自私自利、损人利己等不良风气。

——坚持实事求是的科学精神和严谨的治学态度。要忠于真理、探求真知,自觉维护学术尊严和学者的声誉。要模范遵守学术研究的基本规范,以知识创新和技术创新,作为科学研究的直接目标和动力,把学术价值和创新性作为衡量学术水平的标准。在学术研究工作中要坚持严肃认真、严谨细致、一丝不苟的科学态度,不得虚报教学和科研成果,反对投机取巧、粗制滥造、盲目追求数量不顾质量的浮躁作风和行为。

——树立法制观念,保护知识产权,尊重他人劳动和权益。要严以律己,依照学术规范,按照有关规定引用和应用他人的研究成果,不得剽窃、抄袭他人成果,不得在未参与工作的研究成果中署名,反对以任何不正当手段谋取利益的行为。

——认真履行职责,维护学术评价的客观公正。认真负责地参与学术评价,正确运用学术权力,公正地发表评审意见是评审专家的职责。在参与各种推荐、评审、鉴定、答辩和评奖等活动中,要坚持客观公正的评价标准,坚持按章办事,不徇私情,自觉抵制不良社会风气的影响和干扰。

——为人师表、言传身教,加强对青年学生进行学术道德教育。要向青年学生积极倡导求真务实的学术作风,传播科学方法。要以德修身、率先垂范,用自己高尚的品德、人格力量教育和感染学生,引导学生树立良好的学术道德,帮助学生养成恪守学术规范的习惯。

三、采取切实措施端正学术风气,加强学术道德建设

(1)各级教育行政部门、高等学校和有关单位要高度重视学术道德建设工作。高等学校校长要亲自抓学术道德建设,形成全面动员,齐抓共管,标本兼治的工作格局。要将端正学术风气,加强学术道德建设纳入学校校风建设的整体工作之中,进行统筹规划和实施,使这项工作真正落到实处。要充分发挥学校学术委员会、学位评定委员会等学术管理机构在端正学术风气、加强学术道德建设中的作用,明确其在学术管理和监督方面的职责,完善工作机制,保证学术管理机构的权威性、公正性。

(2)广泛深入地开展端正学术风气、加强学术道德建设教育。严守学术规范是师德的基本要求。必须加强对青年教师和青年教育工作者的自律和道德养成教育。当前,各级教育行政部门和高等学校要认真组织广大教师和教育工作者学习领会《公民道德建设实施纲要》提出的"爱国守法、明礼诚信、团结友善、勤俭自强、敬业奉献"的道德规范要求以及《著作权法》《专利法》等相关法律法规,广泛深入地开展学术道德宣传教育活动。要将教师职业道德、学术规范和知识产权等方面的法律法规及相关知识作为青年教师岗前培训的重要内容,并纳入学生思想品德课教学内容。要大力宣传严谨治学的典型事例和学术道德建设成绩卓著的单位。鼓励开展健康的学术批评,努力营造良好的学术风气。

(3)加大人事制度改革力度,完善人事考核制度。积极推行教育职员制度,建立强化高校党政管理人员管理职责的考核评价体系。改革职称评审,全面推进教师职务聘任制度,强化岗位、强化聘任。在实施教师职务聘任制和岗位责任制的改革中,积极探索研究制订科学合理的人才评价方法和指标体系,形成有利于端正学术风气、加强学术道德建设的制度环境和良好氛围。将教师职业道德作为一项重要内容纳入教师年度考核。考核结果作为其职务聘任、晋级晋职和评比先进的重要依据。学校领导对学术道德建设工作的重视程度和实际效果,应作为年度述职报告和群众民主测评的重要内容。

(4)建立和完善科学的学术发展与评价机制,鼓励学术创新。高等学校要根据国家有关法律法规,结合实际,认真研究制订规范学术研究行为的规章制度。同时要遵循学术发展的特点和规律,采取有效措施,鼓励创新,多出精品成果。在学位

论文答辩、学术论文发表、学术著作出版、科研项目立项与评审、学术奖项评定等方面要体现正确的政策导向,防止重数量轻质量、形式主义,甚至弄虚作假等不良倾向,建立健全公开、公平、公正的学术评价制度。为促进学术研究水准的提高和学术的长远发展,高校出版社、学术期刊要积极探索建立一套专业的、稿件作者和审稿人双向匿名的外部人审稿制度。

(5)建立学术惩戒处罚制度。对违反学术道德的行为,各级教育行政部门和相关机构一经查实要视具体情况给予批评教育,撤销项目,行政处分,取消资格、学位、称号,甚至解聘等相应的处理和处罚。根据需要,可聘请相关学科的校内外专家组成学术规范专家界定小组,具体负责对违反学术规范的不道德现象和行为进行界定。对严重违反学术道德、影响极其恶劣的行为,在充分了解事实真相的基础上,通过媒体进行客观公正的批评。触犯法律的,依法追究有关当事人的法律责任。

对学术活动中各种不良行为的调查处理要严格掌握政策尺度,既要坚持原则、严肃认真,又要科学公正、实事求是。要以防微杜渐、教育帮助为主,处罚为辅。要注意分清政策界限,弄清事实真相,保护科研探索的积极性;保护有发展潜力的青年学者。对经查证核实,没有不良行为,受到不正当指控的单位和个人要及时予以保护,采取适当措施加以澄清、正名,使有关调查处理工作真正起到扶正压邪的作用。

(6)加强学历文凭、学位证书的管理工作。高等教育学历文凭、学位证书是受教育者的学业凭证。学历文凭、学位证书的颁发是一项极为严肃的工作。各高等教育管理部门、高等学校要本着对国家和人民负责的态度,进一步完备管理措施,严格按照教育教学要求,规范文凭、证书的颁发工作。各级教育行政部门要采取有力措施,对乱办班、降低标准滥发学历文凭和学位证书,甚至用文凭和证书换取"赞助""捐资"等败坏学风和校风的行为,要严肃查处、决不姑息。对那些违反有关规定滥发学历、学位证书的学校、单位,要进行整顿,对有关责任人要严肃处理。对不具有学历教育资格的教育、培训单位举办的所谓学历班等,要坚决予以取缔。

附录二 教育部《学位论文作假行为处理办法》

中华人民共和国教育部令第 34 号

《学位论文作假行为处理办法》已经于 2012 年 6 月 12 日第 22 次部长办公会议审议通过,并经国务院学位委员会同意,现予发布,自 2013 年 1 月 1 日起施行。

教育部部长
2012 年 11 月 13 日

第一条　为规范学位论文管理,推进建立良好学风,提高人才培养质量,严肃处理学位论文作假行为,根据《中华人民共和国学位条例》《中华人民共和国高等教育法》,制定本办法。

第二条　向学位授予单位申请博士、硕士、学士学位所提交的博士学位论文、硕士学位论文和本科学生毕业论文(毕业设计或其他毕业实践环节)(统称为学位论文),出现本办法所列作假情形的,依照本办法的规定处理。

第三条　本办法所称学位论文作假行为包括下列情形:
(一)购买、出售学位论文或者组织学位论文买卖的;
(二)由他人代写、为他人代写学位论文或者组织学位论文代写的;
(三)剽窃他人作品和学术成果的;
(四)伪造数据的;
(五)有其他严重学位论文作假行为的。

第四条　学位申请人员应当恪守学术道德和学术规范,在指导教师指导下独立完成学位论文。

第五条　指导教师应当对学位申请人员进行学术道德、学术规范教育,对其学位论文研究和撰写过程予以指导,对学位论文是否由其独立完成进行审查。

第六条　学位授予单位应当加强学术诚信建设,健全学位论文审查制度,明确责任、规范程序,审核学位论文的真实性、原创性。

第七条　学位申请人员的学位论文出现购买、由他人代写、剽窃或者伪造数据等作假情形的,学位授予单位可以取消其学位申请资格;已经获得学位的,学位授予单位可以依法撤销其学位,并注销学位证书。取消学位申请资格或者撤销学位的处理决定应当向社会公布。从做出处理决定之日起至少 3 年内,各学位授予单位不得再接受其学位申请。

前款规定的学位申请人员为在读学生的,其所在学校或者学位授予单位可以给予开除学籍处分;为在职人员的,学位授予单位除给予纪律处分外,还应当通报其所在单位。

第八条 为他人代写学位论文、出售学位论文或者组织学位论文买卖、代写的人员,属于在读学生的,其所在学校或者学位授予单位可以给予开除学籍处分;属于学校或者学位授予单位的教师和其他工作人员的,其所在学校或者学位授予单位可以给予开除处分或者解除聘任合同。

第九条 指导教师未履行学术道德和学术规范教育、论文指导和审查把关等职责,其指导的学位论文存在作假情形的,学位授予单位可以给予警告、记过处分;情节严重的,可以降低岗位等级直至给予开除处分或者解除聘任合同。

第十条 学位授予单位应当将学位论文审查情况纳入对学院(系)等学生培养部门的年度考核内容。多次出现学位论文作假或者学位论文作假行为影响恶劣的,学位授予单位应当对该学院(系)等学生培养部门予以通报批评,并可以给予该学院(系)负责人相应的处分。

第十一条 学位授予单位制度不健全、管理混乱,多次出现学位论文作假或者学位论文作假行为影响恶劣的,国务院学位委员会或者省、自治区、直辖市人民政府学位委员会可以暂停或者撤销其相应学科、专业授予学位的资格;国务院教育行政部门或者省、自治区、直辖市人民政府教育行政部门可以核减其招生计划;并由有关主管部门按照国家有关规定对负有直接管理责任的学位授予单位负责人进行问责。

第十二条 发现学位论文有作假嫌疑的,学位授予单位应当确定学术委员会或者其他负有相应职责的机构,必要时可以委托专家组成的专门机构,对其进行调查认定。

第十三条 对学位申请人员、指导教师及其他有关人员做出处理决定前,应当告知并听取当事人的陈述和申辩。

当事人对处理决定不服的,可以依法提出申诉、申请行政复议或者提起行政诉讼。

第十四条 社会中介组织、互联网站和个人,组织或者参与学位论文买卖、代写的,由有关主管机关依法查处。

学位论文作假行为违反有关法律法规规定的,依照有关法律法规的规定追究法律责任。

第十五条 学位授予单位应当依据本办法,制定、完善本单位的相关管理规定。

第十六条 本办法自2013年1月1日起施行。

附录三 《中华人民共和国著作权法》

1990年9月7日第七届全国人民代表大会常务委员会第十五次会议通过 根据2001年10月27日第九届全国人民代表大会常务委员会第二十四次会议《关于修改〈中华人民共和国著作权法〉的决定》第一次修正 根据2010年2月26日第十一届全国人民代表大会常务委员会第十三次会议《关于修改〈中华人民共和国著作权法〉的决定》第二次修正。

第一章 总 则

第一条 为保护文学、艺术和科学作品作者的著作权,以及与著作权有关的权益,鼓励有益于社会主义精神文明、物质文明建设的作品的创作和传播,促进社会主义文化和科学事业的发展与繁荣,根据宪法制定本法。

第二条 中国公民、法人或者其他组织的作品,不论是否发表,依照本法享有著作权。

外国人、无国籍人的作品根据其作者所属国或者经常居住地国同中国签订的协议或者共同参加的国际条约享有的著作权,受本法保护。

外国人、无国籍人的作品首先在中国境内出版的,依照本法享有著作权。

未与中国签订协议或者共同参加国际条约的国家的作者以及无国籍人的作品首次在中国参加的国际条约的成员国出版的,或者在成员国和非成员国同时出版的,受本法保护。

第三条 本法所称的作品,包括以下列形式创作的文学、艺术和自然科学、社会科学、工程技术等作品:

(一)文字作品;

(二)口述作品;

(三)音乐、戏剧、曲艺、舞蹈、杂技艺术作品;

(四)美术、建筑作品;

(五)摄影作品;

(六)电影作品和以类似摄制电影的方法创作的作品;

(七)工程设计图、产品设计图、地图、示意图等图形作品和模型作品;

(八)计算机软件;

(九)法律、行政法规规定的其他作品。

第四条 著作权人行使著作权,不得违反宪法和法律,不得损害公共利益。国家对作品的出版、传播依法进行监督管理。

第五条　本法不适用于：

（一）法律、法规，国家机关的决议、决定、命令和其他具有立法、行政、司法性质的文件，及其官方正式译文；

（二）时事新闻；

（三）历法、通用数表、通用表格和公式。

第六条　民间文学艺术作品的著作权保护办法由国务院另行规定。

第七条　国务院著作权行政管理部门主管全国的著作权管理工作；各省、自治区、直辖市人民政府的著作权行政管理部门主管本行政区域的著作权管理工作。

第八条　著作权人和与著作权有关的权利人可以授权著作权集体管理组织行使著作权或者与著作权有关的权利。著作权集体管理组织被授权后，可以以自己的名义为著作权人和与著作权有关的权利人主张权利，并可以作为当事人进行涉及著作权或者与著作权有关的权利的诉讼、仲裁活动。

著作权集体管理组织是非营利性组织，其设立方式、权利义务、著作权许可使用费的收取和分配，以及对其监督和管理等由国务院另行规定。

第二章　著　作　权

第一节　著作权人及其权利

第九条　著作权人包括：

（一）作者；

（二）其他依照本法享有著作权的公民、法人或者其他组织。

第十条　著作权包括下列人身权和财产权：

（一）发表权，即决定作品是否公之于众的权利；

（二）署名权，即表明作者身份，在作品上署名的权利；

（三）修改权，即修改或者授权他人修改作品的权利；

（四）保护作品完整权，即保护作品不受歪曲、篡改的权利；

（五）复制权，即以印刷、复印、拓印、录音、录像、翻录、翻拍等方式将作品制作一份或者多份的权利；

（六）发行权，即以出售或者赠与方式向公众提供作品的原件或者复制件的权利；

（七）出租权，即有偿许可他人临时使用电影作品和以类似摄制电影的方法创作的作品、计算机软件的权利，计算机软件不是出租的主要标的的除外；

（八）展览权，即公开陈列美术作品、摄影作品的原件或者复制件的权利；

（九）表演权，即公开表演作品，以及用各种手段公开播送作品的表演的权利；

（十）放映权，即通过放映机、幻灯机等技术设备公开再现美术、摄影、电影和以

类似摄制电影的方法创作的作品等的权利;

(十一)广播权,即以无线方式公开广播或者传播作品,以有线传播或者转播的方式向公众传播广播的作品,以及通过扩音器或者其他传送符号、声音、图像的类似工具向公众传播广播的作品的权利;

(十二)信息网络传播权,即以有线或者无线方式向公众提供作品,使公众可以在其个人选定的时间和地点获得作品的权利;

(十三)摄制权,即以摄制电影或者以类似摄制电影的方法将作品固定在载体上的权利;

(十四)改编权,即改变作品,创作出具有独创性的新作品的权利;

(十五)翻译权,即将作品从一种语言文字转换成另一种语言文字的权利;

(十六)汇编权,即将作品或者作品的片段通过选择或者编排,汇集成新作品的权利;

(十七)应当由著作权人享有的其他权利。

著作权人可以许可他人行使前款第(五)项至第(十七)项规定的权利,并依照约定或者本法有关规定获得报酬。

著作权人可以全部或者部分转让本条第一款第(五)项至第(十七)项规定的权利,并依照约定或者本法有关规定获得报酬。

第二节 著作权归属

第十一条 著作权属于作者,本法另有规定的除外。

创作作品的公民是作者。

由法人或者其他组织主持,代表法人或者其他组织意志创作,并由法人或者其他组织承担责任的作品,法人或者其他组织视为作者。

如无相反证明,在作品上署名的公民、法人或者其他组织为作者。

第十二条 改编、翻译、注释、整理已有作品而产生的作品,其著作权由改编、翻译、注释、整理人享有,但行使著作权时不得侵犯原作品的著作权。

第十三条 两人以上合作创作的作品,著作权由合作作者共同享有。没有参加创作的人,不能成为合作作者。

合作作品可以分割使用的,作者对各自创作的部分可以单独享有著作权,但行使著作权时不得侵犯合作作品整体的著作权。

第十四条 汇编若干作品、作品的片段或者不构成作品的数据或者其他材料,对其内容的选择或者编排体现独创性的作品,为汇编作品,其著作权由汇编人享有,但行使著作权时,不得侵犯原作品的著作权。

第十五条 电影作品和以类似摄制电影的方法创作的作品的著作权由制片者

享有，但编剧、导演、摄影、作词、作曲等作者享有署名权，并有权按照与制片者签订的合同获得报酬。

电影作品和以类似摄制电影的方法创作的作品中的剧本、音乐等可以单独使用的作品的作者有权单独行使其著作权。

第十六条　公民为完成法人或者其他组织工作任务所创作的作品是职务作品，除本条第二款的规定以外，著作权由作者享有，但法人或者其他组织有权在其业务范围内优先使用。作品完成两年内，未经单位同意，作者不得许可第三人以与单位使用的相同方式使用该作品。

有下列情形之一的职务作品，作者享有署名权，著作权的其他权利由法人或者其他组织享有，法人或者其他组织可以给予作者奖励：

（一）主要是利用法人或者其他组织的物质技术条件创作，并由法人或者其他组织承担责任的工程设计图、产品设计图、地图、计算机软件等职务作品；

（二）法律、行政法规规定或者合同约定著作权由法人或者其他组织享有的职务作品。

第十七条　受委托创作的作品，著作权的归属由委托人和受托人通过合同约定。合同未作明确约定或者没有订立合同的，著作权属于受托人。

第十八条　美术等作品原件所有权的转移，不视为作品著作权的转移，但美术作品原件的展览权由原件所有人享有。

第十九条　著作权属于公民的，公民死亡后，其本法第十条第一款第（五）项至第（十七）项规定的权利在本法规定的保护期内，依照继承法的规定转移。

著作权属于法人或者其他组织的，法人或者其他组织变更、终止后，其本法第十条第一款第（五）项至第（十七）项规定的权利在本法规定的保护期内，由承受其权利义务的法人或者其他组织享有；没有承受其权利义务的法人或者其他组织的，由国家享有。

第三节　权利的保护期

第二十条　作者的署名权、修改权、保护作品完整权的保护期不受限制。

第二十一条　公民的作品，其发表权、本法第十条第一款第（五）项至第（十七）项规定的权利的保护期为作者终生及其死亡后五十年，截止于作者死亡后第五十年的12月31日；如果是合作作品，截止于最后死亡的作者死亡后第五十年的12月31日。

法人或者其他组织的作品、著作权（署名权除外）由法人或者其他组织享有的职务作品，其发表权、本法第十条第一款第（五）项至第（十七）项规定的权利的保护期为五十年，截止于作品首次发表后第五十年的12月31日，但作品自创作完成后五十年内未发表的,本法不再保护。

电影作品和以类似摄制电影的方法创作的作品、摄影作品,其发表权、本法第十条第一款第(五)项至第(十七)项规定的权利的保护期为五十年,截止于作品首次发表后第五十年的 12 月 31 日,但作品自创作完成后五十年内未发表的,本法不再保护。

第四节　权利的限制

第二十二条　在下列情况下使用作品,可以不经著作权人许可,不向其支付报酬,但应当指明作者姓名、作品名称,并且不得侵犯著作权人依照本法享有的其他权利:

(一)为个人学习、研究或者欣赏,使用他人已经发表的作品;

(二)为介绍、评论某一作品或者说明某一问题,在作品中适当引用他人已经发表的作品;

(三)为报道时事新闻,在报纸、期刊、广播电台、电视台等媒体中不可避免地再现或者引用已经发表的作品;

(四)报纸、期刊、广播电台、电视台等媒体刊登或者播放其他报纸、期刊、广播电台、电视台等媒体已经发表的关于政治、经济、宗教问题的时事性文章,但作者声明不许刊登、播放的除外;

(五)报纸、期刊、广播电台、电视台等媒体刊登或者播放在公众集会上发表的讲话,但作者声明不许刊登、播放的除外;

(六)为学校课堂教学或者科学研究,翻译或者少量复制已经发表的作品,供教学或者科研人员使用,但不得出版发行;

(七)国家机关为执行公务在合理范围内使用已经发表的作品;

(八)图书馆、档案馆、纪念馆、博物馆、美术馆等为陈列或者保存版本的需要,复制本馆收藏的作品;

(九)免费表演已经发表的作品,该表演未向公众收取费用,也未向表演者支付报酬;

(十)对设置或者陈列在室外公共场所的艺术作品进行临摹、绘画、摄影、录像;

(十一)将中国公民、法人或者其他组织已经发表的以汉语言文字创作的作品翻译成少数民族语言文字作品在国内出版发行;

(十二)将已经发表的作品改成盲文出版。

前款规定适用于对出版者、表演者、录音录像制作者、广播电台、电视台的权利的限制。

第二十三条　为实施九年制义务教育和国家教育规划而编写出版教科书,除作者事先声明不许使用的外,可以不经著作权人许可,在教科书中汇编已经发表的作品片段或者短小的文字作品、音乐作品或者单幅的美术作品、摄影作品,但应当按照规定支付报酬,指明作者姓名、作品名称,并且不得侵犯著作权人依照本法享有的其他权利。

前款规定适用于对出版者、表演者、录音录像制作者、广播电台、电视台的权利的限制。

第三章 著作权许可使用和转让合同

第二十四条 使用他人作品应当同著作权人订立许可使用合同,本法规定可以不经许可的除外。

许可使用合同包括下列主要内容:

(一)许可使用的权利种类;

(二)许可使用的权利是专有使用权或者非专有使用权;

(三)许可使用的地域范围、期间;

(四)付酬标准和办法;

(五)违约责任;

(六)双方认为需要约定的其他内容。

第二十五条 转让本法第十条第一款第(五)项至第(十七)项规定的权利,应当订立书面合同。

权利转让合同包括下列主要内容:

(一)作品的名称;

(二)转让的权利种类、地域范围;

(三)转让价金;

(四)交付转让价金的日期和方式;

(五)违约责任;

(六)双方认为需要约定的其他内容。

第二十六条 以著作权出质的,由出质人和质权人向国务院著作权行政管理部门办理出质登记。

第二十七条 许可使用合同和转让合同中著作权人未明确许可、转让的权利,未经著作权人同意,另一方当事人不得行使。

第二十八条 使用作品的付酬标准可以由当事人约定,也可以按照国务院著作权行政管理部门会同有关部门制定的付酬标准支付报酬。当事人约定不明确的,按照国务院著作权行政管理部门会同有关部门制定的付酬标准支付报酬。

第二十九条 出版者、表演者、录音录像制作者、广播电台、电视台等依照本法有关规定使用他人作品的,不得侵犯作者的署名权、修改权、保护作品完整权和获得报酬的权利。

第四章 出版、表演、录音录像、播放
第一节 图书、报刊的出版

第三十条 图书出版者出版图书应当和著作权人订立出版合同,并支付报酬。

第三十一条 图书出版者对著作权人交付出版的作品,按照合同约定享有的专有出版权受法律保护,他人不得出版该作品。

第三十二条 著作权人应当按照合同约定期限交付作品。图书出版者应当按照合同约定的出版质量、期限出版图书。

图书出版者不按照合同约定期限出版,应当依照本法第五十四条的规定承担民事责任。

图书出版者重印、再版作品的,应当通知著作权人,并支付报酬。图书脱销后,图书出版者拒绝重印、再版的,著作权人有权终止合同。

第三十三条 著作权人向报社、期刊社投稿的,自稿件发出之日起十五日内未收到报社通知决定刊登的,或者自稿件发出之日起三十日内未收到期刊社通知决定刊登的,可以将同一作品向其他报社、期刊社投稿。双方另有约定的除外。

作品刊登后,除著作权人声明不得转载、摘编的外,其他报刊可以转载或者作为文摘、资料刊登,但应当按照规定向著作权人支付报酬。

第三十四条 图书出版者经作者许可,可以对作品修改、删节。

报社、期刊社可以对作品作文字性修改、删节。对内容的修改,应当经作者许可。

第三十五条 出版改编、翻译、注释、整理、汇编已有作品而产生的作品,应当取得改编、翻译、注释、整理、汇编作品的著作权人和原作品的著作权人许可,并支付报酬。

第三十六条 出版者有权许可或者禁止他人使用其出版的图书、期刊的版式设计。

前款规定的权利的保护期为十年,截止于使用该版式设计的图书、期刊首次出版后第十年的12月31日。

第二节 表 演

第三十七条 使用他人作品演出,表演者(演员、演出单位)应当取得著作权人许可,并支付报酬。演出组织者组织演出,由该组织者取得著作权人许可,并支付报酬。

使用改编、翻译、注释、整理已有作品而产生的作品进行演出,应当取得改编、

翻译、注释、整理作品的著作权人和原作品的著作权人许可,并支付报酬。

第三十八条 表演者对其表演享有下列权利:

(一)表明表演者身份;

(二)保护表演形象不受歪曲;

(三)许可他人从现场直播和公开传送其现场表演,并获得报酬;

(四)许可他人录音录像,并获得报酬;

(五)许可他人复制、发行录有其表演的录音录像制品,并获得报酬;

(六)许可他人通过信息网络向公众传播其表演,并获得报酬。

被许可人以前款第(三)项至第(六)项规定的方式使用作品,还应当取得著作权人许可,并支付报酬。

第三十九条 本法第三十八条第一款第(一)项、第(二)项规定的权利的保护期不受限制。

本法第三十八条第一款第(三)项至第(六)项规定的权利的保护期为五十年,截止于该表演发生后第五十年的12月31日。

第三节 录音录像

第四十条 录音录像制作者使用他人作品制作录音录像制品,应当取得著作权人许可,并支付报酬。

录音录像制作者使用改编、翻译、注释、整理已有作品而产生的作品,应当取得改编、翻译、注释、整理作品的著作权人和原作品著作权人许可,并支付报酬。

录音制作者使用他人已经合法录制为录音制品的音乐作品制作录音制品,可以不经著作权人许可,但应当按照规定支付报酬;著作权人声明不许使用的不得使用。

第四十一条 录音录像制作者制作录音录像制品,应当同表演者订立合同,并支付报酬。

第四十二条 录音录像制作者对其制作的录音录像制品,享有许可他人复制、发行、出租、通过信息网络向公众传播并获得报酬的权利;权利的保护期为五十年,截止于该制品首次制作完成后第五十年的12月31日。

被许可人复制、发行、通过信息网络向公众传播录音录像制品,还应当取得著作权人、表演者许可,并支付报酬。

第四节 广播电台、电视台播放

第四十三条 广播电台、电视台播放他人未发表的作品,应当取得著作权人许可,并支付报酬。

广播电台、电视台播放他人已发表的作品,可以不经著作权人许可,但应当支付报酬。

第四十四条　广播电台、电视台播放已经出版的录音制品,可以不经著作权人许可,但应当支付报酬。当事人另有约定的除外。具体办法由国务院规定。

第四十五条　广播电台、电视台有权禁止未经其许可的下列行为:

(一)将其播放的广播、电视转播;

(二)将其播放的广播、电视录制在音像载体上以及复制音像载体。

前款规定的权利的保护期为五十年,截止于该广播、电视首次播放后第五十年的12月31日。

第四十六条　电视台播放他人的电影作品和以类似摄制电影的方法创作的作品、录像制品,应当取得制片者或者录像制作者许可,并支付报酬;播放他人的录像制品,还应当取得著作权人许可,并支付报酬。

第五章　法律责任和执法措施

第四十七条　有下列侵权行为的,应当根据情况,承担停止侵害、消除影响、赔礼道歉、赔偿损失等民事责任:

(一)未经著作权人许可,发表其作品的;

(二)未经合作作者许可,将与他人合作创作的作品当作自己单独创作的作品发表的;

(三)没有参加创作,为谋取个人名利,在他人作品上署名的;

(四)歪曲、篡改他人作品的;

(五)剽窃他人作品的;

(六)未经著作权人许可,以展览、摄制电影和以类似摄制电影的方法使用作品,或者以改编、翻译、注释等方式使用作品的,本法另有规定的除外;

(七)使用他人作品,应当支付报酬而未支付的;

(八)未经电影作品和以类似摄制电影的方法创作的作品、计算机软件、录音录像制品的著作权人或者与著作权有关的权利人许可,出租其作品或者录音录像制品的,本法另有规定的除外;

(九)未经出版者许可,使用其出版的图书、期刊的版式设计的;

(十)未经表演者许可,从现场直播或者公开传送其现场表演,或者录制其表演的;

(十一)其他侵犯著作权以及与著作权有关的权益的行为。

第四十八条　有下列侵权行为的,应当根据情况,承担停止侵害、消除影响、赔礼道歉、赔偿损失等民事责任;同时损害公共利益的,可以由著作权行政管理部门责令停止侵权行为,没收违法所得,没收、销毁侵权复制品,并可处以罚款;情节严

重的,著作权行政管理部门还可以没收主要用于制作侵权复制品的材料、工具、设备等;构成犯罪的,依法追究刑事责任:

(一)未经著作权人许可,复制、发行、表演、放映、广播、汇编、通过信息网络向公众传播其作品的,本法另有规定的除外;

(二)出版他人享有专有出版权的图书的;

(三)未经表演者许可,复制、发行录有其表演的录音录像制品,或者通过信息网络向公众传播其表演的,本法另有规定的除外;

(四)未经录音录像制作者许可,复制、发行、通过信息网络向公众传播其制作的录音录像制品的,本法另有规定的除外;

(五)未经许可,播放或者复制广播、电视的,本法另有规定的除外;

(六)未经著作权人或者与著作权有关的权利人许可,故意避开或者破坏权利人为其作品、录音录像制品等采取的保护著作权或者与著作权有关的权利的技术措施的,法律、行政法规另有规定的除外;

(七)未经著作权人或者与著作权有关的权利人许可,故意删除或者改变作品、录音录像制品等的权利管理电子信息的,法律、行政法规另有规定的除外;

(八)制作、出售假冒他人署名的作品的。

第四十九条　侵犯著作权或者与著作权有关的权利的,侵权人应当按照权利人的实际损失给予赔偿;实际损失难以计算的,可以按照侵权人的违法所得给予赔偿。赔偿数额还应当包括权利人为制止侵权行为所支付的合理开支。

权利人的实际损失或者侵权人的违法所得不能确定的,由人民法院根据侵权行为的情节,判决给予五十万元以下的赔偿。

第五十条　著作权人或者与著作权有关的权利人有证据证明他人正在实施或者即将实施侵犯其权利的行为,如不及时制止将会使其合法权益受到难以弥补的损害的,可以在起诉前向人民法院申请采取责令停止有关行为和财产保全的措施。

人民法院处理前款申请,适用《中华人民共和国民事诉讼法》第九十三条至第九十六条和第九十九条的规定。

第五十一条　为制止侵权行为,在证据可能灭失或者以后难以取得的情况下,著作权人或者与著作权有关的权利人可以在起诉前向人民法院申请保全证据。

人民法院接受申请后,必须在四十八小时内做出裁定;裁定采取保全措施的,应当立即开始执行。

人民法院可以责令申请人提供担保,申请人不提供担保的,驳回申请。

申请人在人民法院采取保全措施后十五日内不起诉的,人民法院应当解除保全措施。

第五十二条 人民法院审理案件,对于侵犯著作权或者与著作权有关的权利的,可以没收违法所得、侵权复制品以及进行违法活动的财物。

第五十三条 复制品的出版者、制作者不能证明其出版、制作有合法授权的,复制品的发行者或者电影作品或者以类似摄制电影的方法创作的作品、计算机软件、录音录像制品的复制品的出租者不能证明其发行、出租的复制品有合法来源的,应当承担法律责任。

第五十四条 当事人不履行合同义务或者履行合同义务不符合约定条件的,应当依照《中华人民共和国民法通则》、《中华人民共和国合同法》等有关法律规定承担民事责任。

第五十五条 著作权纠纷可以调解,也可以根据当事人达成的书面仲裁协议或者著作权合同中的仲裁条款,向仲裁机构申请仲裁。

当事人没有书面仲裁协议,也没有在著作权合同中订立仲裁条款的,可以直接向人民法院起诉。

第五十六条 当事人对行政处罚不服的,可以自收到行政处罚决定书之日起三个月内向人民法院起诉,期满不起诉又不履行的,著作权行政管理部门可以申请人民法院执行。

第六章 附 则

第五十七条 本法所称的著作权即版权。

第五十八条 本法第二条所称的出版,指作品的复制、发行。

第五十九条 计算机软件、信息网络传播权的保护办法由国务院另行规定。

第六十条 本法规定的著作权人和出版者、表演者、录音录像制作者、广播电台、电视台的权利,在本法施行之日尚未超过本法规定的保护期的,依照本法予以保护。

本法施行前发生的侵权或者违约行为,依照侵权或者违约行为发生时的有关规定和政策处理。

第六十一条 本法自1991年6月1日起施行。

附录四 《中华人民共和国专利法》

1984年3月12日第六届全国人民代表大会常务委员会第四次会议通过 根据1992年9月4日第七届全国人民代表大会常务委员会第二十七次会议《关于修改〈中华人民共和国专利法〉的决定》第一次修正 根据2000年8月25日第九届全国人民代表大会常务委员会第十七次会议《关于修改〈中华人民共和国专利法〉的决定》第二次修正 根据2008年12月27日第十一届全国人民代表大会常务委员会第六次会议《关于修改〈中华人民共和国专利法〉的决定》第三次修正。

第一章 总 则

第一条 为了保护专利权人的合法权益,鼓励发明创造,推动发明创造的应用,提高创新能力,促进科学技术进步和经济社会发展,制定本法。

第二条 本法所称的发明创造是指发明、实用新型和外观设计。

发明,是指对产品、方法或者其改进所提出的新的技术方案。

实用新型,是指对产品的形状、构造或者其结合所提出的适于实用的新的技术方案。

外观设计,是指对产品的形状、图案或者其结合以及色彩与形状、图案的结合所做出的富有美感并适于工业应用的新设计。

第三条 国务院专利行政部门负责管理全国的专利工作;统一受理和审查专利申请,依法授予专利权。

省、自治区、直辖市人民政府管理专利工作的部门负责本行政区域内的专利管理工作。

第四条 申请专利的发明创造涉及国家安全或者重大利益需要保密的,按照国家有关规定办理。

第五条 对违反法律、社会公德或者妨害公共利益的发明创造,不授予专利权。

对违反法律、行政法规的规定获取或者利用遗传资源,并依赖该遗传资源完成的发明创造,不授予专利权。

第六条 执行本单位的任务或者主要是利用本单位的物质技术条件所完成的发明创造为职务发明创造。职务发明创造申请专利的权利属于该单位;申请被批准后,该单位为专利权人。

非职务发明创造,申请专利的权利属于发明人或者设计人;申请被批准后,该发明人或者设计人为专利权人。

利用本单位的物质技术条件所完成的发明创造,单位与发明人或者设计人订有合同,对申请专利的权利和专利权的归属做出约定的,从其约定。

第七条 对发明人或者设计人的非职务发明创造专利申请,任何单位或者个人不得压制。

第八条 两个以上单位或者个人合作完成的发明创造、一个单位或者个人接受其他单位或者个人委托所完成的发明创造,除另有协议的以外,申请专利的权利属于完成或者共同完成的单位或者个人;申请被批准后,申请的单位或者个人为专利权人。

第九条 同样的发明创造只能授予一项专利权。但是,同一申请人同日对同样的发明创造既申请实用新型专利又申请发明专利,先获得的实用新型专利权尚未终止,且申请人声明放弃该实用新型专利权的,可以授予发明专利权。

两个以上的申请人分别就同样的发明创造申请专利的,专利权授予最先申请的人。

第十条 专利申请权和专利权可以转让。

中国单位或者个人向外国人、外国企业或者外国其他组织转让专利申请权或者专利权的,应当依照有关法律、行政法规的规定办理手续。

转让专利申请权或者专利权的,当事人应当订立书面合同,并向国务院专利行政部门登记,由国务院专利行政部门予以公告。专利申请权或者专利权的转让自登记之日起生效。

第十一条 发明和实用新型专利权被授予后,除本法另有规定的以外,任何单位或者个人未经专利权人许可,都不得实施其专利,即不得为生产经营目的制造、使用、许诺销售、销售、进口其专利产品,或者使用其专利方法以及使用、许诺销售、销售、进口依照该专利方法直接获得的产品。

外观设计专利权被授予后,任何单位或者个人未经专利权人许可,都不得实施其专利,即不得为生产经营目的制造、许诺销售、销售、进口其外观设计专利产品。

第十二条 任何单位或者个人实施他人专利的,应当与专利权人订立实施许可合同,向专利权人支付专利使用费。被许可人无权允许合同规定以外的任何单位或者个人实施该专利。

第十三条 发明专利申请公布后,申请人可以要求实施其发明的单位或者个人支付适当的费用。

第十四条 国有企业事业单位的发明专利,对国家利益或者公共利益具有重大意义的,国务院有关主管部门和省、自治区、直辖市人民政府报经国务院批准,可以决定在批准的范围内推广应用,允许指定的单位实施,由实施单位按照国家规定向专利权人支付使用费。

第十五条 专利申请权或者专利权的共有人对权利的行使有约定的,从其约定。没有约定的,共有人可以单独实施或者以普通许可方式许可他人实施该专利;许可他人实施该专利的,收取的使用费应当在共有人之间分配。

除前款规定的情形外,行使共有的专利申请权或者专利权应当取得全体共有人的同意。

第十六条 被授予专利权的单位应当对职务发明创造的发明人或者设计人给予奖励;发明创造专利实施后,根据其推广应用的范围和取得的经济效益,对发明人或者设计人给予合理的报酬。

第十七条 发明人或者设计人有权在专利文件中写明自己是发明人或者设计人。

专利权人有权在其专利产品或者该产品的包装上标明专利标识。

第十八条 在中国没有经常居所或者营业所的外国人、外国企业或者外国其他组织在中国申请专利的,依照其所属国同中国签订的协议或者共同参加的国际条约,或者依照互惠原则,根据本法办理。

第十九条 在中国没有经常居所或者营业所的外国人、外国企业或者外国其他组织在中国申请专利和办理其他专利事务的,应当委托依法设立的专利代理机构办理。

中国单位或者个人在国内申请专利和办理其他专利事务的,可以委托依法设立的专利代理机构办理。

专利代理机构应当遵守法律、行政法规,按照被代理人的委托办理专利申请或者其他专利事务;对被代理人发明创造的内容,除专利申请已经公布或者公告的以外,负有保密责任。专利代理机构的具体管理办法由国务院规定。

第二十条 任何单位或者个人将在中国完成的发明或者实用新型向外国申请专利的,应当事先报经国务院专利行政部门进行保密审查。保密审查的程序、期限等按照国务院的规定执行。

中国单位或者个人可以根据中华人民共和国参加的有关国际条约提出专利国际申请。申请人提出专利国际申请的,应当遵守前款规定。

国务院专利行政部门依照中华人民共和国参加的有关国际条约、本法和国务院有关规定处理专利国际申请。

对违反本条第一款规定向外国申请专利的发明或者实用新型,在中国申请专利的,不授予专利权。

第二十一条 国务院专利行政部门及其专利复审委员会应当按照客观、公正、准确、及时的要求，依法处理有关专利的申请和请求。

国务院专利行政部门应当完整、准确、及时发布专利信息，定期出版专利公报。

在专利申请公布或者公告前，国务院专利行政部门的工作人员及有关人员对其内容负有保密责任。

第二章 授予专利权的条件

第二十二条 授予专利权的发明和实用新型，应当具备新颖性、创造性和实用性。

新颖性，是指该发明或者实用新型不属于现有技术；也没有任何单位或者个人就同样的发明或者实用新型在申请日以前向国务院专利行政部门提出过申请，并记载在申请日以后公布的专利申请文件或者公告的专利文件中。

创造性，是指与现有技术相比，该发明具有突出的实质性特点和显著的进步，该实用新型具有实质性特点和进步。

实用性，是指该发明或者实用新型能够制造或者使用，并且能够产生积极效果。

本法所称现有技术，是指申请日以前在国内外为公众所知的技术。

第二十三条 授予专利权的外观设计，应当不属于现有设计；也没有任何单位或者个人就同样的外观设计在申请日以前向国务院专利行政部门提出过申请，并记载在申请日以后公告的专利文件中。

授予专利权的外观设计与现有设计或者现有设计特征的组合相比，应当具有明显区别。

授予专利权的外观设计不得与他人在申请日以前已经取得的合法权利相冲突。

本法所称现有设计，是指申请日以前在国内外为公众所知的设计。

第二十四条 申请专利的发明创造在申请日以前六个月内，有下列情形之一的，不丧失新颖性：

（一）在中国政府主办或者承认的国际展览会上首次展出的；

（二）在规定的学术会议或者技术会议上首次发表的；

（三）他人未经申请人同意而泄露其内容的。

第二十五条 对下列各项，不授予专利权：

（一）科学发现；

（二）智力活动的规则和方法；

（三）疾病的诊断和治疗方法；

（四）动物和植物品种；

(五)用原子核变换方法获得的物质;

(六)对平面印刷品的图案、色彩或者二者的结合做出的主要起标识作用的设计。

对前款第(四)项所列产品的生产方法,可以依照本法规定授予专利权。

第三章 专利的申请

第二十六条 申请发明或者实用新型专利的,应当提交请求书、说明书及其摘要和权利要求书等文件。

请求书应当写明发明或者实用新型的名称,发明人的姓名,申请人姓名或者名称、地址,以及其他事项。

说明书应当对发明或者实用新型做出清楚、完整的说明,以所属技术领域的技术人员能够实现为准;必要的时候,应当有附图。摘要应当简要说明发明或者实用新型的技术要点。

权利要求书应当以说明书为依据,清楚、简要地限定要求专利保护的范围。

依赖遗传资源完成的发明创造,申请人应当在专利申请文件中说明该遗传资源的直接来源和原始来源;申请人无法说明原始来源的,应当陈述理由。

第二十七条 申请外观设计专利的,应当提交请求书、该外观设计的图片或者照片以及对该外观设计的简要说明等文件。

申请人提交的有关图片或者照片应当清楚地显示要求专利保护的产品的外观设计。

第二十八条 国务院专利行政部门收到专利申请文件之日为申请日。如果申请文件是邮寄的,以寄出的邮戳日为申请日。

第二十九条 申请人自发明或者实用新型在外国第一次提出专利申请之日起十二个月内,或者自外观设计在外国第一次提出专利申请之日起六个月内,又在中国就相同主题提出专利申请的,依照该外国同中国签订的协议或者共同参加的国际条约,或者依照相互承认优先权的原则,可以享有优先权。

申请人自发明或者实用新型在中国第一次提出专利申请之日起十二个月内,又向国务院专利行政部门就相同主题提出专利申请的,可以享有优先权。

第三十条 申请人要求优先权的,应当在申请的时候提出书面声明,并且在三个月内提交第一次提出的专利申请文件的副本;未提出书面声明或者逾期未提交专利申请文件副本的,视为未要求优先权。

第三十一条 一件发明或者实用新型专利申请应当限于一项发明或者实用新型。属于一个总的发明构思的两项以上的发明或者实用新型,可以作为一件申请提出。

一件外观设计专利申请应当限于一项外观设计。同一产品两项以上的相似外观设计,或者用于同一类别并且成套出售或者使用的产品的两项以上外观设计,可以作为一件申请提出。

第三十二条 申请人可以在被授予专利权之前随时撤回其专利申请。

第三十三条 申请人可以对其专利申请文件进行修改,但是,对发明和实用新型专利申请文件的修改不得超出原说明书和权利要求书记载的范围,对外观设计专利申请文件的修改不得超出原图片或者照片表示的范围。

第四章 专利申请的审查和批准

第三十四条 国务院专利行政部门收到发明专利申请后,经初步审查认为符合本法要求的,自申请日起满十八个月,即行公布。国务院专利行政部门可以根据申请人的请求早日公布其申请。

第三十五条 发明专利申请自申请日起三年内,国务院专利行政部门可以根据申请人随时提出的请求,对其申请进行实质审查;申请人无正当理由逾期不请求实质审查的,该申请即被视为撤回。

国务院专利行政部门认为必要的时候,可以自行对发明专利申请进行实质审查。

第三十六条 发明专利的申请人请求实质审查的时候,应当提交在申请日前与其发明有关的参考资料。

发明专利已经在外国提出过申请的,国务院专利行政部门可以要求申请人在指定期限内提交该国为审查其申请进行检索的资料或者审查结果的资料;无正当理由逾期不提交的,该申请即被视为撤回。

第三十七条 国务院专利行政部门对发明专利申请进行实质审查后,认为不符合本法规定的,应当通知申请人,要求其在指定的期限内陈述意见,或者对其申请进行修改;无正当理由逾期不答复的,该申请即被视为撤回。

第三十八条 发明专利申请经申请人陈述意见或者进行修改后,国务院专利行政部门仍然认为不符合本法规定的,应当予以驳回。

第三十九条 发明专利申请经实质审查没有发现驳回理由的,由国务院专利行政部门做出授予发明专利权的决定,发给发明专利证书,同时予以登记和公告。发明专利权自公告之日起生效。

第四十条 实用新型和外观设计专利申请经初步审查没有发现驳回理由的,由国务院专利行政部门做出授予实用新型专利权或者外观设计专利权的决定,发给相应的专利证书,同时予以登记和公告。实用新型专利权和外观设计专利权自公告之日起生效。

第四十一条　国务院专利行政部门设立专利复审委员会。专利申请人对国务院专利行政部门驳回申请的决定不服的,可以自收到通知之日起三个月内,向专利复审委员会请求复审。专利复审委员会复审后,做出决定,并通知专利申请人。

专利申请人对专利复审委员会的复审决定不服的,可以自收到通知之日起三个月内向人民法院起诉。

第五章　专利权的期限、终止和无效

第四十二条　发明专利权的期限为二十年,实用新型专利权和外观设计专利权的期限为十年,均自申请日起计算。

第四十三条　专利权人应当自被授予专利权的当年开始缴纳年费。

第四十四条　有下列情形之一的,专利权在期限届满前终止:

(一)没有按照规定缴纳年费的;

(二)专利权人以书面声明放弃其专利权的。

专利权在期限届满前终止的,由国务院专利行政部门登记和公告。

第四十五条　自国务院专利行政部门公告授予专利权之日起,任何单位或者个人认为该专利权的授予不符合本法有关规定的,可以请求专利复审委员会宣告该专利权无效。

第四十六条　专利复审委员会对宣告专利权无效的请求应当及时审查和做出决定,并通知请求人和专利权人。宣告专利权无效的决定,由国务院专利行政部门登记和公告。

对专利复审委员会宣告专利权无效或者维持专利权的决定不服的,可以自收到通知之日起三个月内向人民法院起诉。人民法院应当通知无效宣告请求程序的对方当事人作为第三人参加诉讼。

第四十七条　宣告无效的专利权视为自始即不存在。

宣告专利权无效的决定,对在宣告专利权无效前人民法院做出并已执行的专利侵权的判决、调解书,已经履行或者强制执行的专利侵权纠纷处理决定,以及已经履行的专利实施许可合同和专利权转让合同,不具有追溯力。但是因专利权人的恶意给他人造成的损失,应当给予赔偿。

依照前款规定不返还专利侵权赔偿金、专利使用费、专利权转让费,明显违反公平原则的,应当全部或者部分返还。

第六章 专利实施的强制许可

第四十八条 有下列情形之一的,国务院专利行政部门根据具备实施条件的单位或者个人的申请,可以给予实施发明专利或者实用新型专利的强制许可:

(一)专利权人自专利权被授予之日起满三年,且自提出专利申请之日起满四年,无正当理由未实施或者未充分实施其专利的;

(二)专利权人行使专利权的行为被依法认定为垄断行为,为消除或者减少该行为对竞争产生的不利影响的。

第四十九条 在国家出现紧急状态或者非常情况时,或者为了公共利益的目的,国务院专利行政部门可以给予实施发明专利或者实用新型专利的强制许可

第五十条 为了公共健康目的,对取得专利权的药品,国务院专利行政部门可以给予制造并将其出口到符合中华人民共和国参加的有关国际条约规定的国家或者地区的强制许可。

第五十一条 一项取得专利权的发明或者实用新型比前已经取得专利权的发明或者实用新型具有显著经济意义的重大技术进步,其实施又有赖于前一发明或者实用新型的实施的,国务院专利行政部门根据后一专利权人的申请,可以给予实施前一发明或者实用新型的强制许可。

在依照前款规定给予实施强制许可的情形下,国务院专利行政部门根据前一专利权人的申请,也可以给予实施后一发明或者实用新型的强制许可。

第五十二条 强制许可涉及的发明创造为半导体技术的,其实施限于公共利益的目的和本法第四十八条第(二)项规定的情形。

第五十三条 除依照本法第四十八条第(二)项、第五十条规定给予的强制许可外,强制许可的实施应当主要为了供应国内市场。

第五十四条 依照本法第四十八条第(一)项、第五十一条规定申请强制许可的单位或者个人应当提供证据,证明其以合理的条件请求专利权人许可其实施专利,但未能在合理的时间内获得许可。

第五十五条 国务院专利行政部门做出的给予实施强制许可的决定,应当及时通知专利权人,并予以登记和公告。

给予实施强制许可的决定,应当根据强制许可的理由规定实施的范围和时间。强制许可的理由消除并不再发生时,国务院专利行政部门应当根据专利权人的请求,经审查后做出终止实施强制许可的决定。

第五十六条 取得实施强制许可的单位或者个人不享有独占的实施权,并且无权允许他人实施。

第五十七条 取得实施强制许可的单位或者个人应当付给专利权人合理的使

用费,或者依照中华人民共和国参加的有关国际条约的规定处理使用费问题。付给使用费的,其数额由双方协商;双方不能达成协议的,由国务院专利行政部门裁决。

第五十八条 专利权人对国务院专利行政部门关于实施强制许可的决定不服的,专利权人和取得实施强制许可的单位或者个人对国务院专利行政部门关于实施强制许可的使用费的裁决不服的,可以自收到通知之日起三个月内向人民法院起诉。

第七章 专利权的保护

第五十九条 发明或者实用新型专利权的保护范围以其权利要求的内容为准,说明书及附图可以用于解释权利要求的内容。

外观设计专利权的保护范围以表示在图片或者照片中的该产品的外观设计为准,简要说明可以用于解释图片或者照片所表示的该产品的外观设计。

第六十条 未经专利权人许可,实施其专利,即侵犯其专利权,引起纠纷的,由当事人协商解决;不愿协商或者协商不成的,专利权人或者利害关系人可以向人民法院起诉,也可以请求管理专利工作的部门处理。管理专利工作的部门处理时,认定侵权行为成立的,可以责令侵权人立即停止侵权行为,当事人不服的,可以自收到处理通知之日起十五日内依照《中华人民共和国行政诉讼法》向人民法院起诉;侵权人期满不起诉又不停止侵权行为的,管理专利工作的部门可以申请人民法院强制执行。进行处理的管理专利工作的部门应当事人的请求,可以就侵犯专利权的赔偿数额进行调解;调解不成的,当事人可以依照《中华人民共和国民事诉讼法》向人民法院起诉。

第六十一条 专利侵权纠纷涉及新产品制造方法的发明专利的,制造同样产品的单位或者个人应当提供其产品制造方法不同于专利方法的证明。

专利侵权纠纷涉及实用新型专利或者外观设计专利的,人民法院或者管理专利工作的部门可以要求专利权人或者利害关系人出具由国务院专利行政部门对相关实用新型或者外观设计进行检索、分析和评价后做出的专利权评价报告,作为审理、处理专利侵权纠纷的证据。

第六十二条 在专利侵权纠纷中,被控侵权人有证据证明其实施的技术或者设计属于现有技术或现有设计的,不构成侵犯专利权。

第六十三条 假冒专利的,除依法承担民事责任外,由管理专利工作的部门责令改正并予公告,没收违法所得,可以并处违法所得四倍以下的罚款;没有违法所得的,可以处二十万元以下的罚款;构成犯罪的,依法追究刑事责任。

第六十四条 管理专利工作的部门根据已经取得的证据,对涉嫌假冒专利行为进行查处时,可以询问有关当事人,调查与涉嫌违法行为有关的情况;对当事人涉嫌违法行为的场所实施现场检查;查阅、复制与涉嫌违法行为有关的合同、发票、账簿以及其他有关资料;检查与涉嫌违法行为有关的产品,对有证据证明是假冒专利的产品,可以查封或者扣押。

管理专利工作的部门依法行使前款规定的职权时,当事人应当予以协助、配合,不得拒绝、阻挠。

第六十五条 侵犯专利权的赔偿数额按照权利人因被侵权所受到的实际损失确定;实际损失难以确定的,可以按照侵权人因侵权所获得的利益确定。权利人的损失或者侵权人获得的利益难以确定的,参照该专利许可使用费的倍数合理确定。赔偿数额还应当包括权利人为制止侵权行为所支付的合理开支。

权利人的损失、侵权人获得的利益和专利许可使用费均难以确定的,人民法院可以根据专利权的类型、侵权行为的性质和情节等因素,确定给予一万元以上一百万元以下的赔偿。

第六十六条 专利权人或者利害关系人有证据证明他人正在实施或者即将实施侵犯专利权的行为,如不及时制止将会使其合法权益受到难以弥补的损害的,可以在起诉前向人民法院申请采取责令停止有关行为的措施。

申请人提出申请时,应当提供担保;不提供担保的,驳回申请。

人民法院应当自接受申请之时起四十八小时内做出裁定;有特殊情况需要延长的,可以延长四十八小时。裁定责令停止有关行为的,应当立即执行。当事人对裁定不服的,可以申请复议一次;复议期间不停止裁定的执行。

申请人自人民法院采取责令停止有关行为的措施之日起十五日内不起诉的,人民法院应当解除该措施。

申请有错误的,申请人应当赔偿被申请人因停止有关行为所遭受的损失。

第六十七条 为了制止专利侵权行为,在证据可能灭失或者以后难以取得的情况下,专利权人或者利害关系人可以在起诉前向人民法院申请保全证据。

人民法院采取保全措施,可以责令申请人提供担保;申请人不提供担保的,驳回申请。

人民法院应当自接受申请之时起四十八小时内做出裁定;裁定采取保全措施的,应当立即执行。

申请人自人民法院采取保全措施之日起十五日内不起诉的,人民法院应当解除该措施。

第六十八条 侵犯专利权的诉讼时效为两年,自专利权人或者利害关系人得知或者应当得知侵权行为之日起计算。

发明专利申请公布后至专利权授予前使用该发明未支付适当使用费的,专利权人要求支付使用费的诉讼时效为两年,自专利权人得知或者应当得知他人使用其发明之日起计算,但是,专利权人于专利权授予之日前即已得知或者应当得知的,自专利权授予之日起计算。

第六十九条 有下列情形之一的,不视为侵犯专利权:

(一)专利产品或者依照专利方法直接获得的产品,由专利权人或者经其许可的单位、个人售出后,使用、许诺销售、销售、进口该产品的;

(二)在专利申请日前已经制造相同产品、使用相同方法或者已经作好制造、使用的必要准备,并且仅在原有范围内继续制造、使用的;

(三)临时通过中国领陆、领水、领空的外国运输工具,依照其所属国同中国签订的协议或者共同参加的国际条约,或者依照互惠原则,为运输工具自身需要而在其装置和设备中使用有关专利的;

(四)专为科学研究和实验而使用有关专利的;

(五)为提供行政审批所需要的信息,制造、使用、进口专利药品或者专利医疗器械的,以及专门为其制造、进口专利药品或者专利医疗器械的。

第七十条 为生产经营目的使用、许诺销售或者销售不知道是未经专利权人许可而制造并售出的专利侵权产品,能证明该产品合法来源的,不承担赔偿责任。

第七十一条 违反本法第二十条规定向外国申请专利,泄露国家秘密的,由所在单位或者上级主管机关给予行政处分;构成犯罪的,依法追究刑事责任。

第七十二条 侵夺发明人或者设计人的非职务发明创造专利申请权和本法规定的其他权益的,由所在单位或者上级主管机关给予行政处分。

第七十三条 管理专利工作的部门不得参与向社会推荐专利产品等经营活动。

管理专利工作的部门违反前款规定的,由其上级机关或者监察机关责令改正,消除影响,有违法收入的予以没收;情节严重的,对直接负责的主管人员和其他直接责任人员依法给予行政处分。

第七十四条 从事专利管理工作的国家机关工作人员以及其他有关国家机关工作人员玩忽职守、滥用职权、徇私舞弊,构成犯罪的,依法追究刑事责任;尚不构成犯罪的,依法给予行政处分。

第八章 附 则

第七十五条 向国务院专利行政部门申请专利和办理其他手续,应当按照规定缴纳费用。

第七十六条 本法自1985年4月1日起施行。

附录五 《中华人民共和国商标法》

1982年8月23日第五届全国人民代表大会常务委员会第二十四次会议通过 根据1993年2月22日第七届全国人民代表大会常务委员会第三十次会议《关于修改〈中华人民共和国商标法〉的决定》第一次修正 根据2001年10月27日第九届全国人民代表大会常务委员会第二十四次会议《关于修改〈中华人民共和国商标法〉的决定》第二次修正 根据2013年8月30日第十二届全国人民代表大会常务委员会第四次会议《关于修改〈中华人民共和国商标法〉的决定》第三次修正。

第一章 总 则

第一条 为了加强商标管理,保护商标专用权,促使生产、经营者保证商品和服务质量,维护商标信誉,以保障消费者和生产、经营者的利益,促进社会主义市场经济的发展,特制定本法。

第二条 国务院工商行政管理部门商标局主管全国商标注册和管理的工作。

国务院工商行政管理部门设立商标评审委员会,负责处理商标争议事宜。

第三条 经商标局核准注册的商标为注册商标,包括商品商标、服务商标和集体商标、证明商标;商标注册人享有商标专用权,受法律保护。

本法所称集体商标,是指以团体、协会或者其他组织名义注册,供该组织成员在商事活动中使用,以表明使用者在该组织中的成员资格的标志。

本法所称证明商标,是指由对某种商品或者服务具有监督能力的组织所控制,而由该组织以外的单位或者个人使用于其商品或者服务,用以证明该商品或者服务的原产地、原料、制造方法、质量或者其他特定品质的标志。

集体商标、证明商标注册和管理的特殊事项,由国务院工商行政管理部门规定。

第四条 自然人、法人或者其他组织在生产经营活动中,对其商品或者服务需要取得商标专用权的,应当向商标局申请商标注册。

本法有关商品商标的规定,适用于服务商标。

第五条 两个以上的自然人、法人或者其他组织可以共同向商标局申请注册同一商标,共同享有和行使该商标专用权。

第六条 法律、行政法规规定必须使用注册商标的商品,必须申请商标注册,未经核准注册的,不得在市场销售。

第七条 申请注册和使用商标,应当遵循诚实信用原则。

商标使用人应当对其使用商标的商品质量负责。各级工商行政管理部门应当通过商标管理,制止欺骗消费者的行为。

第八条 任何能够将自然人、法人或者其他组织的商品与他人的商品区别开的标志,包括文字、图形、字母、数字、三维标志、颜色组合和声音等,以及上述要素的组合,均可以作为商标申请注册。

第九条 申请注册的商标,应当有显著特征,便于识别,并不得与他人在先取得的合法权利相冲突。

商标注册人有权标明"注册商标"或者注册标记。

第十条 下列标志不得作为商标使用:

(一)同中华人民共和国的国家名称、国旗、国徽、国歌、军旗、军徽、军歌、勋章等相同或者近似的,以及同中央国家机关的名称、标志、所在地特定地点的名称或者标志性建筑物的名称、图形相同的;

(二)同外国的国家名称、国旗、国徽、军旗等相同或者近似的,但经该国政府同意的除外;

(三)同政府间国际组织的名称、旗帜、徽记等相同或者近似的,但经该组织同意或者不易误导公众的除外;

(四)与表明实施控制、予以保证的官方标志、检验印记相同或者近似的,但经授权的除外;

(五)同"红十字""红新月"的名称、标志相同或者近似的;

(六)带有民族歧视性的;

(七)带有欺骗性,容易使公众对商品的质量等特点或者产地产生误认的;

(八)有害于社会主义道德风尚或者有其他不良影响的。

县级以上行政区划的地名或者公众知晓的外国地名,不得作为商标。但是,地名具有其他含义或者作为集体商标、证明商标组成部分的除外;已经注册的使用地名的商标继续有效。

第十一条 下列标志不得作为商标注册:

(一)仅有本商品的通用名称、图形、型号的;

(二)仅直接表示商品的质量、主要原料、功能、用途、重量、数量及其他特点的;

(三)其他缺乏显著特征的。

前款所列标志经过使用取得显著特征,并便于识别的,可以作为商标注册。

第十二条 以三维标志申请注册商标的,仅由商品自身的性质产生的形状、为获得技术效果而需有的商品形状或者使商品具有实质性价值的形状,不得注册。

第十三条 为相关公众所熟知的商标,持有人认为其权利受到侵害时,可以依照本法规定请求驰名商标保护。

就相同或者类似商品申请注册的商标是复制、摹仿或者翻译他人未在中国注册的驰名商标,容易导致混淆的,不予注册并禁止使用。

就不相同或者不相类似商品申请注册的商标是复制、摹仿或者翻译他人已经在中国注册的驰名商标,误导公众,致使该驰名商标注册人的利益可能受到损害的,不予注册并禁止使用。

第十四条　驰名商标应当根据当事人的请求,作为处理涉及商标案件需要认定的事实进行认定。认定驰名商标应当考虑下列因素:

(一)相关公众对该商标的知晓程度;
(二)该商标使用的持续时间;
(三)该商标的任何宣传工作的持续时间、程度和地理范围;
(四)该商标作为驰名商标受保护的记录;
(五)该商标驰名的其他因素。

在商标注册审查、工商行政管理部门查处商标违法案件过程中,当事人依照本法第十三条规定主张权利的,商标局根据审查、处理案件的需要,可以对商标驰名情况做出认定。

在商标争议处理过程中,当事人依照本法第十三条规定主张权利的,商标评审委员会根据处理案件的需要,可以对商标驰名情况做出认定。

在商标民事、行政案件审理过程中,当事人依照本法第十三条规定主张权利的,最高人民法院指定的人民法院根据审理案件的需要,可以对商标驰名情况做出认定。

生产、经营者不得将"驰名商标"字样用于商品、商品包装或者容器上,或者用于广告宣传、展览以及其他商业活动中。

第十五条　未经授权,代理人或者代表人以自己的名义将被代理人或者被代表人的商标进行注册,被代理人或者被代表人提出异议的,不予注册并禁止使用。

就同一种商品或者类似商品申请注册的商标与他人在先使用的未注册商标相同或者近似,申请人与该他人具有前款规定以外的合同、业务往来关系或者其他关系而明知该他人商标存在,该他人提出异议的,不予注册。

第十六条　商标中有商品的地理标志,而该商品并非来源于该标志所标示的地区,误导公众的,不予注册并禁止使用;但是,已经善意取得注册的继续有效。

前款所称地理标志,是指标示某商品来源于某地区,该商品的特定质量、信誉或者其他特征,主要由该地区的自然因素或者人文因素所决定的标志。

第十七条　外国人或者外国企业在中国申请商标注册的,应当按其所属国和中华人民共和国签订的协议或者共同参加的国际条约办理,或者按对等原则办理。

第十八条　申请商标注册或者办理其他商标事宜,可以自行办理,也可以委托依法设立的商标代理机构办理。

外国人或者外国企业在中国申请商标注册和办理其他商标事宜的,应当委托依法设立的商标代理机构办理。

第十九条　商标代理机构应当遵循诚实信用原则,遵守法律、行政法规,按照被代理人的委托办理商标注册申请或者其他商标事宜;对在代理过程中知悉的被代理人的商业秘密,负有保密义务。

委托人申请注册的商标可能存在本法规定不得注册情形的,商标代理机构应当明确告知委托人。

商标代理机构知道或者应当知道委托人申请注册的商标属于本法第十五条和第三十二条规定情形的,不得接受其委托。

商标代理机构除对其代理服务申请商标注册外,不得申请注册其他商标。

第二十条　商标代理行业组织应当按照章程规定,严格执行吸纳会员的条件,对违反行业自律规范的会员实行惩戒。商标代理行业组织对其吸纳的会员和对会员的惩戒情况,应当及时向社会公布。

第二十一条　商标国际注册遵循中华人民共和国缔结或者参加的有关国际条约确立的制度,具体办法由国务院规定。

第二章　商标注册的申请

第二十二条　商标注册申请人应当按规定的商品分类表填报使用商标的商品类别和商品名称,提出注册申请。

商标注册申请人可以通过一份申请就多个类别的商品申请注册同一商标。

商标注册申请等有关文件,可以以书面方式或者数据电文方式提出。

第二十三条　注册商标需要在核定使用范围之外的商品上取得商标专用权的,应当另行提出注册申请。

第二十四条　注册商标需要改变其标志的,应当重新提出注册申请。

第二十五条　商标注册申请人自其商标在外国第一次提出商标注册申请之日起六个月内,又在中国就相同商品以同一商标提出商标注册申请的,依照该外国同中国签订的协议或者共同参加的国际条约,或者按照相互承认优先权的原则,可以享有优先权。

依照前款要求优先权的,应当在提出商标注册申请的时候提出书面声明,并且在三个月内提交第一次提出的商标注册申请文件的副本;未提出书面声明或者逾期未提交商标注册申请文件副本的,视为未要求优先权。

第二十六条　商标在中国政府主办的或者承认的国际展览会展出的商品上首

次使用的,自该商品展出之日起六个月内,该商标的注册申请人可以享有优先权。

依照前款要求优先权的,应当在提出商标注册申请的时候提出书面声明,并且在三个月内提交展出其商品的展览会名称、在展出商品上使用该商标的证据、展出日期等证明文件;未提出书面声明或者逾期未提交证明文件的,视为未要求优先权。

第二十七条 为申请商标注册所申报的事项和所提供的材料应当真实、准确、完整。

第三章 商标注册的审查和核准

第二十八条 对申请注册的商标,商标局应当自收到商标注册申请文件之日起九个月内审查完毕,符合本法有关规定的,予以初步审定公告。

第二十九条 在审查过程中,商标局认为商标注册申请内容需要说明或者修正的,可以要求申请人做出说明或者修正。申请人未做出说明或者修正的,不影响商标局做出审查决定。

第三十条 申请注册的商标,凡不符合本法有关规定或者同他人在同一种商品或者类似商品上已经注册的或者初步审定的商标相同或者近似的,由商标局驳回申请,不予公告。

第三十一条 两个或者两个以上的商标注册申请人,在同一种商品或者类似商品上,以相同或者近似的商标申请注册的,初步审定并公告申请在先的商标;同一天申请的,初步审定并公告使用在先的商标,驳回其他人的申请,不予公告。

第三十二条 申请商标注册不得损害他人现有的在先权利,也不得以不正当手段抢先注册他人已经使用并有一定影响的商标。

第三十三条 对初步审定公告的商标,自公告之日起三个月内,在先权利人、利害关系人认为违反本法第十三条第二款和第三款、第十五条、第十六条第一款、第三十条、第三十一条、第三十二条规定的,或者任何人认为违反本法第十条、第十一条、第十二条规定的,可以向商标局提出异议。公告期满无异议的,予以核准注册,发给商标注册证,并予公告。

第三十四条 对驳回申请、不予公告的商标,商标局应当书面通知商标注册申请人。商标注册申请人不服的,可以自收到通知之日起十五日内向商标评审委员会申请复审。商标评审委员会应当自收到申请之日起九个月内做出决定,并书面通知申请人。有特殊情况需要延长的,经国务院工商行政管理部门批准,可以延长三个月。当事人对商标评审委员会的决定不服的,可以自收到通知之日起三十日内向人民法院起诉。

第三十五条 对初步审定公告的商标提出异议的,商标局应当听取异议人和被异议人陈述事实和理由,经调查核实后,自公告期满之日起十二个月内做出是否准予注册的决定,并书面通知异议人和被异议人。有特殊情况需要延长的,经国务院工商行政管理部门批准,可以延长六个月。

商标局做出准予注册决定的,发给商标注册证,并予公告。异议人不服的,可以依照本法第四十四条、第四十五条的规定向商标评审委员会请求宣告该注册商标无效。

商标局做出不予注册决定,被异议人不服的,可以自收到通知之日起十五日内向商标评审委员会申请复审。商标评审委员会应当自收到申请之日起十二个月内做出复审决定,并书面通知异议人和被异议人。有特殊情况需要延长的,经国务院工商行政管理部门批准,可以延长六个月。被异议人对商标评审委员会的决定不服的,可以自收到通知之日起三十日内向人民法院起诉。人民法院应当通知异议人作为第三人参加诉讼。

商标评审委员会在依照前款规定进行复审的过程中,所涉及的在先权利的确定必须以人民法院正在审理或者行政机关正在处理的另一案件的结果为依据的,可以中止审查。中止原因消除后,应当恢复审查程序。

第三十六条　法定期限届满,当事人对商标局做出的驳回申请决定、不予注册决定不申请复审或者对商标评审委员会做出的复审决定不向人民法院起诉的,驳回申请决定、不予注册决定或者复审决定生效。

经审查异议不成立而准予注册的商标,商标注册申请人取得商标专用权的时间自初步审定公告三个月期满之日起计算。自该商标公告期满之日起至准予注册决定做出前,对他人在同一种或者类似商品上使用与该商标相同或者近似的标志的行为不具有追溯力;但是,因该使用人的恶意给商标注册人造成的损失,应当给予赔偿。

第三十七条　对商标注册申请和商标复审申请应当及时进行审查。

第三十八条　商标注册申请人或者注册人发现商标申请文件或者注册文件有明显错误的,可以申请更正。商标局依法在其职权范围内做出更正,并通知当事人。

前款所称更正错误不涉及商标申请文件或者注册文件的实质性内容。

第四章　注册商标的续展、变更、转让和使用许可

第三十九条　注册商标的有效期为十年,自核准注册之日起计算。

第四十条　注册商标有效期满,需要继续使用的,商标注册人应当在期满前十二个月内按照规定办理续展手续;在此期间未能办理的,可以给予六个月的宽展期。每次续展注册的有效期为十年,自该商标上一届有效期满次日起计算。期满

未办理续展手续的,注销其注册商标。

商标局应当对续展注册的商标予以公告。

第四十一条 注册商标需要变更注册人的名义、地址或者其他注册事项的,应当提出变更申请。

第四十二条 转让注册商标的,转让人和受让人应当签订转让协议,并共同向商标局提出申请。受让人应当保证使用该注册商标的商品质量。

转让注册商标的,商标注册人对其在同一种商品上注册的近似的商标,或者在类似商品上注册的相同或者近似的商标,应当一并转让。

对容易导致混淆或者有其他不良影响的转让,商标局不予核准,书面通知申请人并说明理由。

转让注册商标经核准后,予以公告。受让人自公告之日起享有商标专用权。

第四十三条 商标注册人可以通过签订商标使用许可合同,许可他人使用其注册商标。许可人应当监督被许可人使用其注册商标的商品质量。被许可人应当保证使用该注册商标的商品质量。

经许可使用他人注册商标的,必须在使用该注册商标的商品上标明被许可人的名称和商品产地。

许可他人使用其注册商标的,许可人应当将其商标使用许可报商标局备案,由商标局公告。商标使用许可未经备案不得对抗善意第三人。

第五章 注册商标的无效宣告

第四十四条 已经注册的商标,违反本法第十条、第十一条、第十二条规定的,或者是以欺骗手段或者其他不正当手段取得注册的,由商标局宣告该注册商标无效;其他单位或者个人可以请求商标评审委员会宣告该注册商标无效。

商标局做出宣告注册商标无效的决定,应当书面通知当事人。当事人对商标局的决定不服的,可以自收到通知之日起十五日内向商标评审委员会申请复审。商标评审委员会应当自收到申请之日起九个月内做出决定,并书面通知当事人。有特殊情况需要延长的,经国务院工商行政管理部门批准,可以延长三个月。当事人对商标评审委员会的决定不服的,可以自收到通知之日起三十日内向人民法院起诉。

其他单位或者个人请求商标评审委员会宣告注册商标无效的,商标评审委员会收到申请后,应当书面通知有关当事人,并限期提出答辩。商标评审委员会应当自收到申请之日起九个月内做出维持注册商标或者宣告注册商标无效的裁定,并书面通知当事人。有特殊情况需要延长的,经国务院工商行政管理部门批准,可以延长三个月。当事人对商标评审委员会的裁定不服的,可以自收到通知之日起三十日内向人民法院起诉。人民法院应当通知商标裁定程序的对方当事人作为第三人参加诉讼。

第四十五条　已经注册的商标,违反本法第十三条第二款和第三款、第十五条、第十六条第一款、第三十条、第三十一条、第三十二条规定的,自商标注册之日起五年内,在先权利人或者利害关系人可以请求商标评审委员会宣告该注册商标无效。对恶意注册的,驰名商标所有人不受五年的时间限制。

商标评审委员会收到宣告注册商标无效的申请后,应当书面通知有关当事人,并限期提出答辩。商标评审委员会应当自收到申请之日起十二个月内做出维持注册商标或者宣告注册商标无效的裁定,并书面通知当事人。有特殊情况需要延长的,经国务院工商行政管理部门批准,可以延长六个月。当事人对商标评审委员会的裁定不服的,可以自收到通知之日起三十日内向人民法院起诉。人民法院应当通知商标裁定程序的对方当事人作为第三人参加诉讼。

商标评审委员会在依照前款规定对无效宣告请求进行审查的过程中,所涉及的在先权利的确定必须以人民法院正在审理或者行政机关正在处理的另一案件的结果为依据的,可以中止审查。中止原因消除后,应当恢复审查程序。

第四十六条　法定期限届满,当事人对商标局宣告注册商标无效的决定不申请复审或者对商标评审委员会的复审决定、维持注册商标或者宣告注册商标无效的裁定不向人民法院起诉的,商标局的决定或者商标评审委员会的复审决定、裁定生效。

第四十七条　依照本法第四十四条、第四十五条的规定宣告无效的注册商标,由商标局予以公告,该注册商标专用权视为自始即不存在。

宣告注册商标无效的决定或者裁定,对宣告无效前人民法院做出并已执行的商标侵权案件的判决、裁定、调解书和工商行政管理部门做出并已执行的商标侵权案件的处理决定以及已经履行的商标转让或者使用许可合同不具有追溯力。但是,因商标注册人的恶意给他人造成的损失,应当给予赔偿。

依照前款规定不返还商标侵权赔偿金、商标转让费、商标使用费,明显违反公平原则的,应当全部或者部分返还。

第六章　商标使用的管理

第四十八条　本法所称商标的使用,是指将商标用于商品、商品包装或者容器以及商品交易文书上,或者将商标用于广告宣传、展览以及其他商业活动中,用于识别商品来源的行为。

第四十九条　商标注册人在使用注册商标的过程中,自行改变注册商标、注册人名义、地址或者其他注册事项的,由地方工商行政管理部门责令限期改正;期满不改正的,由商标局撤销其注册商标。

注册商标成为其核定使用的商品的通用名称或者没有正当理由连续三年不使用的,任何单位或者个人可以向商标局申请撤销该注册商标。商标局应当自收到申请之日起九个月内做出决定。有特殊情况需要延长的,经国务院工商行政管理部门批准,可以延长三个月。

第五十条　注册商标被撤销、被宣告无效或者期满不再续展的,自撤销、宣告无效或者注销之日起一年内,商标局对与该商标相同或者近似的商标注册申请,不予核准。

第五十一条　违反本法第六条规定的,由地方工商行政管理部门责令限期申请注册,违法经营额五万元以上的,可以处违法经营额百分之二十以下的罚款,没有违法经营额或者违法经营额不足五万元的,可以处一万元以下的罚款。

第五十二条　将未注册商标冒充注册商标使用的,或者使用未注册商标违反本法第十条规定的,由地方工商行政管理部门予以制止,限期改正,并可以予以通报,违法经营额五万元以上的,可以处违法经营额百分之二十以下的罚款,没有违法经营额或者违法经营额不足五万元的,可以处一万元以下的罚款。

第五十三条　违反本法第十四条第五款规定的,由地方工商行政管理部门责令改正,处十万元罚款。

第五十四条　对商标局撤销或者不予撤销注册商标的决定,当事人不服的,可以自收到通知之日起十五日内向商标评审委员会申请复审。商标评审委员会应当自收到申请之日起九个月内做出决定,并书面通知当事人。有特殊情况需要延长的,经国务院工商行政管理部门批准,可以延长三个月。当事人对商标评审委员会的决定不服的,可以自收到通知之日起三十日内向人民法院起诉。

第五十五条　法定期限届满,当事人对商标局做出的撤销注册商标的决定不申请复审或者对商标评审委员会做出的复审决定不向人民法院起诉的,撤销注册商标的决定、复审决定生效。

被撤销的注册商标,由商标局予以公告,该注册商标专用权自公告之日起终止。

第七章　注册商标专用权的保护

第五十六条　注册商标的专用权,以核准注册的商标和核定使用的商品为限。

第五十七条　有下列行为之一的,均属侵犯注册商标专用权:

(一)未经商标注册人的许可,在同一种商品上使用与其注册商标相同的商标的;

(二)未经商标注册人的许可,在同一种商品上使用与其注册商标近似的商标,

或者在类似商品上使用与其注册商标相同或者近似的商标,容易导致混淆的;

(三)销售侵犯注册商标专用权的商品的;

(四)伪造、擅自制造他人注册商标标识或者销售伪造、擅自制造的注册商标标识的;

(五)未经商标注册人同意,更换其注册商标并将该更换商标的商品又投入市场的;

(六)故意为侵犯他人商标专用权行为提供便利条件,帮助他人实施侵犯商标专用权行为的;

(七)给他人的注册商标专用权造成其他损害的。

第五十八条 将他人注册商标、未注册的驰名商标作为企业名称中的字号使用,误导公众,构成不正当竞争行为的,依照《中华人民共和国反不正当竞争法》处理。

第五十九条 注册商标中含有的本商品的通用名称、图形、型号,或者直接表示商品的质量、主要原料、功能、用途、重量、数量及其他特点,或者含有的地名,注册商标专用权人无权禁止他人正当使用。

三维标志注册商标中含有的商品自身的性质产生的形状、为获得技术效果而需有的商品形状或者使商品具有实质性价值的形状,注册商标专用权人无权禁止他人正当使用。

商标注册人申请商标注册前,他人已经在同一种商品或者类似商品上先于商标注册人使用与注册商标相同或者近似并有一定影响的商标的,注册商标专用权人无权禁止该使用人在原使用范围内继续使用该商标,但可以要求其附加适当区别标识。

第六十条 有本法第五十七条所列侵犯注册商标专用权行为之一,引起纠纷的,由当事人协商解决;不愿协商或者协商不成的,商标注册人或者利害关系人可以向人民法院起诉,也可以请求工商行政管理部门处理。

工商行政管理部门处理时,认定侵权行为成立的,责令立即停止侵权行为,没收、销毁侵权商品和主要用于制造侵权商品、伪造注册商标标识的工具,违法经营额五万元以上的,可以处违法经营额五倍以下的罚款,没有违法经营额或者违法经营额不足五万元的,可以处二十五万元以下的罚款。对五年内实施两次以上商标侵权行为或者有其他严重情节的,应当从重处罚。销售不知道是侵犯注册商标专用权的商品,能证明该商品是自己合法取得并说明提供者的,由工商行政管理部门责令停止销售。

对侵犯商标专用权的赔偿数额的争议,当事人可以请求进行处理的工商行政管理部门调解,也可以依照《中华人民共和国民事诉讼法》向人民法院起诉。经工商行政管理部门调解,当事人未达成协议或者调解书生效后不履行的,当事人可以依照《中华人民共和国民事诉讼法》向人民法院起诉。

第六十一条 对侵犯注册商标专用权的行为,工商行政管理部门有权依法查处;涉嫌犯罪的,应当及时移送司法机关依法处理。

第六十二条 县级以上工商行政管理部门根据已经取得的违法嫌疑证据或者举报,对涉嫌侵犯他人注册商标专用权的行为进行查处时,可以行使下列职权:

(一)询问有关当事人,调查与侵犯他人注册商标专用权有关的情况;

(二)查阅、复制当事人与侵权活动有关的合同、发票、账簿以及其他有关资料;

(三)对当事人涉嫌从事侵犯他人注册商标专用权活动的场所实施现场检查;

(四)检查与侵权活动有关的物品;对有证据证明是侵犯他人注册商标专用权的物品,可以查封或者扣押。

工商行政管理部门依法行使前款规定的职权时,当事人应当予以协助、配合,不得拒绝、阻挠。

在查处商标侵权案件过程中,对商标权属存在争议或者权利人同时向人民法院提起商标侵权诉讼的,工商行政管理部门可以中止案件的查处。中止原因消除后,应当恢复或者终结案件查处程序。

第六十三条 侵犯商标专用权的赔偿数额,按照权利人因被侵权所受到的实际损失确定;实际损失难以确定的,可以按照侵权人因侵权所获得的利益确定;权利人的损失或者侵权人获得的利益难以确定的,参照该商标许可使用费的倍数合理确定。对恶意侵犯商标专用权,情节严重的,可以在按照上述方法确定数额的一倍以上三倍以下确定赔偿数额。赔偿数额应当包括权利人为制止侵权行为所支付的合理开支。

人民法院为确定赔偿数额,在权利人已经尽力举证,而与侵权行为相关的账簿、资料主要由侵权人掌握的情况下,可以责令侵权人提供与侵权行为相关的账簿、资料;侵权人不提供或者提供虚假的账簿、资料的,人民法院可以参考权利人的主张和提供的证据判定赔偿数额。

权利人因被侵权所受到的实际损失、侵权人因侵权所获得的利益、注册商标许可使用费难以确定的,由人民法院根据侵权行为的情节判决给予三百万元以下的赔偿。

第六十四条 注册商标专用权人请求赔偿,被控侵权人以注册商标专用权人未使用注册商标提出抗辩的,人民法院可以要求注册商标专用权人提供此前三年内实际使用该注册商标的证据。注册商标专用权人不能证明此前三年内实际使用过该注册商标,也不能证明因侵权行为受到其他损失的,被控侵权人不承担赔偿责任。

销售不知道是侵犯注册商标专用权的商品,能证明该商品是自己合法取得并说明提供者的,不承担赔偿责任。

第六十五条 商标注册人或者利害关系人有证据证明他人正在实施或者即将实施侵犯其注册商标专用权的行为,如不及时制止将会使其合法权益受到难以弥补的损害的,可以依法在起诉前向人民法院申请采取责令停止有关行为和财产保全的措施。

第六十六条 为制止侵权行为,在证据可能灭失或者以后难以取得的情况下,商标注册人或者利害关系人可以依法在起诉前向人民法院申请保全证据。

第六十七条 未经商标注册人许可,在同一种商品上使用与其注册商标相同的商标,构成犯罪的,除赔偿被侵权人的损失外,依法追究刑事责任。

伪造、擅自制造他人注册商标标识或者销售伪造、擅自制造的注册商标标识,构成犯罪的,除赔偿被侵权人的损失外,依法追究刑事责任。

销售明知是假冒注册商标的商品,构成犯罪的,除赔偿被侵权人的损失外,依法追究刑事责任。

第六十八条 商标代理机构有下列行为之一的,由工商行政管理部门责令限期改正,给予警告,处一万元以上十万元以下的罚款;对直接负责的主管人员和其他直接责任人员给予警告,处五千元以上五万元以下的罚款;构成犯罪的,依法追究刑事责任:

(一)办理商标事宜过程中,伪造、变造或者使用伪造、变造的法律文件、印章、签名的;

(二)以诋毁其他商标代理机构等手段招徕商标代理业务或者以其他不正当手段扰乱商标代理市场秩序的;

(三)违反本法第十九条第三款、第四款规定的。

商标代理机构有前款规定行为的,由工商行政管理部门记入信用档案;情节严重的,商标局、商标评审委员会并可以决定停止受理其办理商标代理业务,予以公告。

商标代理机构违反诚实信用原则,侵害委托人合法利益的,应当依法承担民事责任,并由商标代理行业组织按照章程规定予以惩戒。

第六十九条 从事商标注册、管理和复审工作的国家机关工作人员必须秉公执法,廉洁自律,忠于职守,文明服务。

商标局、商标评审委员会以及从事商标注册、管理和复审工作的国家机关工作人员不得从事商标代理业务和商品生产经营活动。

第七十条　工商行政管理部门应当建立健全内部监督制度,对负责商标注册、管理和复审工作的国家机关工作人员执行法律、行政法规和遵守纪律的情况,进行监督检查。

第七十一条　从事商标注册、管理和复审工作的国家机关工作人员玩忽职守、滥用职权、徇私舞弊,违法办理商标注册、管理和复审事项,收受当事人财物,牟取不正当利益,构成犯罪的,依法追究刑事责任;尚不构成犯罪的,依法给予处分。

第八章　附　　则

第七十二条　申请商标注册和办理其他商标事宜的,应当缴纳费用,具体收费标准另定。

第七十三条　本法自1983年3月1日起施行。1963年4月10日国务院公布的《商标管理条例》同时废止;其他有关商标管理的规定,凡与本法抵触的,同时失效。

本法施行前已经注册的商标继续有效。

附录六 知识产权法学习参考网站

1. 世界知识产权组织网站 http://www.wipo.int/
2. 世界贸易组织网站 https://www.wto.org/
3. 中华人民共和国国家知识产权局网站 http://www.sipo.gov.cn/
4. 中国保护知识产权网 http://www.ipr.gov.cn/
5. 中国知识产权研究网 http://www.iprcn.com/
6. 中国民商法律网 http://www.civillaw.com.cn/
7. 中国知识产权律师网 http://www.ciplawyer.cn/

参 考 文 献

[1] 王前.技术伦理通论[M].北京:中国人民大学出版社,2011.
[2] 王易.职业道德[M].北京:中国人民大学出版社,2009.
[3] 王学川.现代科技伦理学[M].北京:清华大学出版社,2009.
[4] 奥利弗.学术道德学生读本[M].金顶兵,译.北京:北京大学出版社,2007.
[5] 王恩华.学术越轨批判[M].长沙:湖南师范大学出版社,2005.
[6] 涂尔干.道德教育[M].上海:上海人民出版社,2001.
[7] 邹富汉.道德与科技道德[M].西安:西北工业大学出版社,1999.
[8] 张宇燕.经济发展与制度选择[M].北京:中国人民大学出版社,1993.
[9] 徐少锦.科技伦理学[M].上海:上海人民出版社,1989.
[10] 罗尔斯.正义论[M].何怀宏,等,译.北京:中国社会科学出版社,1988.
[11] 蔡治平.职业道德 家庭道德 社会公德[M].哈尔滨:黑龙江人民出版社,1985.
[12] 杨玉圣,张保生.学术规范导论[M].北京:高等教育出版社,2004.
[13] 叶继元,等.学术规范通论[M].上海:华东师范大学出版社,2005.
[14] 教育部社会科学委员会秘书处.学术规范与学风建设论坛[M].北京:高等教育出版社,2005.
[15] 冯坚,王英萍,韩正之.科学研究的道德与规范[M].上海:上海交通大学出版社,2007.
[16] 编委会.学术诚信与学术规范[M].天津:天津大学出版社,2011.
[17] 罗志敏.学术伦理规制——研究生学术道德建设的新思略[M].北京:知识产权出版社,2013.
[18] 郑成思.知识产权研究[M].北京:中国方正出版社,1998.
[19] 博登浩森.保护工业产权巴黎公约指南[M].汤宗舜,段瑞林,译.北京:中国人民大学出版社,2003.
[20] 谢晓尧.竞争秩序的道德解读[M].北京:法律出版社,2005.
[21] 胡良荣.知识产权法新论[M].北京:中国检察出版社,2006.
[22] 刘春田.知识产权法[M].北京:高等教育出版社,2007.
[23] 葛立朝,邢造宇.知识产权法[M].杭州:浙江大学出版社,2008.

[24] 曹新明.知识产权法[M].北京:中国法制出版社,2008.
[25] 葛立朝.知识产权法[M].杭州:浙江大学出版社,2008.
[26] 张秀玲.知识产权法[M].北京:北京大学出版社,2010.
[27] 吴汉东.知识产权法[M].北京:法律出版社,2011.
[28] 张晓君.国际经济法学[M].厦门:厦门大学出版社,2012.
[29] 曾文革,张明.知识产权法[M].重庆:重庆大学出版社,2011.
[30] 沈柔坚.中国美术词典[M].上海:上海辞书出版社,1987.
[31] 张耕.知识产权法[M].北京:中国政法大学出版社,2011.
[32] 吴汉东.知识产权法[M].北京:中国政法大学出版社,2012.
[33] 吴汉东.知识产权法[M].北京:北京大学出版社,1998.
[34] 王迁.知识产权法教程[M].北京:中国人民大学出版社,2011.
[35] 丁丽瑛.知识产权法[M].厦门:厦门大学出版社,2010.
[36] 张今.知识产权法[M].北京:中国人民大学出版社,2011.
[37] 刘俊,杨志民.知识产权法[M].厦门:厦门大学出版社,2013.
[38] 郑成思.版权法[M].北京:中国人民大学出社版,1997.
[39] 李瑞.知识产权法[M].广州:华南理工大学出版社,2006.
[40] 朱榄叶.知识产权法[M].北京:中国政法大学出版社,2005.
[41] 郑友德.知识产权法[M].北京:高等教育出版社,2004.
[42] 张楚.知识产权法[M].北京:高等教育出版社,2007.
[43] 熊英.知识产权法原理与实践[M].北京:知识产权出版社,2010.
[44] 潘灿君.著作权法[M].杭州:浙江大学出版社,2013.
[45] 彭辉.版权保护制度理论与实证研究[M].上海:上海社会科学院出版社,2012.
[46] 王晓先.知识产权法学[M].厦门:厦门大学出版社,2012.
[47] 杨廷文.知识产权法原理案例教程[M].成都:西南交通大学出版社,2012.
[48] 张耕,蒙洪勇.知识产权法实务教程[M].北京:中国人民大学出版社,2012.
[49] 李明德.知识产权法[M].北京:北京师范大学出版社,2011.
[50] 吴汉东.知识产权法[M].北京:中国人民大学出版社,2009.
[51] 李先波,蒋言斌.知识产权法学[M].长沙:湖南人民出版,2008.
[52] 孙国瑞,郑瑞琨.知识产权法教程[M].北京:对外经济贸易大学出版社,2007.
[53] 吕淑琴.知识产权法学[M].北京:北京大学出版社,2007.
[54] 王丽霞.知识产权法学概论[M].北京:北京出版社,2005.

[55] 陈明添.知识产权法[M].北京:法律出版社,2005.

[56] 伍鉴萍.知识产权法学[M].北京:法律出版社,2004.

[57] 郭禾.知识产权法教学参考书[M].北京:中国人民大学出版社,2003.

[58] 文希凯.知识产权[M].北京:知识产权出版社,2003.

[59] 冯晓青.知识产权法理论与实践[M].北京:知识产权出版社,2002.

[60] 冯晓青,唐超华.知识产权法[M].长沙:湖南大学出版社,2001.

[61] 苏平.专利法[M].北京:法律出版社,2015.

[62] 李勇.专利侵权与诉讼[M].北京:知识产权出版社,2013.

[63] 胡充寒.外观设计专利侵权判定理论与实务研究[M].北京:法律出版社,2010.

[64] 冯晓青,刘友华.专利法[M].北京:法律出版社,2010.

[65] 吴拓.新专利法基础教程[M].广州:中山大学出版社,2004.

[66] 程永顺.专利行政诉讼实务[M].北京:法律出版社,2003.

[67] 吴汉东,胡开忠.无形财产权制度研究[M].北京:法律出版社,2001.

[68] 王连峰.商标法[M].北京:法律出版社,2003.

[69] 黄晖.商标法[M].北京:法律出版社,2004.

[70] 陆普舜.各国商标法律与实务[M].北京:中国工商出版社,2006.